遊戲化

教學的
技術

NO.1

頂尖職業講師
老師們的教學教練
資訊管理博士

王永福 著

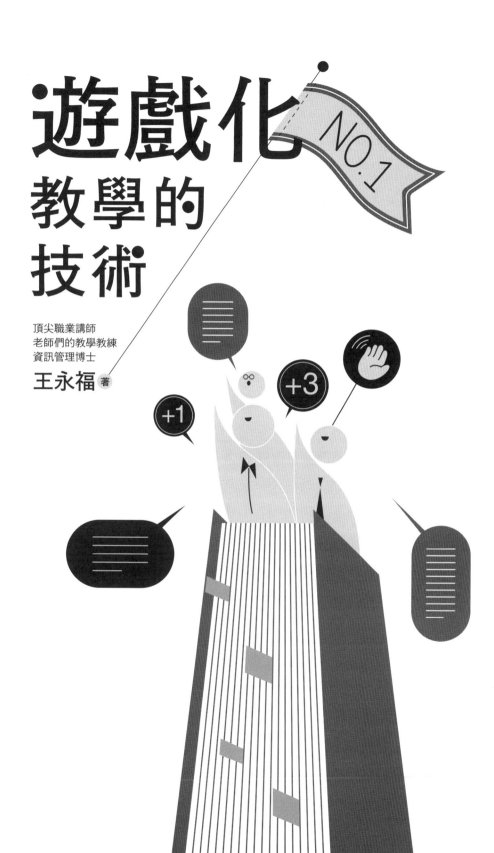

〈作者簡介〉

王永福（福哥）

　　頂尖企業講師、簡報技巧及教學教練。指導過的人士包含學校教授、國中小與高中老師、醫師、律師、會計師、傑出經理人、TED講者、甚至檢察官等專業人士，被稱為「老師的老師」「教練的教練」，也改變了許多人的教學及簡報生涯。

　　曾就讀於彰化建國工專土木工程科，畢業後擔任工地主任 7 年，之後轉職至保險業務及經紀人擔任業務主管 8 年。在經歷過工作上的磨練與學習後，深知自己仍有不足，30 歲後重返校園，取得朝陽科技大學 EMBA 學位，於 2006 年創業成為專職企管顧問及職業講師，之後持續在職進修，花費 12 年時間取得國立雲林科技大學資管博士 MIS Ph.D 學位。

　　在求學及創業的過程中，因非傳統的學習歷程，更能理解學習者的困境，從而發展出有效教學的技巧，改變了許多教學現場的成果，堅信「影響一個老師，就可以影響更多的學生」此理念，並致力於教學中實現。

　　職業講師迄今 15 年，其中的企業客戶包含台積電、鴻海、聯發科、Google、Nike、Gucci、IKEA 等知名企業，涵蓋台灣百大上市公司七成以上。經常創下滿意度及 NPS 滿分之完全課程紀錄。多家上市公司主管課後極力推薦，評價為「上過最好的課程」、「一輩子絕不能錯過的好課」，也是台積電師鐸獎得主及年度 Keynote Speaker 講者，其核心研究領域包含教學技巧、遊戲化教學以及核心職能，是少數實務與理論兼具，同時擁有企業教學經驗與學術研究深度的頂尖

講師。

《商業周刊》《經理人雜誌》《EMBA 雜誌》等媒體都曾專訪報導，城邦媒體集團何飛鵬執行長專欄中稱其為「追求完全比賽的職業選手」，法務部蔡清祥部長於記者會公開讚賞「從沒看過這麼好的迴響與肯定」的教學、《親子天下》稱其為「昔日課堂魯蛇，變身為老師的教學教練」，更獲《天下雜誌》報導為「紙筆就能讓課堂變high」。

目前擔任傑福國際總經理、憲福育創共同創辦人及台灣簡報溝通協會理事長。著作有《上台的技術》、《教學的技術》、《工作與生活的技術》、《線上教學的技術》與電腦書《Joomla 123》，以及合著《千萬講師的 50 堂說話課》。並有影像作品「教學的技術──線上課程」，以三機三鏡高規格重現教學現場，創造 7000 位老師共同學習的平台紀錄。

學術著作有〈教學遊戲化關鍵要素──德爾菲法研究〉SCI 期刊論文，及〈從學習者認知基模變化，看企業講師教學的秘密〉研究論文。此外每週也持續產出「福哥來聊 Podcast」語音以及「福哥來信」文字，定期舉辦「專業簡報力」、「教學的技術」公開班教學及講座。

工作之外，福哥熱愛生活，喜歡鑽研電腦應用，沖泡 3 倍濃縮 Espresso、煎牛排與下廚料理，平常喜愛閱讀、爵士樂及吹薩克斯風，興趣廣泛。擁有 PADI 潛水長及合氣道黑帶資格，並完成多場鐵人三項比賽，認為「生活精彩，教學才會精彩」。是宅男大叔，同時也是兩個女兒的超級奶爸。期望透過書籍、影音、聲音、文字，甚至學術研究以及教學示範，幫助及影響更多人。希望讓每個讀者能擁有更好的教學、簡報與更好的人生。

作者官網：https://afu.tw/

80 位學術與實務界意見領袖盛大推薦

資深網路人（及 Gamer）個人品牌事業教練 **于為暢**

律師 **毛鈺棻**

作家、企業講師 **火星爺爺**

彰化縣政府教育處處長、彰化師範大學輔導與諮商學系教授 **王智弘**

嘉義基督教醫院人力資源室管理師 **王詩雯**

台中榮總家庭醫學部家庭醫學科主任 **朱為民**

Hahow 共同創辦人 **江前緯**

台南新樓醫院專師組長、台南護專兼任講師、台灣專科護理師學專業發展委
　員會委員 **何小玉**

城邦媒體集團首席執行長 **何飛鵬**

《仙女老師的有溫度課堂》作者 **余懷瑾**

均一平台教育基金會董事長兼執行長 **呂冠緯**

邦訓企業管理顧問有限公司創辦人 **呂淑蓮**

門諾醫院內科系主任 **李坤峰**

「SOIL 教學心法」共同創始人、台北大學師培中心副教授 **李俊儀**

台灣 ETF 投資學院創辦人 **李柏鋒**

葳格國際學校總校長 **李海碩**

最高檢察署檢察官 **李濠松**

中正大學教育學院副院長、成人及繼續教育學系教授兼系主任 **李藹慈**

兒童牙科醫師、寶寶的第一個牙醫師 **沈明萱**

兩岸知名企業指名創新教練 **周碩倫**

聲音訓練專家、澄意文創首席講師 **周震宇**

貝殼放大、挖貝創辦人 **林大涵**

台北醫學大學醫學系副教授 **林佑穗**

「文案的美」負責人 **林育聖**

「Teachify 開課快手」創辦人 **林宜儒**

律師 **林岡輝**

資深國小教師，《從讀到寫》《小學生年度學習行事曆》《怡辰老師的高效
　　時間管理課》作者 **林怡辰**

連續創業家暨兩岸三地上市公司指名度最高的頂尖財報職業講師 **林明樟**
　　（**MJ**）

吉紅照顧本屋負責人、台灣居家護理暨服務協會理事 **林治萱**

台灣師範大學學務長、體育與運動科學系教授 **林玫君**

培訓師 **林長揚**

太毅國際顧問執行長 **林揚程**

行銷顧問、講師 **邱韜誠**

「大人學」共同創辦人 **姚詩豪**

「教育噗浪客」共同創辦人 **洪旭亮**

策略思維商學院院長 **孫治華**

大亞創投執行合夥人 **郝旭烈**

PaGamO 業務行銷副總、女人進階版主 **張怡婷（Eva）**

Intel 台灣分公司科技社群經理、「不正常人類研究所」所長 **張修維**

「大人學」共同創辦人 **張國洋**

美國非營利組織 Give2Asia 慈善經理 **張瀞仁（Jill）**

出色溝通力教練 **莊舒涵（卡姊）**

大大學院創辦人 **許景泰**

大專講師、職能治療師、福哥論文編輯及遊戲化研究論文共同作者 **許雅芳**

雙和醫院教學督導長 **許瀚仁**

嘉義長庚運動醫學科主任、台灣實證醫學學會理事 **郭亮增**

馬偕醫院胸腔內科主治醫師 郭冠志

成大牙醫學系助理教授 陳畊仲

台灣潛水執行長、PADI 白金課程總監、百大經理人 SUPER MVP 陳琦恩

腎臟專科物理治療師 陳德生

佑鈞企管創辦人、企業職業講師 陶育均

全國 SUPER 教師 曾明騰

雲飛語言中心創辦人 游皓雲

商業思維學院院長 游舒帆

馬偕醫院重症醫學科醫師 湯硯翔

品學堂執行長、《閱讀理解》學習誌總編輯 黃國珍

城邦出版集團第一事業群總經理 黃淑貞

人文企管講師、《遊戲人生》作者 楊田林

高雄榮總急診部主治醫師、《老師沒教的 40 堂醫療必修課》作者、第 57
　屆廣播金鐘獎最佳教育節目、教育文化節目主持人雙入圍 楊坤仁

醫師、《人生路引》作者 楊斯棓

台灣大學教授 葉丙成

振邦顧問有限公司創辦人、企管講師，《小學生高效學習原子習慣》作者
　趙胤丞

輔仁大學營養科學系教授 劉沁瑜

天長互動創意有限公司執行長、講師培訓 & 簡報技巧企業內訓講師 劉滄碩

Super 教師、爆文教練 歐陽立中

屏東縣消防局消防隊員 蔡函原

電話行銷顧問、企業講師 蔡湘鈴

振興醫院急診主治醫師、急診教學負責人 蔡賢龍

法務部法制司副司長 鄧巧羚

《打造超人大腦》《打造超人思維》《打造超人學習》作者 鄭伊廷

言果學習創辦人 鄭均祥

台中教育大學國際企業學系助理教授（編註：福哥EMBA指導教授與恩師）
　賴志松

骨質疏鬆症學會秘書長、成大醫院骨科醫師 **戴大為**

企業講師、作家、主持人 **謝文憲**

社團法人瑩光教育協會創辦人 **藍偉瑩**

健行科技大學行銷與流通管理系副教授兼系主任 **魏俊卿**

中正大學成教系教授、高齡教育研究中心主任 **魏惠娟**

台中科技大學國際長、應用英語系教授 **嚴嘉琪**

ATD大中華區資深講師 **蘇文華**

門諾醫院專科護理師教學組組長 **蘇柔如**

（依姓名筆劃排列）

〈專文推薦〉

如果你曾經錯過他的課程，絕不能再錯過這本書！

城邦媒體集團首席執行長　何飛鵬

「遊戲化教學」這個名詞看似並不新鮮，只要上網搜尋，就可以搜出一堆文章，但是，能將「遊戲化教學」發揮得淋漓盡致，還能研究並自創「三角學習理論」與教學技巧，讓從六歲到九十九歲、從學校到企業甚至銀髮族的大眾，都更專注、快樂地投入學習，也讓教學者獲得更高成就感的，非教學神人福哥莫屬了。

在網路時代，誰手上沒有幾件 3C 產品？智慧型手機、平板電腦……等，吸引了大多數人的耳目與心神。課堂上的學生們，前一晚也許熬夜玩網路遊戲，也許追劇或與網友聊天到三更半夜，白天人雖坐在教室裡，心已飛到九宵雲外。台上的老師就算講到聲嘶力竭，恐怕也是台上說台上的，台下想（或睡）台下的。學生與老師雖然身處同一個時空，心思卻在不同的小宇宙，結果就是老師白費了力氣，學生耽誤了學習，一個雙輸的局面。

怎麼將雙輸扭轉成雙贏？「遊戲化教學」便是解藥。所謂遊戲化教學，是在教學過程中，運用遊戲化的元素，創造出一種有趣且互動性高的學習環境，使上課的學生／學員如同玩遊戲般踴躍投入，在熱切的氣氛中，達到教與學的目的。這套方法可以讓所有上課者「魂歸來兮」，能將前一晚熬夜打電動的年輕學子從瞌睡中喚醒，可讓奔忙事業的上班族與企業主管一掃疲態，甚至讓年長者重拾年輕時的拚搏

精神，課堂上沒有人白白浪費時間。

　　這個說法不是老王賣瓜，如果你看過在國中教理化的曾明騰老師，如何讓學生熱烈地參與學習，不僅讓班級排名達到全年級第一，還創下歷年最佳成績的紀錄；如果你看過仙女老師余懷瑾，如何讓高中生讀文言文而沒有一絲昏昏欲睡，還能進入范仲淹的〈岳陽樓記〉中感同身受；如果你看到輔大劉沁瑜教授，如何讓大學生化消極被動為積極主動，不僅踴躍舉手回答教授的提問，為了答對教授提出的一道難題，全神貫注地翻書查閱……，你可能會誤以為自己走進了機智問答節目的攝影棚。別懷疑，這一切都真實發生在課堂上，創造出這些奇蹟的，便是「遊戲化教學的技術」。

　　「遊戲化教學的技術」很難嗎？福哥是遊戲化教學的實踐者，更是人氣爆棚的企業講師，每當推出新課程時，名額總是秒殺，讓許多沒搶到名額的學員感到扼腕。繼二〇一九年出版《教學的技術》、二〇二〇年推出「教學的技術」線上課程、二〇二一年在疫情衝擊下出版了《線上教學的技術》，今年，福哥再次使出壓箱底的絕活，將教學心得與上乘細膩功夫寫成《遊戲化教學的技術》。凡是有心精進教學技術的國小、國中、高中、補教業、才藝班與大學老師、企業講師、企業主管、有授課需求的資深或專業人士，以及想要成為職業講師的人，都能雨露均霑。只要一書在手，隨時隨地能運用自如。

　　福哥在我心目中，是一位「追求完全比賽的職業選手」，其中緣由，我已在《教學的技術》一書的序中提及；福哥的認真，我也在《工作與生活的技術》序中寫過。想起多年前，我在臉書上看見福哥翻譯的〈什麼是博士？〉這篇文章而與他結識，而今年，他也把自己變成了「資管博士」。身為多家上市公司主管極力推薦的超級講師，有著「上過最好的課程」、「一輩子絕不能錯過的好課」的評價，福哥如今再上一層樓，以這本新書當作二〇二二年的獻禮，曾經錯過他的課程的朋友們，這次可別再錯過了。

〈專文推薦〉

教學者必走天堂路──遊戲化教學

資深國小教師，《從讀到寫》《小學生年度學習行事曆》
《怡辰老師的高效時間管理課》作者　林怡辰

　　很難想像有人可以對教學這麼狂熱和熱情，除了在教學精益求精之外，還寫了書《教學的技術》，讀了博士，最後還把相關研究，寫成這樣一本易懂的《遊戲化教學的技術》。如果不是對教學擁有強烈的熱情和使命感，很難這樣數十年如一的堅持。

　　王永福福哥的《遊戲化教學的技術》，從遊戲化的關鍵五機制（教學目標結合、簡單易懂的遊戲規則、團隊基礎、公平性、無風險環境）說起，到 PBL，還談到競爭、壓力、挑戰、心流。途中訪問融合了好幾位老師的課堂，不一樣的對象、不一樣的授課知識技巧和態度，同樣的是，跟著文字流瀉中，生硬理論卻變得影像化起來，一幕幕，你可以聽見大仁哥醫療法律的思考、沁瑜老師的營養學課堂中學生努力翻頁的書聲、曾明騰老師的誰來晚餐歡笑聲、治萱老師拿出獎品時，爺爺奶奶咧嘴笑的，不只帶走獎品，還有知識⋯⋯

　　曾經以為對於遊戲化教學已經純熟，但仔細翻開書頁，才發現不斷突破的關鍵，都在細節裡，而跟著字詞句讀，不斷翻頁，一幕幕曾經不成熟的教學，還有失敗的經驗，都在福哥的書裡，得到了解答，再次開啟了再次嘗試的勇氣。

　　而對教學者的我來說，書中除了遊戲化教學以外，揭露了更多我曾經疑惑的問題面紗，內在動機和外在動機的相互關係？點數要怎

麼使用？獎勵，到底要怎麼樣恰到好處？我的課程不是短時間一天兩天，是一個學期二百天，我也可以運用遊戲化教學嗎？這些問題都有解答外，更佩服的是，整本書就像是教學者的演唱會，一曲一曲，往上掀起巔峰。

在前面談完了遊戲化教學之後，以為整本書含金量已經足夠，哪知，一個轉身，又翻到三大學習理論，還用一整章談了三角學習理論。

教育學程的課程，教育心理學、教育原理等，鮮活的文字在書上跳躍，和眼前自己的教學和學生重疊，理論為基礎，卻用大量時光熬燉，經驗累積和不斷的自我挑戰，在後面讀到這兩章，書寫者用心良苦，除了實務，更加上理論，作者的用心從手上書籍直傳心中，久久迴盪著。回扣到「影響一個老師就等於影響更多孩子」，那麼，這些就是教學者不可錯過的自我修煉之路。

我自己是有將近二十年經驗的教學者，也上過福哥很多課程，他說的就是他寫的，可以出版這樣一本書，我真心敬佩。閱讀時，我聽見許多課堂裡漾出的歡笑聲，台下眼神閃閃發亮的知識渴求，還有經過長時間之後，課程帶來的感動和變化，是每一位教學者夢寐以求的畫面。如果你也希望在你的課堂看見學員這樣的改變，這本《遊戲化教學的技術》會幫助你擁有這一切的專業！

〈專文推薦〉

打開學習熱情的開關！

台灣大學教授　葉丙成

　　過去這些年，我每年總會邀請福哥來我台大簡報課的班上上一堂課。我還記得好幾年前，當我第一次邀請福哥來的時候，我其實滿擔心的。因為福哥給人的感覺就是氣勢很強，一副很有自信的樣子。而我在台大教書多年，深知不是每個台大學生都喜歡這種氣勢強悍的老師。有時候如果老師一開始就很跩，馬上會被學生討厭，後面學生就很難進入學習的狀況了。所以我很是焦慮。

　　一到上課時間，福哥臉上掛起滿滿自信跟氣勢的笑容，開始上課。坐在台下的我心想，啊這樣會被學生討厭嗎？學生會反過來ㄅㄧㄤ老師嗎？然後福哥會不爽嗎？我的心情七上八下的。但不久我就發現自己多慮了，開課沒多久，整個班級的學生就全部動起來投入福哥的課程中。而且這樣的狀態，一直維持到三個小時課程結束，學生都是非常嗨、極為投入的。

　　這當中最重要的關鍵，就是福哥在整個過程中運用遊戲化教學的技巧，打開學生學習熱情的開關。一旦學習熱情開關被打開，學生們的學習就會欲罷不能。作為一個也是長期套用遊戲化教學的老師，我跟福哥的遊戲化教學的設計不同。但看到福哥行雲流水的遊戲化教學模式，旁觀的我看得非常過癮也非常佩服。莫怪乎福哥在企業高階主管的課程，能讓事多心煩的主管們都積極投入課程、超認真學習。

　　如果您不是常用遊戲化的老師，如果您有機會看到福哥教課，您

很可能只看到課堂很熱鬧、學生很投入的樣子。但因為我是常用遊戲化教學的人，我在福哥的教學中看到許許多多細膩之處。這些特別的地方，其實很難三言兩語講給沒做過遊戲化的老師理解。但這也正是這本書的厲害之處，福哥把他對於遊戲化教學的理解、操作、容易出問題的地方，鉅細靡遺地以極為容易了解的方式傳遞給讀者。讓沒做過的老師，也可以很快地理解當中要旨。

更重要的是，書裡面提供了不同領域、不同學生對象的好幾位老師的教學案例。從各個不同的案例，我們看到不同領域的老師們，即便教的內容差異極大，但都同樣透過遊戲化成功打開了學生學習熱情的開關。這些案例的研析，讓對於遊戲化教學有興趣、但沒自信的大家，可以對遊戲化教學的了解更加全面，也對自己未來的操作更加有自信！

此外最難得的是，福哥將相關的教育理論也在書裡做了深入淺出的介紹。這能讓讀者更了解遊戲化教學的背後是有其學理基礎的。除了能幫助遊戲化教學新手更了解整個脈絡外，對於原本就在做遊戲化教學做得很好的老師也是很有助益。這些學理的探討不但幫助大家了解遊戲化教學成功的關鍵因素，也讓遊戲化教學成功者未來教學的再進化，可以更有所依據。

福哥這本書，是近年來少見針對遊戲化應用於教學上的書籍。結合實例與學理，深入淺出又鉅細靡遺地完整解說，這是想嘗試遊戲化教學的教育工作者可以好好研讀入手的好書。打開學生學習熱情的開關，有這本書，您也有機會做到！

〈專文推薦〉

教學，讓法律人的世界激起不一樣的火花

法務部法制司副司長　鄧巧羚

　　第一次接觸到號稱「簡報教練」的福哥，充滿了好奇心，為什麼許多知名上市公司都要指定福哥擔任簡報教練，更想瞭解福哥要如何讓「法律」這門無聊至極的學科，上得精彩生動且吸引人。

　　我國司法改革的重要成果——「國民法官法」，即將於 2023 年 1 月 1 日開始上路，過往檢察官在法庭上所要說服的對象是同為法律人的職業法官，但國民法官新制上路後，檢察官要說服的對象，除了三名職業法官，還包括六名的「國民法官」。這個任務非常困難，因為我們必須要在有限的時間內，說服法律素人國民法官，進而願意「買單」檢察官的主張，而將被告定罪，這實為一大挑戰。而福哥以他身為一個「簡報專家」、「法律素人」及「國民法官候選人」的身分，親自導引檢察官們成功地進入專業簡報的世界！

　　2021 年的冬天，福哥的課在檢察官界引起熱烈迴響，除了極度燒腦及短時間內爆量的簡報技巧外，福哥課程最引人入勝的就是，讓檢察官們在「遊戲化教學」的過程中，不知不覺將福哥所傳授的簡報技巧，內化成我們在法庭上所需要的表達方式。不論是在法庭活動一開始的 15 分鐘開審陳述，記流程、不背稿，與國民法官眼神交流，讓國民法官對我們的「故事版本」產生興趣，在證據調查的過程中，學會使用圖像化、大字流、逐段出現、圖表呈現等方式，將枯燥的筆錄或制式化的鑑定等書面報告，讓國民法官易於理解，甚至在結辯論

告的最後決戰點，能以前後回顧、分點分段、提問法等技巧，清楚地讓國民法官被我們說服，福哥所傳授的專業簡報技巧，在法庭活動上都一一地被活用。

讓檢察官們在兩天的課程中，快速、有效率地從福哥身上挖寶，很重要的就是福哥所運用的「遊戲化教學」方式，在課程中持續不斷地吸引學員們的注意力，激發起檢察官們放下手邊繁重的卷宗，一股腦兒投入福哥生動活潑的教學氛圍中。先從分組對抗、選出每組小組長、賦予小組長神般權力，激起檢察官們群體對戰的潛能；再藉由給予得分籌碼、積分、排名、獎勵等機制，使檢察官無一不使出渾身解數，積極良性競爭，期能贏得福哥的「親筆簽名書」及群體的肯定；更透過立即回饋，讓檢察官們即時將所學予以呈現並分享，達成快速且精確地學習效果。整個過程中，只看到每個檢察官都被福哥激發起學習的內在動機及慾望，全神貫注，積極表現，在福哥所營造的遊戲化教學環境中，雖感到時光飛逝，但卻收穫滿滿，是極為成功的教學模式！

其中令人印象最深刻的是，福哥竟然發想在刑事案件的分析採行「便利貼法」，藉由遊戲式般的競爭模式，提出論點者可以獲取籌碼，學員們無不爭相發表意見、認真搶答，並且透過交叉討論、多元觀點，引導學員們深入思考一個案件的所有元素，分析利弊，進而採取適合的舉證策略，跳脫我們過往傳統法律人的思考模式。福哥透過遊戲化的教學方式，帶領大家正確地達到學習目標，而更能貼近國民法官的實際需求。

福哥雖是法律素人，但透過萬全的準備及遊戲化的教學方式，成功地讓我們達成課程目標，使檢察官能結合法律與簡報的專業能力，順利地站上法庭說服國民法官。而福哥這本《遊戲化教學的技術》，不僅提供了遊戲化的研究理論，更將真實教學個案之遊戲化實務分享給大家，相信在各個領域均能受用及活用，定能給予大家深層地領悟及收穫，非常值得推薦！

教室裡的魔術師

企業講師、作家、主持人　謝文憲

大家都把他當神看，身為合夥人，我來談談對他的近距離觀察。

九年前的元月

2014 年元月九日，我太太生日後一天，台北忠孝東路四段，天氣很冷，我卻很興奮，因為當天是我第一次到他的企業內訓教室，看他面對一群精品業的同事，進行簡報技巧課程。那時的我們，是好朋友關係。

課程進行第一段，我的結論就是：「簡報課，我以後不上了，就讓他上吧。」因為我確信：「若他自稱簡報教學第二名，沒人敢自稱第一名。」

下午休息時間，他還特別帶我去對面全家便利商店，買一杯熱咖啡給我，他給我的感覺，就是一個很特別的老師。

我歸納當天觀察到的四個重點：

1. 運課流暢真有趣

2. 音樂搭配帶入戲

3. 節奏控制人劍一

4. 課程操作成遊戲

尤其是遊戲化元素，肯定是職業講師的必備武器，因為我們大多面對的是心不甘不願來上課的學員，加上課堂上的工作干擾，有時是改變他人一生的訓練導師，有時又像是跳樑小丑加脫口秀演員。

更多的時候要扮演巫師、法師、魔術師，要把一群企業內部的朋友，施以魔法或是佛法，讓他們填出「5分，非常滿意」的意見調查表，然後面帶微笑走出教室，此時就是老師有面子，訓練承辦有面子，學員裡子都滿意的絕佳情境。

你以為天天都是這個情景？那就大錯特錯了！

除非您使用了遊戲化教學技巧。

而遊戲化，絕對不是帶學員玩遊戲，更不是學生時代的團康活動，而是將遊戲化的精髓，置入課程中，用遊戲帶領，但用專業知識引導，讓學員產生裡外都滿意的狀態，笑笑離開教室，進而產生行為改變。

他就是佼佼者。

廣深合一

我是廣的代表，守備範圍廣、事業項目廣、人際交流廣、見多也識廣。

他是深的代表，專業挖很深、研究做很深、專注影響深、生活細節深。

我是 X 軸，他是 Y 軸，我們很不同，卻可以合作，更能交集在（0，0）原點（憲福育創、台灣簡報認證）兩間公司。

我或多或少受了他的影響，雖然有時我不太想承認，但看完他的新書，我仔細回想了幾件事：

1. 教學遊戲化的進程

2. 事業專注度的選擇

3. 生活自在感的探索

4. 我越吃越多的習慣

擔任職業企業講師十七年，我的主要大型活動與企業遊戲有四個，除了這些是引領企業學習的翹楚，我很有自身風格外，其他課程

操作或是講述方式，後期的確受到他的影響，包含 PBL 原則、計時方式、計分方式、互動方式等，都讓我的課程與演講更上一層樓。

他是我在教學領域最棒的學習楷模，他當之無愧，雖然我不喜歡有他的影子存在，盡力維持我的個人風格，但是他卻如影隨形的影響著我。

我不想講太多歌功頌德的話，雖然他的功德值已經很高，我們之間更無須彼此抬高身價，我期盼我們雖已在山峰，但仍要邁向更高殿堂，此時要做的僅是：「拉拔更多需要拉拔的人，做我們此時此刻，更需要我們去做的事。」

我誠摯推薦他的好書，有專業論述，有操作方法，更有經典案例！

他是誰？

他是教室裡的魔術師：王永福，我的合夥人，我的事業夥伴、人生導師兼吃貨推手。

〈專文推薦〉

他讓成人教育學「活起來」，成人／樂齡老師一定不要錯過！

中正大學成教系教授、高齡教育研究中心主任　魏惠娟

　　我是一個不會玩，也不愛玩的人，當學生的有時候，還蠻怕老師突然要我們起立玩「遊戲」的，常常在一團忙亂的遊戲後，也搞不清楚為什麼要玩這個遊戲。有時候氣氛還冷冷的，講者就要大家分組玩遊戲，還得配合一些演出動作，主講者可能想要炒熱現場氣氛，但是，活動設計不到位，卻反而會感覺有點尷尬。由於我參與「玩遊戲」的經驗都不太好，所以，我對於「遊戲教學」的設計，基本上是敬而遠之，我認為好老師，不必靠遊戲來吸引學生的注意。

　　但是，面對當今大學生的學習動機普遍偏低的現況，我開始認同好老師不只要「有料」，還要「有趣」，才能夠持續吸引學生的注意力與學習動機，只是，如何讓教學有趣又不必花太多時間去「研究」呢？就在兩難之際，偶然的機會，一位學生送了一本福哥的《教學的技術》給我，使我大開眼界，也滿足我的需求。這一本書活化了「成人教育學」，所謂「成人教育學」，就是教成人的藝術與科學，「科學」如：教學原理，是可以學習的；至於「藝術」，我覺得是不容易訓練的能力。

　　沒想到福哥卻能讓教學的「藝術」可以「學得到」，還能夠「帶得走」，我光是應用他書中的 PBL 策略，就已經讓學生的注意力顯著提升了，福哥的策略不只好用，我最欣賞的是，他善於設計「以人

為中心」的溫馨策略，例如：閉眼舉手投票，讓贏的人開心，輸的人不尷尬（這好像很簡單，可是我怎麼就沒有想過！）。這一本《遊戲化教學的技術》，彷彿是他的 PBL 策略之研究與深化版，他巧妙的結合深奧的學習理論與具意義的遊戲化技巧，能把學理說得這麼淺白易懂，讓學習理論能「落地實踐」，也可以被複製應用，福哥是我所知的第一人。

我欣賞福哥的文字風格：流暢親切，筆觸幽默，用字精準，他的書讀起來輕鬆愉快，印證了成人教育學所強調的有用、有趣之要素。我也欣賞他的教學信念，他認為老師的角色是要：說給你聽、做給你看，還要請你做做看，從他的書中，聽他的演講，可以看出他完全能夠「行」自己所「說」的，十分敬佩。

我更欣賞他的研究動機，他基於：「很棒的學習理論始終無法落地，銜接教學現場，教學實務工作者，也不能透過理論進一步自我提升」，開始持續探索、尋找答案，希望能使理論與實踐合一。這也是成人教育學者們努力的目標，也是我想要探索的議題，但是，福哥比我先做到了，而且做得非常之好。2014 年迄今，他共出版五本書，都是實戰經驗的累積，他的書解決了理論與實踐分離的問題，對成人教學做出極大的貢獻。

最後，我非常感恩福哥為成人教育學所做的努力（好可惜呀，中正大學成人教育研究所，在福哥讀博士班時，竟然無緣彼此相遇……），雖然如此，我還是要把福哥定位為「成人教育領域」的學者，凡是想要提升自己教學專業的人，務必要買福哥的書。他的每一本書，我都採購，也都拜讀，福哥只請我推薦這一本，但是，我忍不住要「全都推」，能夠把多年實戰經驗結晶，精準敘述，提供具體可用的遊戲化技巧，我肯定福哥也是我所識的第一人。

〈作者序〉

有願者的堅持

　　有一陣子，在入睡之前我都會向上天祈求，祈求上天保佑，讓我的遊戲化教學研究論文能被期刊接受，最終讓我完成研究……。因為，這個研究不管從實務的面向，還是從學術的面向來看，將會影響更多的老師。

　　一開始，我沒有想到，把教學實務與學術理論結合，會花這麼多的時間。

　　心裡的想法是，都已經出版過幾本書了，要寫一本博士論文，再加兩篇期刊論文，應該不會太難吧？事後證明，這果然是無知者的自大。從 2009 年入學，經歷了工作與家庭兩頭忙後的休學，再到 2017 年重啟研究，最後於 2022 年初完成博士學位，這樣竟然用了超過 12 年的時間，完全超過我的想像。

　　當然這 12 年多也不是就這樣度過，先是寫了《上台的技術》及合著《千萬講師的 50 堂說話課》，後來遇到研究計劃卡住寫不下去，就又轉過頭完成了《教學的技術》一書，之後為了衝刺論文進度，特別幫自己定下五十歲天命計劃，計劃中五大項目的後四項：出版《工作與生活的技術》、推出「教學的技術」線上課程、完成 113 公里鐵人三項、拿到合氣道黑帶段位，每一項都在一年內完成了！甚至線上課程的銷售還破了平台紀錄，一個月內就有超過五千位老師購入上課。唯一延遲的項目就是學術論文，那時看起來還遙遙無期，進度嚴重落後。

不知道上天是不是擔心給我的挑戰不夠高，2020 年初再額外增加了疫情來攪局，結果不只研究訪談進行不易，連期刊論文的審稿也數度延遲，甚至在投稿半年後，還出現了審稿者消失，需要更換審稿者的離奇狀況。

有一陣子所有的東西全部卡住，研究進度卡住、論文卡住，就連日常生活也卡住。眼看著即將到期的修業年限，連我都在想，是不是上天要我放棄，不要再堅持把教學實務與理論連結在一起的想法。有一段期間，我真的快放棄了……。

但是，我總會時常提醒自己，就是因為這件事情困難，才需要我堅持下去。

在教學的實務領域，我早已經有十多年的上市公司授課經驗，證明這些教學技術及遊戲化教學是非常有效的。《教學的技術》一書，改變了許多老師的教室以及學生的學習；「教學的技術－線上課程」，用了三機三鏡的高規格方式，真實立體把我的教學呈現在老師們的眼前。從接近七千位老師的學習心得，我知道大家的收穫與感動，並在教學上開始慢慢有了一些變化。

2021 年 5 月因疫情大停課時，我想的也是如何協助老師們順利線上教學，因此寫了《線上教學的技術》一書，討論如何把有效教學的做法，應用到線上的環境，那時辦了多場免費線上演講，實際示範技巧給老師們看，也得到許多老師，甚至是媒體的報導與肯定。

在最困難的時候，我心裡一直在想，如果最後能夠完成我的學術研究，在實務技巧之外，補上理論這塊拼圖，那麼不管是教學方法、遊戲化教學，還是學習理論，這樣的研究能讓實務第一線的老師們，有理論的輔助；對學術領域的研究者們，也能有實務的佐證。如此或許，就可以朝向我心中「影響一個老師，就能影響更多學生」的目標，一步一步去實踐了吧。

因此，儘管不知道還要花多久的時間，也看不到路的盡頭在哪裡，但我透過禱告來幫助自己，讓自己更有信心、更願意堅持下去。

當然，信心之外，行動也是必需的。我每天早起，在 4 點到 5 點之間摸黑起床，叫醒我的不是鬧鐘，而是想要完成目標、進一步影響更多老師的心。為了強化我的意志，持續透過鐵人三項的訓練，讓自己更能在困難時堅持下去。為了讓寫作更有效率，我導入蕃茄鐘工作術、便利貼目標管理法、週工作計劃法，以及每年寫下自己最想達成的 50 項目標。排名第一的，永遠是完成學術論文研究，每一年的年底，雖然仍沒能完成，我還是重新把這個目標列入，在新的一年繼續努力；之後又是沒完成，然後再次重新開始……。

印象最深刻的畫面是冬日清晨 4 點半，離天亮還很久，我在浴室裡把蓮蓬頭的水量開到最大，透過打在身上的水珠來喚醒自己。看著燈光穿透水蒸氣的反射，我有點捨不得地想多淋一下。除了讓自己感覺更暖和之外，我也知道，待會又要坐在電腦前苦思，把教學實務跟學術理論，一字一字地連接在一起。

你現在看到的這本書，就是超過 5 年的研究寫作、12 年以上的在職進修，再彙整 15 年的教學經驗，以及 40 位以上教學專家的經驗，整合在一起的成果。

希望這本《遊戲化教學的技術》，能夠陪伴大家進入一個新的教學境界，在你掌握遊戲化教學的關鍵之後，更能看穿一切教學技巧的表象，進而直指教學的核心，也就是更有效的教學，幫助學生學得更好、記得更牢，讓學生在多年之後，仍然記得生命中曾經有一個影響過他的好老師。也許，這就是我寫這本書，最大的心願了。

非常感謝 80 位學術與實務界意見領袖對本書的抬愛及推薦。這段過程中受到許多師長的教導、貴人的提攜、朋友的幫忙、學生的回饋，以及讀者、觀眾、聽眾的愛護，還有合作夥伴與工作夥伴的協助，

當然還有好兄弟、好朋友以及家人、母親、小孩、老婆 JJ 的支持，想感謝的人真的太多，請容我放在心中，也不會忘記。

　　謝謝上天的眷顧，還有，一路不放棄的自己。希望大家喜歡這本書，感受到無數個早起的日子中，我付出的光陰及靈魂。謝謝大家！

《上台的技術》《教學的技術》《工作與生活的技術》《線上教學的技術》作者，職業講師、教學教練、資訊管理博士，兩個孩子的爸爸

王永福／福哥 敬上

CONTENTS
目　錄

〈緒言〉

教學的「台上三分鐘，台下十年功」

在教學現場，「遊戲化」（Gamification）也許是引領改變的下一個開始。

更重要的是：已有許多老師應用了「遊戲化教學」的方式，讓學生變得更專注、更投入，學習也變得更有效。更棒的是：老師們在教學時也更有成就感了，每問一個問題，台下的學生們都搶著回答！每次需要請大家發表時，學生們也都搶著上台！這些老師經常遇到的困擾，不是學生沒有回應，而是回應太熱烈！面對高高舉起的手，老師常常不曉得應該點誰發表，有的老師甚至因此必須準備一個抽籤筒，才能夠讓上台的次序更公平……。

這就是「遊戲化教學」的威力！

「怎麼可能？」也許你可能很難相信。因為在許多教室裡，最認真最投入的往往就只「老師」自己一個，雖然積極備課又認真講授，但台下的學生卻總是無精打采，有些人雙眼無神、明顯放空，過分一點的甚至滑起手機或打瞌睡。當老師想創造一些互動，提出問題看看有誰願意回答時，往往只得到一片靜默；即使指派同學回答，被點到的人也只是三言兩語應付了事。「現在的學生真是……」身為老師，常常大家只能這樣安慰自己。

也許，這真的就是教室裡的常態吧？但是，明明付出了那麼多心力來準備課程，當然就是希望學生們能更投入、有更好的學習，可是站在教學現場，老師卻不曉得該怎麼辦，也找不出更好的方法來調整教室的氛圍。「真的有積極參與、樂於學習的學生嗎？」你心裡想著。

　　換個角度，也許當你看到以下這些不同的教室，會對剛才的這個問題開始有一些不同的想法。

美好的教室場景

　　教室一：都說青少年的注意力最難聚焦，但是在國中教理化的曾明騰老師，卻只用了一堂課的時間，就讓大家完全投入課堂，而且每個同學都勇敢回答、不怕犯錯，即使答錯了，也還是會得到同學們如雷的掌聲。最棒的是，學期的教學進度不僅提早教完，班級排名還是全年級第一，並且曾創下歷年最佳成績！

　　明騰老師使用的，就是「遊戲化教學的技術」。

　　教室二：高中生總是各有主見，要他們往東他們偏要向西，要他們為了國文課的古文教學而專注投入，真的是不容易。結果卻是：大家為了范仲淹的〈岳陽樓記〉而搶答、發表、舉手，甚至畫出情境、扮演角色，深入感受古人被放逐卻仍然堅定理念的心情。這是怎麼做到的？這些高中學生是在什麼樣的激勵之下，大家才能驅動前進？

　　全國 Super 教師仙女老師余懷瑾，應用的也是「遊戲化教學的技術」。

　　教室三：大學的營養學國考，有許多需要背誦的知識。本以為是沉悶的課堂，沒想到當老師提問時，台下的大學生們一個個舉手搶答！然後老師刻意問了一個難一點的問題，並且開放大家翻書查閱，瞬間台下安靜無聲，只剩下刷刷刷的翻書聲。只花了不到 20 秒，就有人舉手搶答正確答案……。同學們組成的學習團隊，有人負責查資料、有人負責舉手、有人負責發言，團隊成員各司其職……。這樣的大學教室，教的還是專業的國家考試科目，你能想像老師究竟是怎麼設計課程，才會讓大家都這樣專注而投入嗎？

　　輔大劉沁瑜教授，用的也是「遊戲化教學的技術」。

類似的教室，不只出現在國小、國中、高中、大學等各級學校，甚至面對上市公司的企業主管、高階經理人，專門教授 PDCA 及專案管理的陶育均老師，也用遊戲化教學讓忙碌的經理人們暫時忘記 Email 及手機，專心投入；長照推動專家林治萱老師則用遊戲化教學的技術，讓年紀超過 60 歲的中老年學生們為了爭取課堂上回答的機會而搶著舉手。還有醫療法律專家楊坤仁醫師、病人自主權利專家朱為民醫師、實證醫學種子講師訓練的郭亮增、王詩雯、李坤峰、蘇柔如等老師的老師們，也都應用了遊戲化教學的技術去轉化專業，讓學生們開心投入學習，在輕鬆的氣氛下探討嚴肅的議題。更不用說原本就教小學生英文的 Teacher Pauline，更是運用遊戲化教學，讓課堂熱烈的參與停不下來。

以上種種，都是遊戲化教學下真實的教室場景。

為什麼教學要遊戲化？

我是福哥，是許多老師們的教學教練，也是一名職業講師，並且是許多上市公司指定的簡報教練，客戶包含了台積電、鴻海、聯發科、IKEA、Google、Nike、Coach……等知名上市公司或國際頂尖公司。除了教導企業客戶外，也曾應邀在台大、清華、交大等大學對老師及學生們演講，甚至也曾應法務部長之邀，擔任國內檢察官們的簡報教練。

在 2019 年出版《教學的技術》一書，不只公開了企業講師教學的秘密，也開啟了許多老師們對教學的不同想像。後來又在 2020 年 7 月推出了「教學的技術」線上課程，用影像記錄及三機三鏡的國際級製作規格，把我在企業內訓的教學現場和教學方法，忠實呈現在所有教學者的面前。這個課程得到了老師們很大的迴響，課程打破了國內最大線上課程平台的紀錄，不僅吸引了接近 7000 位老師投入，還

留下超過 300 則五星評價的肯定。許多老師們認為，這個課程改變了他們的教學觀念、教學方式，更改變了他們的教室、進而改變了許多學生！

2021 年 5 月因為疫情再起，學校全面轉為線上授課。因為看到老師們的需求，我再寫了《線上教學的技術》一書，並且舉辦了多場免費的線上大型示範演講，單單是第一場演講就吸引了超過 2500 位老師報名。接下來連續 10 場的講座，讓有教學需求的老師及企業人士，甚至像是第一線的醫護同仁們，都能透過我的示範了解線上教學的可能性。後來也吸引了《天下雜誌》、《親子天下》、《經理人月刊》等媒體的採訪及報導。

在同一個時間，我還擁有另一個身分：也就是資訊管理博士，而我的研究主題，就是「教學技巧」及「遊戲化教學」。也因為持續的學術進修，讓我不僅擁有教學的實務經驗，也擁有學術的堅實基礎。但我也因此看到，許多很棒的學習理論研究，卻始終無法落地銜接教學現場；同時也發現，許多很有經驗的實務教學者只能自我摸索，無法透過學術理論進一步自我提升。

因此在超過十年的努力，整合學習理論及教學實務，我提出了「三角學習理論」。同時也用學術研究方法，整合國內遊戲化教學的專家意見後，整理出「遊戲化教學的關鍵要素」，並於 SCI 國際科學論文索引的期刊中登出。

現在，這些融合實務與學術、專家經驗與理論模式、老師觀點與學生看法、個人出發與眾人驗證的「遊戲化教學的技術」，甚至超越遊戲化教學的深入研究，即將公開在大家的眼前了。

為什麼你需要這本書？

「遊戲化」並不是玩遊戲，它指的是「把遊戲的元素應用在非遊

戲的環境」[1]，像是：手機 App 中的 Four Square，讓大家透過手機打卡取得徽章，吸引了許多用戶每天簽到；Nike+ 則透過朋友社群、跑步排行榜、以及積分機制，給予不同等級的跑步徽章，激勵使用者的運動動機，讓很多原本不運動的人，甚至會為了維持跑步排名而每天運動。另外，許多商店也會用集點活動吸引客戶消費，利用的也是遊戲化機制。

像上述的運動及消費場景都不是遊戲，卻結合了積分、點數、徽章、排行榜、社群⋯⋯等遊戲元素，目的就是吸引使用者更常接觸、更願意投入，而許多商業案例也都證明「遊戲化」的效用，所以開始吸引了許多人的關注，其中也包含教育界人士及老師們。因為，如果遊戲化可以在商業上吸引使用者，是不是也可以應用在教學的環境，吸引學生的投入和專注呢？

所謂「遊戲化教學」，指的就是「在教學的過程中，應用遊戲化的元素」，這早就成為近年來的熱門主題，只要在網路上搜尋「教學遊戲化」、「遊戲化學習」或是 Gamification of Learning、Gamification in Education、Gamification in Training，就會看到國內外的許多討論與研究。許多研究也指出：遊戲化教學可以吸引學生的注意力[2]、提高學習者的參與動機並享受學習[3,4]、對學習成效有正面影響[5]。

看到這裡，身為老師或教學者的你應該會覺得：「遊戲化教學聽起來很棒啊！那為什麼好像在課堂上並不常看到有人使用呢？」

知易行難──從理論探討到教學現場

原因很簡單──因為從理論討論到實際教學，還是會有一段需要轉化的過程，並不是想用就能用的啊！別的不說，單單是什麼叫「遊戲化教學」或「教學遊戲化」，就有很多意見分歧的解讀了。譬如說：

是把教學設計成遊戲？或在教學時玩遊戲？或是把桌遊帶到教室裡？亦或是教學時使用遊戲道具？雖然很多人都聽過遊戲化教學，但光是要定義「遊戲化」，就已經眾說紛紜、莫衷一是了。

這還只是定義而已，就更不用說應用到教學的過程了：要使用道具嗎？需要使用軟體嗎？應該怎麼計算分數？需要用電腦做排名嗎？徽章要怎麼設計？必須用到哪些遊戲化的元素？哪些又可以不用？什麼地方才是關鍵？……。

實際接觸到遊戲化教學，老師馬上就會面臨這些接踵而來的問題；不同的科目、不同的學生、不同類型的課程、不同的時間長度、不同的場域……又需要程度的調整，造成許多想要應用遊戲化教學的老師們，往往只能自己摸索前行，沒有太多的參考資料。

有趣的是，換個角度來看，也有許多老師雖然不一定熟悉什麼是「遊戲化教學」的相關理論，卻早已應用遊戲化元素在教學課程裡，特別是受邀到企業教學的職業講師們，因為要適應企業訓練的高要求及快節奏，早就各自開發了屬於自己的教學 Know-How，例如在課堂上利用撲克牌或籌碼計分，使用分組競賽的上課方式、並有排名及獎勵機制用以吸引學員投入，實務上也取得了非常好的成效。

雖然這些老師們不一定了解遊戲化背後的理論基礎，但是透過實務探索與課程回饋的不斷改進，「職業級」的教學好手都擁有各自擅長的教學秘訣。只是因為企業訓練內容大多保密，方法也很少公開，因此這些實證有效的教學方法，常常也只是「江湖傳說」，很少有可以學習的機會，更不要說系統化的整理成書。

市面上當然早就已經有討論遊戲化的相關書籍，像是周郁凱的《遊戲化實戰全書》（*Actionable Gamification: Beyond Points, Badges, and Leaderboards*），就利用八角框架結構，整理了兩大類共八種遊戲化的激勵元素，但因為書中談的是比較大範圍的遊戲化原則，並不

是專門為了教學而寫。

其他許多談遊戲化的書，不是聚焦於商業行銷，就是應用於產品開發或流程設計，真正專門應用於教學或教育訓練領域的少之又少！我也曾尋找過簡體中文書籍，卻發現書籍內容不是流於理論講述，就是偏向遊戲教學的軟體應用，或者是教大家如何設計「課程遊戲」，這與遊戲化教學的核心——也就是應用「遊戲化的元素在教學過程」，似乎不大相同。如果能有一本專門談「遊戲化教學」的書，不只談遊戲化的相關理論，還能有遊戲化教學的實務，「這樣應該會對老師們很有幫助吧？」，我心裡想。

初探遊戲化

早在 2007 年，我就已經在企業教育訓練現場運用點數、獎勵、排名榜，這三個元素又被稱為「遊戲化三大要素 PBL」，那時「遊戲化」這個名詞還沒有很多人討論，甚至離學術上的正式定義還有 4 年時間，也就是說，雖然我還不知道什麼是「遊戲化」，卻早就已經開始使用「遊戲化教學的技術」了。

印象中，大約是 2015 年時，因為「暢哥」于為暢老師參加「超級簡報力」的簡報演練，我才第一次聽到「遊戲化」這個名詞。因為實務上已經非常熟悉，才知道平常每天上課所用的技巧，早已經運用了許多「遊戲化教學」的元素。

後來，因為在 2017 年重啟博士論文研究計畫，才開始系統性地了解教學技巧與遊戲化教學的相關理論與研究，除了讀了一大堆學術的研究文獻，也開始跟自己的日常教學進行連結。接下來透過許多課程觀摩的機會，讓我有機會見識了身邊的好老師們，怎麼在各自的課程上使用教學技術與遊戲化教學（感謝 Adam 哥、憲哥、MJ 老師、火星爺爺等好友們），在 2019 年出版的《教學的技術》這本書，裡

面就有一個章節專門討論遊戲化三要素（PBL —— 點數、獎勵、排行榜）。那時算是已經把實務教學與遊戲化理論，做了第一步的整合。

從個人化到系統化

那時我也開始和不同領域的老師們，分享我對《教學的技術》的一些實務及做法，這也是早在 2015 年前後，我跟憲哥（謝文憲老師）開辦「講私塾」後，就一直在做的事情。參加工作坊的老師們，包含了國中小及高中老師、大學教授、醫學院教授、醫師、律師、企業講師……；而老師們學到這些教學技術後，在自己的課堂上也馬上看到明顯的改變！表示這些技巧，是有用且有效的！因此就有越來越多的老師，一起投入了教學技巧學習的行列，我也開始獲邀擔任許多老師們的教學教練。

也因為教學教練的身分，讓我有機會接觸到各種不同的教學主題，包含專案管理、銷售技巧、創意思考、醫療急救、臨床營養、團隊經營、人力資源，甚至包含法律、醫療、會計、語文教學、老人安養、過敏防護……等各種不同的主題。從這些跨領域教學的指導過程中，我慢慢地看到了一些精彩共有的元素，並且開始運用學術理論，對這些實務技巧進行歸納及連結。慢慢地透過持續「教學相長」，讓我的教學技術逐漸提升到下一個等級。

展現出來的成果，就是前述 2020 年推出的「教學的技術」線上課程。也因為線上課程的特性，讓我有機會和更多老師分享我對教學的想法，並且透過影片真實呈現，讓老師們無需想像，可以看看我實際在台上的展現，並觀察到學生的回應。最棒的是，在不同的教學場域，有許多的老師回饋我：這些技巧都可以跨領域使用，並且真的很有效。許多老師們跟我分享，這些教學技巧如何改變他們的教學現場、突破他們的教學盲點。甚至是我們實務教學的示範，也打開了老師們

的想像，原來教學也可以這麼有趣、這麼精彩，這麼的充滿互動性。原來這一切，都是可以達成的！

之所以我願意把這些秘訣寫出來，甚至拍成實務教學影片，背後只有一個動機，那就是「影響一個老師，就能影響更多的學生」，這也是我花許多時間投入寫作及研究的最大支持。我相信學生們都是熱愛學習的，他們只是缺乏一個好的老師，來打開他們投入學習的開關，一旦開啟後，你會驚訝學生們的改變。我也很開心，從很多教學現場第一線的回饋，看到有一些改變慢慢地在發生。

聚焦於遊戲化教學的技術

但是，因為先前寫的「教學的技術」範圍比較廣，包含課前分析、課中教學、課後檢討，以及各種互動教學技巧、ADDIE 系統化課程開發模式，更涵蓋了像是課程便利貼發展、教學投影片製作、AAR 課後檢討……等，雖然《教學的技術》全書已經多達 17 萬字，但「遊戲化教學」的部分依然只能佔有一個章節，淺談即止，沒辦法講得夠深入。

但卻有許多的老師在開始應用「遊戲化教學」的元素後，驚訝於學生上課態度的大幅改變！想不到一個簡單的積分、獎勵、與排行榜機制，竟然真的有用！在看到效果後，很多老師更有興趣了解更多的遊戲化教學細節，包括：在不同的課程、不同班級、不同對象的應用實務，有沒有實際授課的案例？做好遊戲化教學有哪些關鍵？有哪些是不能碰的？像這些問題，過去幾年間我手邊就有接近 500 個問題，都是跟怎麼做好「遊戲化教學」有關的，而這些問題，先前都沒有充分的解答。

遊戲化教學的學術研究

因此，我開始花時間整理遊戲化教學的相關資料，除了自身的教學經驗外，同時也訪問不同的教學專家，詢問專家們的實務經驗，包含：在不同的教學現場如何應用遊戲化？學生的反應如何？細節又是怎麼操作的？

遊戲化教學同時，我也利用博士論文寫作的機會，開始進行遊戲化文獻資料的整理，以 Gamification、Gamify 等關鍵字查閱過去 10 年最新的遊戲化研究，不但發現有越來越多的學者投入其中，並發現有許多遊戲化教學的正面效用，還透過幾篇遊戲化教學的綜述研究（Meta-Analysis），找到一些遊戲化教學的關鍵因素。

過程中我一邊閱讀理論資料、一邊思考實務教學，並用自己的教學經驗進行整理，最後構思了「遊戲化教學」的專家研究，用學術研究的「德爾菲法」（Delphi Method），整理了數十多位遊戲化教學專家的經驗，最後寫了兩篇遊戲化教學的論文，其中一篇〈The Key Elements of Gamification in Corporate — Training-The Delphi Method〉，已經收錄於 SCI 國際科學期刊上，在寫文章的今天還是期刊近期下載次數排名前三名的文章，算是在遊戲化教學的學術研究，完成了一個質化量化並重的研究論文。本書於最後附錄，也會附上這篇論文的中文版本，方便大家繼續深入了解。

遊戲化教學案例與實務經驗

當然，我也知道老師們的問題並不在於定義「什麼是遊戲化教學」，而是「如何做好遊戲化教學」；透過這本《遊戲化教學的技術》，將毫無保留地和大家分享我對遊戲化教學的想法，其中包含了超過 15 年的企業教育訓練經驗、超過 10 年的講師教練經驗，還有上

百場課程觀摩及指導經驗。也因為擔任教學教練，讓我有機會能深入不同的課堂之中，因此我也會分享幾位老師的課堂教學實務，讓大家深入教室，看看遊戲化教學的關鍵要素如何在課堂中展現，學生的反應如何？會有什麼樣的學習？

在每一個實務技巧背後，我也會整合學術研究及理論基礎，包括遊戲化、學習理論、甚至橫跨 40 年的動機研究等，希望以實務為主、理論為輔。從關鍵技術出發，再配合大量實際個案，還有先前《教學的技術》、《線上教學的技術》等書籍及教學影片做為補充。

做這一切的事情，只希望老師們能了解，「遊戲化教學的技術」是真的可以有效改變學生、改變教學環境，讓學習變得有趣、有效又有用。

實務與理論，個人與專家，書本與論文

從十幾年前到現在，我的核心使命——影響一個老師，就可以影響更多的學生——從來沒有改變。為了讓大家相信這些影響是可能的、可行的，我已經從實務整合到理論、從個人經驗結合專家共識、從網路文章寫到書籍再寫到論文與期刊，並推出音頻及線上教學影片，我們有實務、有理論、有原則、有方法、還有實際的操作經驗，希望幫助老師們追求更進一步的歷練，朝向更好的地方前進。

緊接其後的這本《遊戲化教學的技術》，也希望能夠成為您下一段改變的開始！

不管是學校教室或企業教學，甚至是對在校學生、企業員工或主管、專業人士，又或是對親子及年長者的教學，只要能善用遊戲化教學，找出其中的關鍵，相信你也會看到從「漠不關心」到「踴躍參與」的畫面。

1 Deterding, S., Sicart, M., Nacke, L., O'Hara, K., & Dixon, D. (2011). *Gamification. using game-design elements in non-gaming contexts*. In 2011 CHI Conference extended abstracts on human factors in computing systems (pp. 2425-2428).

2 Ribeiro, L. A., da Silva, T. L., & Mussi, A. Q. (2018). Gamification: a methodology to motivate engagement and participation in a higher education environment. *International Journal of Education and Research*, 6(4), 249-264.

3 Furdu, I., Tomozei, C., & Kose, U. (2017). Pros and cons gamification and gaming in classroom. *Broad Res. in Arti. Intell. & Neurosci.* (8) 56-62, https://doi.org/10.48550/arXiv.1708.09337

4 Landers, R. N., Armstrong, M. B., & Collmus, A. B. (2017). How to use game elements to enhance learning: Applications of the theory of gamified learning. In *Serious games and edutainment applications* (pp. 457-483). Springer.

5 Hamari, J., Koivisto, J., & Sarsa, H. (2014, Jan 6-9). *Does Gamification Work?-A Literature Review of Empirical Studies on Gamification*. In the 47th Hawaii International Conference on System Sciences, Waikoloa, HI, USA.

1

教學為什麼需要「遊戲化」？

「遊戲化教學」是什麼樣的概念？

遊戲化最重要的核心—— PBL 三大要素，各自代表了什麼？

在一般的教學現場，如果不使用遊戲化的技術，經常會遇到哪些問題？

在應用遊戲化時，又可能會遇到哪些常見的問題？

如同我在本書〈緒言〉所強調的，這本書最重要的，就是「結合理論與實務」，所以書裡不僅有遊戲化的研究理論，也會以〈教學個案〉呈現給大家真實的教學場景，讓大家可以從實務課程中學習如何應用遊戲化的重要元素，不僅讓你了解哪些要素是關鍵所在，也能同時知道實務上如何套用。

這些〈教學個案〉，都來自不同領域遊戲化教學專家的現場記錄或訪談，也包括我自己實際課程的經驗——譬如「創意思考與心智圖法」的課程，就展現了如何運用關鍵三個步驟及三個元素，來設計一個「遊戲化教學」的課程；而急診大仁哥的醫療法律課，更會示範如何在極專業的課程中，融入遊戲化教學的元素。我相信，透過一個又一個教學個案，也許大家更能從裡面快速抓到理論與實務結合的重點。

另外，在開始運用遊戲化前，可能會遇到的困難。本章也特別從接近 500 位老師的提問中，整理出遊戲化教學最常見的七個困擾，包括：學生不參與怎麼辦？遊戲化適合的課程內容與對象？學校課程或企業訓練如何應用遊戲化？遊戲化會不會傷害學習者的學習動機……等不同的問題。

對於「遊戲化教學」的概述、定義、操作、以及近幾年來積累的一些誤解，我將會在本章中為你細說分明，希望能就此摒除一些老師的疑慮。

遊戲化教學可以很實務，也可以很學術；可以很簡化，也可以很

仔細。最重要的是，希望身為教學者／老師／教育訓練人員／講師／指導者的您，能夠相信遊戲化教學不但有趣，而且有效又有用，真的能改變你的教學場景，並改變學生的學習成效。

1-1 什麼是「遊戲化教學」?

　　關於「遊戲化教學」,這些年來我已經寫了不少文章。例如〈如何激發參與動機:遊戲化〉、〈遊戲化教學、遊戲教學、教學遊戲軟體有什麼不同〉、〈課程遊戲化〉、〈PBL:點數、獎勵、排行榜〉、〈遊戲化不是團康化〉、〈遊戲化教學的技術:核心中的核心——與教學目標結合〉等文章。

　　在 2021 年 5 月台灣因疫情爆發實施三級警戒後,也寫了《線上教學的技術》一書,並且把線上遊戲化教學的技巧寫成上、下兩篇文章,後來以遊戲化教學為主題的論文被 SCI 期刊接受後,又補寫了幾篇遊戲化學術相關的文章:〈遊戲化教學關鍵要素——德爾菲法研究〉(中譯版),〈從實務到學術,再從學術回實務:側寫教育訓練遊戲化關鍵研究論文〉。上述這些文章,都可以在「福哥的部落格」中找到,之後在不同的章節也會提供給讀者下載連結。

　　當然,除了撰寫文章外,先前《教學的技術》線上課程,也有一集專門談遊戲化教學的影片,並且免費公開;另外,關於一些操作遊戲化的團隊分組,以及結合遊戲化的互動教學技巧,也都已經寫在《教學的技術》這本書裡面。

　　但是即使寫了文章、出版書籍、也拍了影片,我發現還是有很多老師有不少疑問,對於怎麼樣操作遊戲化和其中的一些「秘角」(台

語），沒辦法清楚掌握。像是在前一陣子，我詢問大家有哪些遊戲化教學的問題時，竟然收到了接近 500 位老師的來信提問！仔細看過這些問題後，大致可以歸納如下：

- 不同主題的課程，要怎麼結合及應用遊戲化？
- 課程遊戲化之後，會不會反而讓學習失焦？
- 不同的年齡或族群，在操作遊戲化教學的時候有什麼差異？
- 老師應該怎麼開始規劃一個遊戲化的課程？應該怎麼設計？應該怎麼引導？
- 怎麼讓學生更願意參與呢？
- 學員太冷淡或反應太熱烈時怎麼辦？
- 遊戲化的教學會不會太花時間？會不會太難？會不會反而讓課程上不完？

　　這些問題，每一個都很值得探討！有些我已經在課程中驗證過，有些則是透過訪談不同老師深入了解，有些甚至我先前已經寫在文章或論文中，也有些是我之前沒遇過、但覺得是有趣的問題。

　　這本《遊戲化教學的技術》的內容，可以說是我過去運用遊戲化，做好每一場精彩教學的總整理。除了先前自己對遊戲化教學的理解，也包括了不同老師應用上的實務經驗，再加上遊戲化及教學技巧相關理論的探討，希望讓未來想導入或應用遊戲化教學的老師們，能有一個參考的方向，例如至少知道哪些是遊戲化教學的關鍵，哪些其實是不需要在意的元素，而在不同的教學現場又有哪些要注意的地方。

　　最重要的是，我希望接下來的內容可以引入更多真實的教學案例，讓大家知道不同老師在不同的課程上，是怎麼運用這些遊戲化元素，讓學生學得更有效、有趣，又有收穫！透過各有特色的實例，大

家都能印證自己對遊戲化教學的想像,知道原來遊戲化也可以應用在醫學、生命教育、專案管理、財務金融,甚至是國家考試科目……等的教學中,讓老師們透過教學實務與教學理論的連結,更有機會規劃出一門精彩的課程。

延伸閱讀

- 《線上教學的技術》專業版電子書免費下載:https://afu.tw/5044
- 側寫教育訓練遊戲化(Gamification)關鍵研究論文:https://afu.tw/4673
- 遊戲化教學相關文章:https://afu.tw/5031

教學個案 遊戲化設計實務——創意思考與心智圖課程

- 什麼是遊戲化？什麼不是遊戲化？需要有軟體嗎？需要設計
  遊戲嗎？實務上怎麼操作？
- 學生不參與怎麼辦？萬一學生只想玩遊戲不想學習怎麼辦？
  面對不同的學生屬性（年紀太大或太小），都可以運用遊戲
  化教學嗎？
- 高度專業的課程也能結合遊戲化？會不會太花時間？
- 如何開始？怎麼結合遊戲化與教學目標？老師如何引導？有
  哪些方法、要素或秘訣？

遊戲化教學的三大核心

在擔任職業講師的職涯初期，除了大家現在熟知的「專業簡報
力」及「教學的技術」外，我也教過一門「創意思考與心智圖」的課
程，讓學員透過像心智圖、九宮格等不同的思考工具，完成自己的工
作企畫或提案。當初在許多上市公司上這門課時，得到了非常多的正
面回饋及好評。

這門課，當然也運用了許多遊戲化教學的技術。接下來我們來拆
解一下，當初我到底是如何設計這門課，把原本傳統的教學課程，轉
換為吸引學員的投入與專注參與的遊戲化教學。先讓大家從實際案例
中看到一個大致的樣貌，之後我們再來一一分解操作細節。

首先，我運用了遊戲化教學的三大核心：環境建立、即時回饋、
以及課程目標。

一、環境建立：團隊、規則與獎勵

在簡單自我介紹完後，我就會立刻宣佈「今天的課程是以小組方式進行」，然後用《教學的技術》提到過的方法，很快把台下分為 3～5 人規模的小組。讓學員建立團隊共識並選出組長後，便說明學員的每個表現、演練、互動、回饋，都會與分數連結，然後分數會轉化為獎勵（秀一下小獎品），並且每堂課都會更新排行榜（有注意到 PBL——點數、獎勵、排行榜的元素嗎？）。建立遊戲化教學的環境，是每一次教學開始前的標準動作。

二、即時回饋：刺激、回應與激勵

課程進行中，我會找出與教學目標結合的重點，給予學員刺激，並且立即回饋。譬如一開始先提出一個簡單的問題：「除了心智圖外，大家還聽過哪些幫助思考的工具？」只要有學員回答，馬上就會拿到籌碼積分，讓大家先開始習慣計分機制。

之後我會變化一下題目，稍微提升難度，比如「請各小組以不同的思考工具，寫出 100 種動物名稱，寫越多的分數越高，計時 3 分鐘，開始！」。這時就可以看到積分激勵的強化作用，學員會快速產生創意，並開始聚焦投入課程中。

小組討論後，我會問：「有沒有哪一組自願和大家分享剛才小組討論的成果？第一個上台的我們給 5000 分的籌碼，第二個 3000 分，第三個 2000 分，最後一個 1000 分。我們只比舉手的速度，請問哪一組要上台？」這是用分數激勵學員願意上台。一般來說，我一講完就會看到大家的手飛速舉起。

成果分享過後，我緊接著出題：「請利用剛教的心智圖進行『環島單車行』的活動企畫。完成後，請貼到牆上讓大家投票，票數最高的可以贏得 20000 的籌碼，第二名 15000，第三名 10000。各位有 15

分鐘可以完成，計時開始！」然後，你會看到大家專注投入討論，並且小組合作完成手邊的專案作業，甚至抱怨「15 分鐘怎麼過得那麼快！」感覺人人都進入心流忘我的學習狀態。

三、課程目標：確立目標，強化成效

其實，這個部分應該是在課程一開始就要做的，甚至早在課程開始之前，就要先掌握。不過，為了避免一開始就講大道理，反而嚇到大家，所以到現在才說！

請記得：遊戲化從來不是為了遊戲，而是要結合課程目標，利用遊戲的元素來強化效果。如果只是講述，學員可能很快就會分心，甚至打瞌睡；如果只是單純的演練，也許大家投入的意願有高有低。但是，如果能結合遊戲化的分組團隊、競爭以及 PBL 機制，同樣的演練，你會看到學員完全不同的投入與表現！重點從來不是遊戲本身，而是透過遊戲化的結合強化演練的成效，這才是核心關鍵。

因此，在一開始設計課程時，老師們就要先想好：這門課的課程目標是什麼？上完課後，希望學生學到什麼？先找出最終目標，再去思考如何用遊戲化來強化，如此才是正確的做法！至於什麼是好的課程目標？請參考拙作《教學的技術》，教大家透過 ADDIE 的分析流程找出課程目標，並設計出一門完整的課程，本節文末也有重點文章延伸閱讀的下載連結，提供給大家進一步參考。

遊戲元素PBL：點數、獎勵、排行榜

除了上述三個遊戲化教學的核心外，教學過程中我還運用了遊戲化的三大要素，也就是 PBL——點數（Points）、獎勵（Benefits）、排行榜（Leaderboards），貫穿整個課程，並激勵學員的投入。

點數

教學過程中,每個互動題目都有分數,而不同難度題目的分數也不同。像是簡單一點的問答,如「有聽過哪些創意思考工具?」,每個答題可能是 1000 分或 2000 分;主動上台報告「哪一組自願先上台?」,分數可能依上台次序從 5000 到 1000;大型演練像前面談到「用心智圖規劃的環島行程」,最後在大家投票後,分數可能介於 20000 ~ 5000,依表現排名而不同。我們也會運用不同的計分方法,從虛擬的口頭計分到實體的籌碼計分都有。而不同的場地、人數、時間長度,計分的操作方法也會有所不同。

獎勵

上課的目的是學習,而不是獲得獎勵。但獎勵卻可以創造一個小小的誘因,真正的核心是讓大家覺得「學習是有趣的」,會想要為小組爭取好成績,爭取團隊的榮譽,這是把外在動機轉化成內在動機的好方法。因此在課程一開始,我會創造一些獎勵誘因,不管是實體或虛擬的,只是做為一個有趣的目標,讓大家有一個前進的方向。但我也會很小心地,在一開始後就不再談到獎勵這件事,避免過多的外在動機,反而傷害了內在動機。關於外在激勵與內在動機如何相互配合,我們在本書第三章會仔細談到。

排行榜

每堂課下課時,我們都會統計每一組整堂課的得分,並更新在排行榜上。排行榜可以用壁報紙製作,或直接寫在黑板或白板上,目的除了讓大家知道各組的得分狀況,也做為持續激勵的標的。像心智圖這門課時間長度是一整天,累積到最後一堂,每個小組分數都接近 10 萬分了,最後再來個分數差異更大的比賽,就會看到不同小組的

競爭越來越激烈，也發揮激勵投入的效果。

打開學員「參與」的開關

　　每次我去到不同的上課場域，不管是企業或學校，或面對比較特別的學生，如會計師、檢察官、醫生或上市企業的高階主管，經常聽到 HR 或訓練負責人說類似的話：「我們的學員比較安靜／比較悶／比較低調／比較冷靜／比較工程師性格，因此上課可能會不太投入……請老師多多見諒！」我總是微微一笑，然後說：「沒問題，待會就知道囉！」

　　等到課程開始進行後，學員受到遊戲化的激勵而踴躍參與，這時 HR 又會跟我分享：「今天好熱烈，他們跟以前完全不一樣……。」

　　從過去在課堂上的經驗，我可以確認一件事：「學生們都是熱愛學習，也願意投入學習，只是他們參與的開關沒有被開啟……」，而透過好的遊戲化教學設計，你就可以打開學生的投入開關！

　　遊戲化並不是「在課程中玩遊戲」！也不需要設計複雜的闖關、桌遊、卡牌或是故事情節，更不需要動用到 App 或軟體，只要應用遊戲化的重要元素及機制，就可以讓學員在不知不覺中融入課程的情境，更願意參與、也更有注意力及學習成效。

　　當然了，老師要從課程目標導向來聚焦思考，想一想怎麼結合遊戲化的核心及元素，並且聚焦課程目標，塑造正面的競爭機制。相信從「心智圖與創意思考」這堂課的實際課程設計，大家開始能慢慢感受遊戲化教學的威力。至於每一個遊戲化的操作細節，我會慢慢為大家細說分明。

遊不遊戲化，差別很大

　　許多老師常問我：「有沒有用遊戲化，有差別嗎？」在回答前，

我更常反問：你有發現學生常常進入「螢幕保護程式」了嗎？

意思是，當你看著坐在台下的學生時，有沒有想過：雖然他人在教室裡，但心也在這裡嗎？當你往下望，也許看到學生眼睛看著你，也沒在滑手機或打瞌睡，甚至會看著你微笑點點頭，但是，那時他的腦袋有在吸收嗎？還是只是維持最低程度的運作？

你可能會回答我說：「當然在！」不過，請讓我與你分享兩個實驗結果。

上課中的實驗

身為教學教練，我經常有機會主持企業的內部講師教學演練。每當講師進行了一段很長的講述後，我往往會出奇不意地喊出「暫停」，然後馬上問台下的學員們：「上一張投影片的內容是什麼？」

有趣的是，雖然我問的是剛剛大家都看過的「上一張投影片」的內容，也才在 10 秒鐘前出現，但你可能很難相信，很多人都答不出來！其實這些學生剛才沒有睡覺，也沒有滑手機，雙眼都專注地盯著台上老師，但卻記不住上一張投影片的內容。為什麼？因為剛剛他們注意力消失，「出神」了！掛在臉上的微笑跟專注，只像是「螢幕保護程式」。

下課時的實驗

又有一次和幾個朋友去上了一堂公開課程，下課期間我無預警地突然問朋友：「你覺得課程上得怎麼樣？」

朋友：「很好啊！」

我接著問：「那剛上完的這堂課，你還記得什麼？」

朋友：「就是……嗯……嗯……（努力思考中）」

有趣的是，朋友認為「很好」的課程，他卻什麼都沒記住！而且

這還是我們自己繳錢去上的課，也就是我們是有動機且主動積極的。但經過了一個多小時的課程，剛下課的我們卻什麼都記不住，這是怎麼一回事呢？

注意力沒開啟，就等於關閉了學習

所以我常常笑稱，這就像是「螢幕保護程式」，雖然大腦像電腦沒有關機一樣，但是只以最低的功率在工作，勉強維持身體有動作、臉上有微笑，有時還會彷彿很有領悟地點點頭，但是，對於上課的內容其實都沒有在吸收。事實上，根據認知心理學的訊息處理論（Information Processing Theory），也能清楚地解釋這個過程：人在學習一件事情時，需要先打開注意力開關，然後才把資訊傳送到感官記憶，部分有意義的資訊因此轉換為短期記憶；接下來還要經過多次提取或與意義連結，短期記憶才有機會轉化為長期記憶，也才真的稱得上是「學習」。

然而，如果一開始連注意力都沒有開啟，那是不是等於關閉了學習？當然也就不會有接下來的吸收！

一直、一直吸引學生的注意力

回到實務面，之所以在教學的過程應用「遊戲化教學的技術」，真正的目的並不是讓課程變得精彩，也不是想讓課程變得有趣，而是為了「持續吸引學生的注意力」！像是搶答給分數，也是為了讓學生一直保持專注；至於獎勵與排名，則是為了給大家一個「參與的理由」，雖然感覺上似乎是外部動機，但進一步會由外部動機轉化為內部動機，讓學生一直都在教室，不會進入放空的「螢幕保護程式」。

當然，如果你遇到的學生本來動機就很強烈，注意力都能一直保持集中，那麼，你根本不需要運用外在的技術或遊戲化，學生自己

就能持續學習、保持前進。但實務上，因為我們教的是「普通人」，人都會累、會疲憊、會因為持續不變的教學節奏而慢慢失去專注力……，應用遊戲化教學的技術，才能更有效地提升教學成效。

當然了，保持注意力只能算是學習上最基本的要求（雖然一點也不簡單）。進一步的挑戰則是：當注意力維持住了，資訊也進到短期記憶後，如何讓這些短期記憶轉化為長期記憶？這才是學習最大的挑戰！因此，我們也會在後面的章節談及遊戲化教學之後的修練。

延伸閱讀

- 《教學的技術》補充說明專業版電子書免費下載：
  ADDIE——課程的分析、設計與發展，https://afu.tw/5330

1-2　遊戲化常見的問題（上）

嘗試過遊戲化教學的老師，當然免不了碰上一些問題，光是我參與成立的遊戲化教學社團，前後就收集到接近 500 個問題！

根據出現頻率並加以彙整，最後我選出最常見的七大困擾，除了依我的經驗提出解答外，同時在之後的章節也會應用不同老師的實務佐證，希望能在開始應用遊戲化教學前先幫大家解惑，並且提供一個更明確的方向。

老師的困擾一：教學時，學生不愛參與、動機低落

在一般正常的課程裡，學生參與度差、動機低落，這都是很正常的事啊！先不要忙著指責學生，或是進一步追究成因。你只要想一想：當你的身分轉換為學生時，參與度如何？有時候身為老師的你，也有機會參加一些課程或進修，這時你會「往前坐、主動舉手發言」？還是說又回到「標準」學生的樣子，安安靜靜地坐著？

沒錯，大部分的人最常有的反應，就是沉默地坐著聽講。有趣的是：當我們身為老師時，總是期望學生高度參與，但是角色切換為學生時，卻又沉默無語。所以，我總是把學生的不參與視為理所當然，而把誘發學生的參與視為教學的重要挑戰。

至於怎麼從不參與到熱烈投入，後面章節將有許多不同老師的實

務個案，運用遊戲化教學來轉換動機、激發參與。包含國中小、高中、大學、社會人士，也涵蓋通識類、專業類、甚至國家考試課程，相信可以提供給大家實際可用的解答。

老師的困擾二：運用了遊戲化教學，學生還是不想參與、動機低落

運用遊戲化教學之後，學生的參與度還是不佳？這個時候，可能就需要盤點一下，是不是遊戲化教學的過程中，出現了什麼問題？遊戲化教學並不是把課程加入點數或計分排行榜，就算「遊戲化」了，而是必須整合許多相關的機制，才能促成有效的遊戲化教學！

舉例來說，在課程設計時，你有沒有思考過怎麼結合遊戲化與教學目標？如何設計互動教學方法，並結合積分強化機制？課程開始前，你有沒有說明簡單易懂的遊戲化規則，並且找出足以激勵學員的獎勵機制？本書稍後的案例中，大家會看到積分與獎勵機制的不同連結，像是沁瑜老師的大學教室與平常成績連結、明騰老師的中學教室與嘉獎卡的連結、為民醫師衛教時送大家書，或是我習慣送的積木或雜誌……，這些都是有效的正增強獎勵，甚至像仙女老師的高中教室，運用的則是非常有創意的負增強機制。

在確定規則及激勵機制後，諸如分組規模、計分方法、點數即時強化、教學互動設計、競賽設計、體驗活動，甚至無風險環境的塑造，都會影響遊戲化教學的操作成效。這些我們在稍後的章節也會細說分明，包含遊戲化的關鍵機制與要素。

因此，當老師們覺得，應用了遊戲化教學之後，學生的參與度還是不高，建議老師回頭檢查一下，整個遊戲化的操作是不是有哪個環節遺漏了？根據我個人及許多老師的實際經驗，只要遊戲化機制及要素能完整操作，學生就會從「無動機、低參與」，快速轉變為「有動

機、高參與」，老師的困擾，甚至變成太多人舉手，而不曉得應該要點哪一位發表。我希望，大家在熟悉遊戲化教學之後，也能在教室裡遇到這樣的「困擾」。

老師的困擾三：遊戲化教學適用於嚴肅的課程嗎？

一聽到「遊戲化」，許多人會以為，這樣的方法只能應用在比較輕鬆或軟性的課程主題，也就是「軟實力」（Soft Skill）的課程，如簡報技巧、領導管理……等，但這其實是一個很常見的誤解！因為遊戲化可以廣泛應用在許多不同的課程，甚至越是專業艱澀的主題，越應該考慮加入遊戲化來「軟化」整個課程，讓學生更容易參與及吸收。

後面的案例中，我們會看到劉沁瑜教授將生硬的臨床營養學國家考試科目，透過遊戲化教學方法，轉化為讓學生參與投入及搶答的課程；朱為民醫師則是應用遊戲化教學，跟年輕人一起探討相對沉重的生命議題，也用遊戲化讓大家深思，因而願意採取行動。另外，曾明騰老師在國中教理化，仙女老師余懷瑾在高中國文課談范仲淹等，也都各自用了遊戲化教學，活潑了原本沉悶的課堂；甚至像楊坤仁醫師談醫療法律，結合醫療與法律這兩種專業，加乘起來說多硬就有多硬，但他也是利用遊戲化教學的方法，讓參與的醫護人員都能帶走專業知識，實際應用在工作上。

下一次，當您覺得「我的課程很硬、很嚴肅」時，不妨想一想：是不是有醫療加法律那麼硬？再想一想：是不是有如病人自主權利法那麼嚴肅？想一想：是不是有像國考課程、國文或理化這麼需要記憶和理解？如果上述這些課程都已經證明可以用遊戲化教學來軟化，那唯一限制你的，就只有你的想像力。

老師的困擾四：遊戲化適用於不同年齡層或不同職位的對象嗎？

從我訪談的專家及研究過的教學個案來看，各級學校（從國小、國中、高中到大學），以及出社會後的企業內訓，甚至是對中老年人的衛教及照顧教學，面對不同的教學對象，遊戲化教學都能獲得很好的效果。

當你疑惑，遊戲化是否真的能用在某個族群時，其實你更應該思考一下，這是真正的限制？還是自己想像出來的限制？

記得有一次仙女老師余懷瑾受邀到醫院演講，因為參與的是院長、副院長、主任及各科醫師，承辦人員特別交代：「長官不習慣互動參與，可以講述就好嗎？」但幾經思考並且跟我討論後，仙女老師還是勇敢嘗試，保留分組互動與遊戲化教學，結果是：現場反應極好，院長還特別在演講結束後，提到這是他近年聽過印象最深刻的一場演講！另外我自己的經驗，過去十幾年在各大上市公司教課，不管是高科技、金融、業務、製造、醫藥、會計、法律等不同行業，也不管是新人、初階主管、高階主管，甚至上市公司的 CEO 或董事長，只要課程本身目標明確，遊戲化設計結合教學，遊戲化教學可以廣泛應用於不同對象，而且都能收到很好的效果。

最新的案例是：前一陣子應法務部邀請，擔任檢察官們的簡報教練，教大家國民法官新制度下的法庭簡報技巧。像這麼嚴肅的議題、面對似乎不苟言笑的檢察官同學們，你要不要想像一下，大家上課反應如何呢？

結果是：該搶答大家就認真搶答！該投入大家就全心投入，甚至比一般學員更認真！因為檢察官們都是有理想、不服輸的啊！我也才知道，先前對檢察官們的想像，很多都是自己的誤解，工作時認真嚴

肅，但學習時更願意專心投入。後來因為課程效果極佳，還跟法務部長一起參加聯席記者會，並獲得部長讚美說：「從來沒看過檢察官們對課程有這麼好的迴響！」最後也登上了許多媒體報導。所以，如果我只是因為自己錯誤的想像，在設計課程時就放棄了遊戲化，這不是很可惜嗎？

1-3 遊戲化常見的問題（下）

老師的困擾五：會不會太花時間，導致課程本身教不完？

後面的案例會提到，單單從時間的觀點來看，教國中理化的曾明騰老師，總是提早一週完成課程進度，因為他利用遊戲化及互動教學方法，讓學生有更好的吸收效果，反而可以不用考許多測驗卷，也能得到相同的學習成果，最後甚至反應出很棒的測驗成績。

教高中國文的余懷瑾老師，也在後面的案例中談到：「老師們應該追求的是『教完』還是『吸收』？」如果目標只是教完，那國文課本就在學生手上，快速翻唸過去也能算是教完，問題是：「沒有吸收的教學，有教也等於沒有教！」因此她寧願用心設計課程，讓學生在課堂上有更好的參與及互動，也不願只是趕著把課教完。

同樣地，在大學教營養國考課程的劉沁瑜老師也有類似經驗：她應用「遊戲化教學」創造主動參與，轉換生硬的背誦知識，讓學生能有更好的吸收；比起「教完」，「教會」顯然更值得投入時間。

以我個人為例，企業訓練其實更追求效率，一門課從開始到結束，短一點的 3 ～ 4 個小時，長一點的 6 ～ 7 個小時，經常一天之內就結束了。但在這麼有限的時間裡，我們仍然使用遊戲化教學的技術，設計出很精彩的課程。甚至是對大學生或高中生的演講，時間雖

然只有短短的一個半小時，我們仍然可以融合課程目標及遊戲化，做出達到預期成效的的教學。相信大家在後面的章節看過幾個「教學個案」後，就會更清楚理解到，只要善用遊戲化教學，更有機會達成課程的預期目標。

老師的困擾六：整個學期的課程如何遊戲化教學？

在學校導入遊戲化教學，大概會分成規則建立、遊戲化教學，以及統計激勵等三大階段。以 18 週的課程而言，第一週會進行規則建立，談一下接下來的課程分組、遊戲化計分規則，以及分數如何連結獎勵。如果還有時間，或是遇到全新的班級，可能還會有團隊建立或破冰的相關活動。

從第二週開始，就會正式進入遊戲化教學階段，一開始，可能必須藉由簡單的互動（如問答、選擇）來慢慢加溫，讓大家習慣參與。這個階段的重點在引導並獎勵參與的行為，而不是答案的正確與否，因此一開始可以設計比較簡單的互動過程，只要有學生參與就立即以分數回饋，讓整個遊戲化的氛圍順利開始發酵。接下來逐漸增加難度，像是小組討論、資料搜尋與回答、個案問題解決、實作發表……等。透過互動教學及分數的即時回饋，慢慢誘發團隊競爭意識。接下來，遊戲化教學機制會越來越順暢，老師也會看到學生們的態度已從被動轉為主動，課堂氣氛明顯轉變。

只要遊戲化的 PBL 機制設計得當，接下來就可以定期根據學生在遊戲化教學取得的分數，再與獎勵機制連結。時間間隔有可能是每堂課、每個月、或每學期。像是仙女老師每堂課設計的「不用唱歌」負增強機制，或是 Teacher P 直接在黑板上計分的正增強機制，或是沁瑜老師連結遊戲化排名與期末成績，或是明騰老師應用的累計嘉獎卡，都是應用排行榜元素進行統計激勵。

要不斷提醒老師們的是：PBL 元素，也就是點數、獎勵、排行榜，只是遊戲化教學的基礎，後續還有許多機制的建立，像是結合教學目標、團隊競爭、難度漸增、無風險環境、公平規則……等，都是遊戲化教學應用時的重要關鍵，相信接下來透過不同老師們的應用個案，大家一定可以掌握好遊戲化教學的關鍵。

老師的困擾七：遊戲化教學的外部激勵，會不會反而傷害內在動機？

這是一個值得探討、也是我在撰寫這本書時一直放在心裡的問題。畢竟，教學方法的應用就像藥引，應該「先求不傷，再求療效」。還好，最後找到了理論與實務兼具的解答。答案是：「不會！反而應該內外整合，放心使用！」

為了好好了解這個問題，我系統化回顧了許多學術研究論文，包含最早 1971 年德西（E. L. Deci）提出的〈外在獎賞是否會傷害內部動機？〉[1]，以及 1973 年雷波（M. R. Lepper）所做關於「過度辯證」（Overjustification）的研究[2]。這些研究最為人所知的，就是獎勵可能會破壞小朋友原本喜歡畫畫的動機，後來也被大量引用，成為外在獎勵可能傷害內在動機的主要理由。

但這跟我的經驗剛好相反！因為我自己應用遊戲化教學時，看到的反而是因為外在激勵誘發了學生的內在動機，所以我自己也很好奇，為什麼學術研究得出與我實際經驗相反的結論。但是學術問題就應該學術解決，所以我切換為研究者的角度，進一步再尋找相關研究，這才發現，「內在動機」與「外在動機」的爭論也是應用心理學文獻最激烈的爭論之一。最後也找到了近期由伽拉佐利（C. P. Cerasoli）等人在 2014 年提出的綜述研究[3]，這個研究橫跨 40 年、涵蓋了 21 萬個受訪者，最終認為外在動機與內在動機並不是相互對立，

而是各有優勢，可以相輔相成的。

　　相關的研究及學術討論，請參考第三章的〈內在動機與外在動機〉。在那一節裡，我除了介紹動機的研究，還包含了「自我決定理論」（SDT: Self-Determination Theory）與在遊戲化教學的應用，甚至還反向利用 SDT 三大原則來破壞遊戲化教學的成效。

　　小結論是：善用遊戲化教學，可以促使學生整合外在動機與內在動機，讓學習變得更有效，如果對相關的學術研究與討論有興趣，可以看看第三章的說明。

---

[1] Deci, E. L. (1971). Effects of externally mediated rewards on intrinsic motivation. *Journal of personality and social psychology*, 18(1), 105-115. https://doi.org/10.1037/h0030644

[2] Lepper, M. R., Greene, D., & Nisbett, R. E. (1973). Undermining children's intrinsic interest with extrinsic reward: A test of the" overjustification" hypothesis. *Journal of personality and social psychology*, 28(1), 129-137. https://doi.org/10.1037/h0035519

[3] Cerasoli, C. P., Nicklin, J. M., & Ford, M. T. (2014). Intrinsic motivation and extrinsic incentives jointly predict performance: a 40-year meta-analysis. *Psychological bulletin*, 140(4), 980-1008. https://doi.org/10.1037/a0035661

1-4 遊戲化教學常見的三大誤解

　　從自己運用企業內訓遊戲化，到大型演講遊戲化，再進一步突破線上遊戲化教學的限制，甚至在學術上進行遊戲化研究。

　　因為看得比以前多一點，除了前一節談到的常見問題外，發現不少老師對遊戲化教學有三大誤解，這些誤解讓他們感到擔心，甚至抗拒在教學中導入遊戲化。也許，我可以嘗試釐清誤解，希望老師們看了說明後，能夠解開心結，「心無罣礙」地進一步研究遊戲化教學。

誤解一：遊戲化教學等於設計教學遊戲？

　　許多人最常見的誤解，就是把遊戲化教學和教學遊戲劃上等號！

　　首先，許多老師一想到「怎麼把原本的教學轉化成遊戲」，就一個頭兩個大，根本不知道從何開始；與遊戲有關的情節、角色、道具等等，更是完全沒概念。也有老師以為遊戲化就是要玩桌遊，但怎麼設計桌遊？要用什麼樣的地圖、卡片或玩法……感覺又是另一門學問。甚至連專門寫遊戲化教學論文的研究者，也常掉進這個坑中，更有專家學者以為：似乎要在教學中融合故事或情節，才能實現遊戲化教學。

　　但是，這其實是很大的誤解，因為遊戲化教學和教學遊戲沒有直接關係啊！不管是我訪談過的遊戲化教學專家，以及我自己的經驗，

90%以上都沒有在課程中設計遊戲！也就是說：即使沒有情節、角色、道具……的遊戲元素，教學還是可以非常遊戲化！

從多數專家的經驗來看，「遊戲化教學」只需要先定義教學目標和重點，然後把它轉換為不同的互動教學方法（詳見拙作《教學的技術》），例如運用問答、小組討論、選擇、排序、演練等，再加入遊戲元素（PBL：點數、獎勵、排行榜）、以及遊戲機制（如團隊競爭、公平規則、即時回饋、無風險體驗……等）。即使沒有任何情節或角色，也沒有搭配任何道具，遊戲化教學還是可以運作得很有效。

沒錯，也有很用心的老師花了許多時間發展教學桌遊，甚至設計出一套完整的教學遊戲，包含情節、關卡、道具……。這當然很棒！只是老師們要明白，這算是「加分項」，但不是「必要項」，而且量身訂做的遊戲關卡往往只能結合特定的教學項目，相反地，越簡單的遊戲化元素，越能應用在不同的教學領域與現場！

誤解二：遊戲化教學需要軟體或App

很多人對遊戲化的第二個誤解，就是以為遊戲化教學需要一些不同的軟體或 App，像是互動教學軟體（如 Kahoot）、學習管理軟體（Learning Management System, LMS）、模擬學習軟體或教育軟體（Game Base Learning 或 Serious Games）。我也的確看過不少研究，是利用軟體引入計分制度，並頒給學員數位徽章，或利用學習管理軟體 LMS 呈現出席狀況，再轉換成排名及成績……。

然而，只要涉及軟體，就一定會有數位門檻及軟體使用的問題，而怎麼結合軟體與學習，更是需要許多思考及嘗試。因此，一旦認定遊戲化教學需要這麼高的門檻，當然就會有很多老師裹足不前。

事實上，遊戲化教學並不需要任何軟體的配合！同樣根據遊戲化專家的經驗，遊戲化教學很少有軟體需求，只要簡單的紙、筆，或是

日常的教學用具，就可以實現遊戲化的目標。以點數計分為例，我們可以用筆記錄，也可以用樸克牌、籌碼代替點數，或者更簡單地在黑板上劃「正」號來計算。就算是互動的過程，比如把教學主題轉化成問答、選擇、排序等，也都只需要用投影片出題，然後請大家直接口頭回答或寫在紙上，同樣也不需要用上任何軟體。

至於徽章或其他數位成就，其實就只是獎勵機制的一環，都不是遊戲化成功的必要條件，因此也不需要借助哪種軟體。我更發現，在遊戲化教學的過程中，許多專家反而刻意不用任何軟體或 App 來輔助，因為他們擔心軟體或手機 App 會拉走學生的注意力，在必須聽講時，專注力變得難以凝聚。

請別誤會，我並不是抗拒或厭惡軟體。優秀的教學軟體絕對能提升教學效果，像是好朋友葉丙成教授創辦的 PaGamO，就是遊戲化教學軟體的一個好典範，後面的文章我也帶到 PaGamO 在不同學習上的應用。平常我也會應用 App 來幫助孩子背英文單字，為了拿到滿分，她們都「遊戲」得很開心。而最近我也利用 code.org 的遊戲化學習來幫助孩子打下程式設計的學習基礎。

然而，不管軟體有多優秀、App 有多好用，仍然都只是加分項，而不是必要項！用多元的管道來幫助孩子學習當然很好，但如果回到教學者的角度來看，毫無疑問，即使不用任何軟體的輔助，還是可以完整的操作遊戲化教學。

誤解三：遊戲化教學要花很多時間準備

當然，一場好的教學，是需要花時間準備的。不管用不用遊戲化教學，其實備課都會花掉不少時間。

但就如同一般的教學準備一樣，遊戲化教學也會隨著老師經驗的成長，而在準備時逐漸越來越有效率。也許第一次時老師們會耗費許

多時間摸索、嘗試，找出最佳組合，甚至準備相關計分及排行榜用具等。但是只要做過一次後，就會慢慢地建立一些經驗值，在下一次上課時就會越來越熟悉，準備起來就會更快更有效率。這是因為，遊戲化教學真的只是在原本的教學上做一些轉換，把教學重點由老師講述改為互動方法加遊戲化元素。雖然也許備課上會多花一些時間，但是上課起來卻更輕鬆、更有成就感啊！學員也會學得更好、更有效呢！

　　最重要的是，本書接下來的不同章節，將會為你一一拆解遊戲化教學的秘訣，讓你可以少走許多彎路，省掉許多嘗試錯誤及自我摸索的時間。也許站在許多遊戲化教學專家的肩膀上，你會成長得更快、備課花的時間更少也說不定呢！

教學個案 大仁哥的醫療法律必修課──專業課程的遊戲化教學

　　放眼望去，醫護人員坐滿了整間教室，專注聆聽台上正在教的醫療法律課程。

　　別的不說，單單所謂「醫療常規」的定義，就已經極為專業了，更不用說進一步討論「醫療常規的法律判定」；這可是同時涉及「醫療」與「法律」兩門專業，也只有非常少數的專家，才能清楚講授其中的關鍵，而這堂課的老師「急診大仁哥」楊坤仁醫師就是箇中翹楚。

下午課堂的「醫療常規與法律實務」教學

　　楊坤仁醫師本職為急診專科醫師，同時具備法律碩士學位，並且熟悉醫療糾紛處理流程及法律判決，不僅對醫護同仁授課，也曾帶領律師討論醫療爭論與案例，並且出版了《老師沒教的 40 堂醫療必修課》，談的就是真實的醫療案例與法院判決。

　　這一天的授課對象是其他醫院的醫護同仁，時間是下午 2 點，主題為「醫療常規與法律實務」。在這樣內容專業（醫療專業＋法律專業 ＝ 超專業）、學員專業（醫師、護理師、醫院管理人員）、時段挑戰（下午 2 點到 4 點）……的考驗中，你覺得課程會怎麼進行？教室的氣氛又如何？是老師在講台上一段一段解說法條，然後台下邊聽邊點頭，還是大家都昏昏欲睡，完全沒有反應？

　　實際的狀況超乎你的想像！現場是老師剛說：「請問這個手術同意書有效嗎？」台下馬上一堆學員高舉手臂，搶著說出答案；又過一會兒，大家依照老師的指令，快速拿起手機查詢手術同意書有哪些「要件」（必要條件），想辦法搶先答對老師在投影片上提出的新問

題⋯⋯。是的，雖然都在滑手機，但是滑的卻是法規條文，認認真真在搜尋醫療法規相關的問題。

你一定想像不到：醫療與法律的課程，竟然可以教得那麼有趣、那麼讓人投入？

思考教學目標：背誦還是應用？

在一開始規劃課程時，坤仁醫師花了許多時間思考：「醫療法律課程的教學目標，是背誦還是應用呢？」因為如果只是單純講述一大堆判例和法條，大家不見得聽得懂，懂了也不見得記得住，特別是開在下午 2 點的課，正是大家最疲累的時候，如果只是把下列的法條念過去，你猜學生們究竟能記得多少？

醫療常規之醫療行為責任，按醫療業務之施行，應善盡醫療上必要之注意義務，醫療法第 82 條第 1 項定有明文，所稱「醫療上必要之注意」，係屬醫療義務，其是否履行應依符合當時醫療水準之醫療常規而定。

上面是真實的法院判決主文，即使輔以案例說明，相信以醫療法律的知識難度，應該也會難倒不少專業人士，更不要說不常接觸法律的醫護人員。畢竟「隔行如隔山」，面對這些專業的法條說明，真的不容易在短時間內立即掌握，先不講背不背得起來，說不定老師才講半個小時，大家就都去夢周公了。但是，醫療人員每天面對的場景，卻可能都跟這些醫療法律相關，不只能保護病人，也能保護自己。所以，這門生硬卻重要的課程，到底要怎麼教才能有更好的學習效果？

坤仁醫師想到了一個好方法——先不講法條與判決文，而是回到最開始的地方：所有的法律判決，都是因為發生了一個「事件」，

而在這個事件中，原告與被告做了一些事情，造成了一些後果，並且有了各自不同的看法，最後才交由法庭裁決。那麼，是不是可以還原一開始的情境，濃縮整個過程，讓大家在面對這些情境時做出一些判斷，之後再來比對法律判決呢？

以上述的判決為例，如果還原到最開始的「事件」，就會是：

病人小王準備接受韌帶重建手術，醫師大仁哥向病人解釋了手術風險及注意事項，病人小王也簽署了手術同意書及麻醉同意書；但手術後，病人的手卻仍然隱隱作痛，且無法自由轉動，於是向法院提告，要求醫師大仁哥賠償 800 萬。

一說完案例事件，坤仁醫師便向大家發問：「請問，在這個事件中，法官會如何裁決呢？是會判醫師賠 800 萬？或由醫院賠償病人損失？還是病人敗訴，醫師跟醫院都不用賠？請大家 3 選 1！」

在學員做了選擇，並且說出判斷依據後，坤仁醫師才帶入法庭對這個真實案例的判決及理由。這時大家才豁然開朗──原來「手術同意書」的告知與評估，還有相關記錄等，竟然這麼重要！大家不僅當場理解，更被剛才的個案嚇了一跳：「原來只要少了一些重要的告知，不小心就會賠這麼多錢啊！」（案例參考：《老師沒教的 40 堂醫療必修課》1-4）

創造「無風險」的參與環境

才剛討論完上一個案例，坤仁醫師馬上提問下一個問題：「病人 Mike 說從小在國外長大，不懂中文，請問他簽的『手術同意書』有效嗎？請搶答。」

台下馬上舉滿了手，旁聽的我粗略一算，至少有 11 位學員志在

必得！坤仁醫師先請左側的護理師發言，但意見才剛說完，就有右邊的醫師舉起手想要表達不同的看法。為什麼大家會這麼踴躍呢？因為每個意見——不管對或不對——至少都會幫團隊爭取到 1000 ～ 3000 分的成績，而整個課程最高分的小組，會得到坤仁醫師的簽名書！甚至連亞軍也有小禮物，季軍也有合照的優先權。所以大家不管遇到什麼問題，也不管答案對不對，都拚了命地積極搶答，完全感覺不出來那是下午時間，正是學生最疲累、最愛睏的時段。

坤仁醫師知道，其實平常大家也不是不想參與，但是長久以來的習慣與經驗，一來「怕說錯」鬧笑話，二來擔心看法與老師不同而受到其他同學的白眼，所以才造成很多學生寧願沉默，也不想在教室裡發表想法及意見。

坤仁醫師心想：「所以，一開始一定要解決這個心態。」因此特別設計了一個題目：「請問今天講師的名字是：李李仁／李大仁／楊坤仁？」這種讓大家看了會心一笑的「超簡單選擇題」（坤仁哥笑稱這是「白痴問答法」），當大家選出答案後……每個小組都立即加 1000 分！

這是一個好的開始，因為接下來大家就知道，答題時不管對或錯，也都會得到不同的分數。講得越好的，當然分數越高；講得不對或不夠準確的，也有基本分數。「今天的教室裡沒有錯的答案，每個答案都很有價值。」坤仁醫師跟我分享，因為他覺得「獎勵的是參與，而不是正確與否」，由此創造出來的，就是一個「無風險」的學習環境，大家都可以放心投入，積極發表意見，完全不用擔心受到批評或負面評價。

教學方法與遊戲化的共同觸發

整個教學過程中，坤仁醫師設計了許多不同的教學方法，來引導

思考及參與。像是：

- 請問病人要求全身麻醉，是不是可以直接請病人簽署同意書而免責？（單選題）
- 請問誰可以簽同意書？病人／病人家屬／70歲老人／病人朋友？（複選題）
- 有一位病人走入診間，主訴胸悶有點喘，請問身為醫師的您，會安排哪些檢查？並請依照 S.O.A.P.（症狀、檢查、診斷、處置）方法，用大字報寫下病歷記錄。（小組討論）
- 假設你是醫療爭議審查委員，請檢視剛剛寫好的病歷，看看這個病歷記載有哪些缺失……請提出！」（「演練法──大家來找碴」）

以上種種，都是從教學目標出發、應用不同教學方法所設計的教學內容。傳達的知識還是非常專業，只是過程中用的不是單純的講述，而是請大家先參與互動討論，再由老師揭露解答，並補充相關的適用法律條文。

當然，由於這些教學手法都需要學員的主動參與，而不是老師指派、學生被動參加，因此坤仁醫師也運用了大量的遊戲化教學手法，像是：

分組：

一開始就讓大家分別組成 3 ～ 5 人的小組，並且指派組長，時間夠的話還有簡單的破冰活動，幫助大家建立一個一個的學習團隊，做為進行遊戲化的基礎。

PBL元素：

　　遊戲化元素——點數、獎勵、排行榜，也是坤仁醫師非常熟悉的手法。

　　點數的部分，一般在小教室用的是籌碼計分，人數多時則改用組長或組員記錄在紙上。比較特別的是，坤仁醫師會準備計分卡，列出今天課程的各個關卡，並且一一寫上答對的分數，就像一般遊戲闖關活動一樣。這個計分卡也可以隨時當成排行榜，只要在過程中盤點一下大家的得分，就馬上知道分數分佈的狀況。

　　獎勵的部分，坤仁醫師試過很多不同的方式，實體的像是巧克力、小零食或書籍，也曾經整理自己在部落格上發表過的文章，列印送給聽眾。後來坤仁醫師出了《老師沒教的40堂醫療必修課》這本書之後，就送自己的簽名書了！既能結合課程內容又非常實用，醫護人員都搶著要。

其他：

　　例如前文提過的答對馬上用點數強化的即時回饋、答錯也無風險的環境塑造、由簡單到難的挑戰、清楚又公平的遊戲規則，所有重要的遊戲化教學原則，坤仁醫師都掌握得恰到好處。

　　這一切，都只是為了回到他心裡期待的教學目標。

　　「雖然用了互動教學及遊戲化之後，也許講授的內容總量會變少，但是學員們的吸收卻會變得更好！總比講了滿滿2個小時的話，學員都沒聽進去還好吧！有抓到重點帶回去，知道未來遇到狀況怎麼應用，甚至會警醒哪些醫療行為可能與法規不合……，這才是我真正希望學員學到的東西啊！」坤仁醫師說。

努力教學、不斷嘗試的「地才」老師

因為我曾經與坤仁醫師有多次共同學習，甚至一起演講的機會，也曾坐在台下參與他的課程，擔任他的教學教練，我比別人更清楚，坤仁醫師精彩的教學，並不是天才般地展現，而是「地才」般地不斷努力。

「口條不順、口誤過多、完全沒練習」，這是坤仁醫師第一次公開上課時，學員在課後寫下的回饋表。

收到這樣的回饋時，坤仁醫師雖然有點難過，但是他說：「我能做的只有繼續練習，有機會上台就一場一場累積。」「沒有機會，就自己創造機會。」

原本的「地才」老師，就這麼一路走到成為大家心目中的「天才」教師。不管是教學方法、遊戲化操作、現場互動、教學成效，甚至細微的音樂調整或競賽變化……，「急診大仁哥」成功地讓艱澀難懂的醫療法律成為大家的生活日常，聽得懂、也帶得走。

常有老師問我：「我的課程很難、很專業，適合用遊戲化教學嗎？」如果你也有這樣的困擾，不妨想一想：「我這門課，會比醫療還專業、比法律還難懂嗎？」

當然，坤仁醫師在過程中展現的遊戲化教學方法、以及刻意塑造的遊戲化教學環境與機制，我們也會在稍後的章節一一為大家細說分明。

各界推薦與應用心得

　　長久以來「遊戲化」的概念就一直存在許多領域，包括企業經營、產品行銷、人事管理、教育、政治、公益活動等。「遊戲化」的概念像是漸進式的成就感，以提高及維繫玩家的參與度，應用在教學上根本是絕配！而說到教學，福哥可說是國內第一把交椅，每次出手都是經典。如果說教學是個複雜的「遊戲」，那這本就是最詳盡的攻略本。對了，如果我玩遊戲，我一定不會跟福哥玩，因為他實在太認真，太厲害了！

資深網路人（及 Gamer）個人品牌事業教練　于為暢

　　這是一本積累十數年職業講師的經驗及學位論文的成果，作者完美結合實務經驗與理論，拆解教學過程的每一步，也為讀者破除可能的問題及挑戰，無論面對什麼類型的教學，通通都受用。這種職業級的 know-how，作者願意「手把手」且不藏私地傳授，彌足珍貴。

　　如果您有在「教學」，希望翻轉自己的課堂氣氛，真心推薦買一本詳讀並實踐。您將可感受到翻轉後的「成就感」。邀請您一起「說得更少，教得更好」。

律師　毛釪棻

　　當講師多年，我的目標，始終是讓學員在課堂上「開心」學到東西。我期盼學習像遊戲，而且是玩過難忘的遊戲，所以我花時間設計「遊戲化教學」，有些體會。

　　而福哥這本書已經系統化為你整理好了「遊戲化教學」的所有技術！舉凡遊戲化教學的機制、元素、操作，你該知道的，讓課堂更有趣、學習更有效的 know-how，都寫在本書裡，是一本能讓你從教學小白變大俠郭靖的「降龍十八掌」秘笈。只要學會其中幾掌，就夠你掌握課堂。

　　福哥早已是教學領域的洪七公，別再自己亂打一通，跟上洪七公，教學好輕鬆。

作家、企業講師　火星爺爺

　　福哥的《上台的技術》與《教學的技術》，是我經常推薦的書，無論是對國立彰化師範大學學生、文官學院與公務人力發展學院學員，還是彰

化縣各級學校校長與老師，我確信都能從書中得到學習與啟發。現在，推薦書單上要再加上《遊戲化教學的技術》這本書了，可合稱「教學技術三福貼」。

此書的出版，除了讓福哥華麗轉身成為理論與實務兼具的博士學者，也再次實踐了其「影響一個老師，就可以影響更多的學生」的理想。感謝福哥的努力與用心。

彰化縣政府教育處處長、彰化師範大學輔導與諮商學系教授　王智弘

什麼樣的學員最沒有上課動機？對我而言，應該就是被顧客申訴後還被主管要求來上課的學員了。透過遊戲化教學的技術，我留下的不再是學員的肉體；運用遊戲的手法引起學員的動機，再搭配教學手法，讓我可以成功敲破他們想逃離教室的慾望，從不願意走進教室到主動投入在課堂中。

我始終相信：沒有不願意上課的學生，只有還沒找到好方法教學的老師。曾經的我也迷惘地到處找方法，直到遇見福哥、透過福哥教學系列的書籍後，才終於學會如何教學！

嘉義基督教醫院人力資源室管理師　王詩雯

從前，年輕的我是一個不信教學可以遊戲化的學生。

醫學是嚴肅的，醫學教育也應該是嚴肅的。每每，看到老師或是台上的講者拿出小禮物，想要誘惑學生發言的時候，我總是在心裡翻一個白眼，想著：「又來了！」事實上，即便老師拿出獎品，台下的人反應也不見得熱烈。

然而，風水輪流轉，當我自己成為老師的時候，我開始痛恨當年的自己。我在台上使勁地講、費力地說，但是學生總是不太領情。我甚至拿出小禮物，就如同當年我的老師一般，希望吸引學生的注意力；然而，我得到的只是幾個白眼。當年的我，多麼傲慢啊。

這一切，就在我遇到福哥後，改變了。

福哥教我，只發小禮物是沒有用的，要創造禮物的價值。福哥教我，一味叫學生舉手是沒有用的，要營造競爭的團體動力。福哥教我，即使是

枯燥的主題，也可以透過遊戲化教學，讓學習更有成效。

　　經過遊戲化元素改造我自己的醫病溝通課程之後，我獲得了 2021 年台灣醫學教育學會影片競賽全國第一名。

　　如今福哥出書了，傾囊分享遊戲化教學的心法和技法，我相信，這本書若是能早幾年出版，我就不會看到白眼，取而代之的是學生眼中的光芒。

台中榮總家庭醫學部家庭醫學科主任　朱為民

　　跟隨時代變動、多元媒介的出現，學習也出現更多樣的需求。如何透過教學技巧優化、技術加乘，回應學生設定的學習成效，在教與學之中創造有效的知識交流，也是我們不斷省思的課題。這是一本相當實用的教學工具書，不只提供許多老師們在教學上解決痛點的實質作法，更進一步融會貫通「遊戲化」的概念、注入教學方法中，書中許多實際案例，活靈活現地讓讀者產生共鳴，藉此更理解如何應用至教學上！

Hahow 共同創辦人　江前緯

　　一本好書要讓人懂，要讓人有感動，還要讓人因它有所行動。福哥用心結合理論、實務、訪談、研究等，融入多年的教學經驗，再運用實際案例回答常見的問題。如果你想嘗試不一樣的教學，想改變教學場景，福哥將藉由這本書帶你體驗遊戲化教學的魔力，讓你關掉學生們的螢幕保護程式，再次感受教學的熱情與活力。

台南新樓醫院專師組長、台南護專兼任講師、台灣專科護理師學專業發展委員會委員
何小玉

　　幾年前，我第一次受邀到醫院演講時，很糾結於「該不該分組」。當時我還是高中老師，在校園裡分組對我來說是稀鬆平常的事，然而換了個場域，卻讓我猶豫了，因為許多人告訴我，在醫院裡分組行不通。但是，福哥卻對我說：「仙女，要分組，你相信福哥。」我聽了福哥的話，演講大獲好評。

　　福哥將多年來對於教學的觀察與做法，加上理論與案例，寫成《遊戲化教學的技術》，遊戲驅動學習，方法帶來成效，點燃學生學習熱情，讓老師教學有成就感，要想教學不凡，相信福哥就對了。

各界推薦與應用心得

這本書真的很厲害，光是對仙女老師有溫度的課堂的瞭若指掌就讓我超佩服，更別提其他方法與步驟，全然無私，能夠幫助到好多無助的老師們，很多章節還讓我起了雞皮疙瘩。想到福哥早起寫稿，如今將化為老師們的養分，為台灣寫下教育的新頁，真的很有貢獻啊。

《仙女老師的有溫度課堂》作者 余懷瑾

讀完王永福老師的《遊戲化教學的技術》，有共鳴更有佩服。

共鳴的地方是，我所參與建置的均一教育平台正是遊戲化的應用之一，點數、獎勵、排行榜都是在不同情境合適使用的策略，而且孩子確實很喜愛。

佩服的地方則是，王永福老師做為最頂尖的一線企業講師、最當紅的線上超級名師，卻也對於理論研究、論文發表涉獵甚深。進而，他所提出的方法、架構是大量的經驗實務以及紮實的理論，這樣的結合真的令人佩服。

這是一本老師們，甚至是任何關心教育、學習的人都值得讀的好書！

均一平台教育基金會董事長兼執行長 呂冠緯

十多年前第一場與福哥合作的課程，在傳統產業的「企業內部講師培訓」。當場難免有的擔心，在福哥開場十分鐘內就完全消失，老師怎麼可以這麼快就捉住學員的眼球，還讓現場有熱烈的互動？然後這麼多年來看著福哥不斷進化，不論課程或講座，總是能行雲流水地進入學習的心流。這些訣竅，福哥在新書《遊戲化教學的技術》中從遊戲元素 PBL 談起，再將理論與實務（規則、問題、個案）都佛心地完整揭示，著實是每位教學者必備的工具書。

邦訓企業管理顧問有限公司創辦人 呂淑蓮

如果《教學的技術》是蹲馬步的基本功，那《遊戲化教學的技術》就是進階與集實務大全的錦囊。對於想要了解遊戲化教學的初探者，書中有各式心法與理論、誤區與訣竅，減少你茫然與摸索的時間；對已熟悉教學手法的人，書中有不同領域的專家解說如何在各種專業主題中運用遊戲化

教學，仍能從本書中獲得很多靈感與新意。

　　我之前抱著懷疑的心，嘗試用遊戲化教學來講授醫學主題與民眾衛教，得到學員與聽眾的好評後，內心開始相信這方法是能提升學習成效的。只要你對遊戲化教學有興趣，本書絕對是上乘的武功秘笈，吸收運用後的教學現場將會脫胎換骨。

門諾醫院內科系主任　李坤峰

2

遊戲化教學的
關鍵機制

　　一聽到「遊戲化」，也許你會說：不就是用上點數、獎勵、排行榜，也就是所謂的 PBL 機制……嗎？

　　其實，這些只是有形的外在元素，而且操作起來都很簡單；真正困難的「遊戲化」，是無形機制的建立──像是如何用遊戲化的元素來達成預期的教學目標。因此，這一章我們會用一個真實案例，來談一談遊戲化結合教學目標的重要性及做法。

　　教學目標確立後，接下來的重點就是「建立遊戲化教學的規則及環境」。因為教學不是遊戲，為了讓學生能在不知不覺中沉浸於有趣的教學氛圍，慢慢提升參與動機，最後全心投入學習現場，我們就必須懂得如何建立簡單易懂的遊戲規則，帶領學生了解這些重要的機制。所以，我會帶領大家前往沁瑜教授的大學課堂，看看 18 週的學期課程如何在一開始就建立遊戲規則，順利啟動遊戲化教學。

　　另外，團隊基礎也是遊戲化教學重要的一環──為什麼要分組？個人與團隊機制對遊戲化有什麼不同的影響？分組又有哪些方法？

　　我們將從原理切入，再進入明騰老師的國中課堂，檢視如何用分組教學的遊戲化學習，解除長久「中毒」的學生心理，而且在一切開始順利運作後，如何創造一個公平且無風險的遊戲化教學機制，讓大家願意投入、安心投入。

　　我們也會跟大家分享：在公平的氛圍下，治萱老師帶領的中老年學習，也能像年輕學子一樣充滿活力。

　　當你仔細地讀完這一章後，可能會非常驚訝：原來這些無形的，過去看不到、摸不著、也沒人告訴你的遊戲化機制，才是決定遊戲化教學成敗的重要關鍵！

教學個案 資安專家的資訊課程

在研究遊戲化教學的過程中，受訪的專家一致認為：「結合教學目標」是遊戲化教學最重要的關鍵。但是，到底什麼是「結合教學目標」？

也許在結合教學目標的重要性之前，我們先來看看一個教學實例，看看當遊戲化與教學目標無法結合時，會發生什麼事？又應該怎麼做，才能讓遊戲化成為達成教學目標的有效方法？有實際的案例，又有深入的理論探討，會是本書接下來的重要特色，希望透過這樣的方法，讓大家對遊戲化教學，不只可以「知其然」，更能「知其所以然」。

接下來，我們一起進入 Kevin 老師的資訊安全授課教室，看看發生了什麼事吧。

在資安課程上猜電影劇照？

不久前，我受邀擔任資安專家 Kevin 的教學教練。由於資訊（我博士讀的是資訊管理）與教學（論文寫的是關於教學）都是我非常有興趣的領域，Kevin 又是先前上過我課程的夥伴，加上那是線上教學，觀摩過程相當方便，因此接受了他的邀約。

這個資安講座的對象是大學生，主要內容包括三大部分：資訊攻擊、社交工程，以及防護策略。細節將討論關於病毒軟體、Email 釣魚信件，以及密碼防護，甚至還有最新的物聯網 IOT 設備入侵攻擊及防護，內容相當專業實用。

身為資安專家，Kevin 當然非常熟悉線上演講的操作，一開始，除了簡單的開場、講者自我介紹及課程內容重點說明，他還解釋了當

天的遊戲化教學元素，也就是會有一些教學互動、答對有分數、積分最後可以換小獎品⋯⋯。以遊戲化教學的操作來說，這些環節 Kevin 都操作得非常好。

直到第一個教學活動，我才看到潛在的問題點。

「⋯⋯談到資訊安全的重要性，為了怕大家太沉悶，我們來玩個互動小遊戲。」Kevin 說到這裡時，只見投影片畫風一轉，出現了幾張電影的畫面，「請大家猜猜，畫面上的 A、B、C、D，各是哪部電影的劇照呢？請把答案打在留言板上！」

螢幕上立刻刷了一堆留言，而且大部分都答對了。等到 Kevin 公佈答案及加分標準，引起大家一陣歡呼後，Kevin 才繼續講述下一個段落。同樣地，一陣子後又加進一個互動活動。這次是「聽歌猜下一段」，播出一首歌的一句歌詞後立刻暫停，請大家用選擇的方式猜下一句。

Kevin 就這樣正課與小遊戲地相互切換，一直到課程結束。那麼，不曉得大家有沒有發現，我剛剛提到「潛在的問題點」在哪裡呢？

教學歸教學、遊戲歸遊戲？

課程結束後，Kevin 與我留在線上討論剛才的課程。教學內容當然很好，投影片製作清楚、精美，開場設定良好，氣氛及學生注意力都掌握得很好⋯⋯。

但是，我不得不問他：「為什麼要有猜電影與猜歌詞的活動啊？目的是什麼？」

Kevin 這麼說：「因為怕大家覺得資訊安全太無聊，所以每教一段我就安排一個小活動讓大家醒腦，等到轉換氣氛後，再切回正課的內容。」

啊，這就是問題所在了——教學歸教學、遊戲歸遊戲，課程目標

與遊戲化沒有結合！

　　這正是一開始應用遊戲化教學時，許多老師會出現失誤的地方。因為太在乎「遊戲化」這三個字，以為就是要在課程中設計「遊戲」，所以才會出現許多類似 Kevin 教學中的狀況——在講述一段正課後，就切換到一段和課程沒有直接連結的「遊戲」，吸引大家的注意力，再切回正課。

　　只是，光這麼做並不夠。雖然課堂上是有「遊戲」了，卻沒有做到「結合教學目標」的遊戲化。

　　由於 Kevin 似乎還沒聽懂，於是我接著說：「舉個例子，同樣的互動選擇，你也許可以考慮用社交工程的 Email，讓學生判斷哪一個不能點選。」也就是說，Kevin 可以舉幾個利用 Email 社交工程手法騙取帳密的實例，讓學生們判斷一下，哪些 Email「其中有詐」，哪些 Email 則是沒有陷阱。

　　同樣地，Kevin 也可以請大家玩玩這個遊戲：「生活裡哪些場景會有資安潛在風險？」（問答或小組討論法）甚至還可以提供一個密碼設定網站，讓大家練習挑出一個強度夠、但又記得住的密碼（演練法）……。

　　每一次的互動，當然都可以加入點數、獎勵、排行榜的機制，甚至融入團隊、無風險、即時回饋等關鍵要素。諸如此類的互動，既結合教學核心內容，又有遊戲化的元素，才是真正的遊戲化教學啊！

越是專業複雜的課程，越需要遊戲化

　　對於教學已經擁有豐富經驗的 Kevin 果然一點就通，馬上說：「所以我應該先列出教學目標，然後確認一下有哪些教學重點，再把這些重點轉化為互動教法，像是問答、選擇、排序、討論、演練……等，並且加入遊戲化要素，是這樣嗎？」

答對了，Kevin 老師！加 5000 分！

在遊戲化教學的過程中，老師們千萬不要切割遊戲化和教學內容，也別擔心專業的內容無法結合遊戲化。因為越是專業複雜的課程，遊戲化越有存在的必要性，不是嗎？

只要適當轉化，把原本純講述的內容變成問答、選擇或討論等手法，再用遊戲化的元素或機制加以激勵，老師們就會看到學生的投入及專注度大幅上升！雖然課程內容很專業，卻又好像在玩遊戲——這才是遊戲化最重要的核心啊！

2-1 「遊戲化教學」機制一：
與教學目標結合

上一篇，我們透過真實的教學案例，讓大家知道「結合教學目標」，是遊戲化教學時最重要的關鍵。受訪的專家們認為：

「遊戲必須為課程服務，遊戲是手段，不是目的。遊戲跟課程的連結要非常強，不要為了遊戲而遊戲。」——創新與創意名師周碩倫老師

「一定要跟教學的主題有相關性，不能為了遊戲而遊戲。」——超級數字力名師林明樟老師

「應該是先有教學目標，然後再根據不同的遊戲機制看有沒有機會去做一些結合。」——胸腔科＆醫學教育講師湯硯翔醫師

從專家們如此高度一致的意見中，可以發現遊戲化教學成功與失敗的分界點，就在於透過遊戲化後，有沒有達成原本的教學目標。遊戲化從來不是為了好玩、甚至也不是為了吸引注意力，而是透過這樣的方法，讓學生無需刻意，卻能時時保持專注投入，最終達到更好的教學成效。而所謂的成效，就是達到預期的教學目標。

那，什麼才是好的教學目標呢？

先前在《教學的技術》書中，我們介紹過「系統化教學設計方法」

ADDIE，分別代表課程規劃的五個步驟——分析（Analysis）、設計（Design）、發展（Development）、執行（Implementation）、評估（Evaluation）。我們也提到，分析階段就要確認學員的需求、狀況、程度，以及開課的要求，藉此確認課程目標是否可以滿足學生上課前的需求，或是解決學生原有的問題。

但如果更具體地解構課程目標，大概可以分為三個方向：知識、技能、態度。以下我們一一說明。

一、知識型目標

上課的目的，是要增進學員的知識，填補學習者原有不足的地方，這是許多常見課程的主要教學目標。也就是透過這門課程，來解決學生們心裡的疑惑或問題，給大家更多的知識或經驗。像是先前談過沁瑜老師的國考課程、或是明騰老師的國中理化，以及急診大仁哥的醫療法律，甚至是之後的許多教學案例，增進學員的知識，經常是許多課程的重要目標。

如果教學目標是偏向知識型目標，老師們一開始就可以思考：有哪些知識重點是一定要讓學習者知道的？進一步說：如果最後面要出考題測驗，會是怎麼樣的題目？當然，我的意思不是真的要讓老師們做課後測驗，而是先抓出主題重點後，再開始結合過程中的互動教學，例如用問答、選擇、小組討論、甚至翻閱書籍找資料等，用以強化學生們的重點知識。甚至在課程的最後，也可以再做一次搶答式的複習，這樣都可以有效結合遊戲化方法，強化原本的教學目標。

二、技巧型目標

如果上課的目的是強化學生們某些技巧，例如簡報技巧、創意發想技巧、面談技巧、業務技巧，或任何實作的技巧，課程就會偏向

技巧型目標，經常出現在企業教學現場，或成人教學領域。教學者一般是實務經驗豐富，或是由內部講師擔任，透過教學來做經驗技巧傳承。當然，學校裡也有少部分的課程會以技巧類目標為主，像是寫作、或設計製作……等課程。

如果課程是以達成技巧型目標為主，那麼教學者就要先思考：要如何透過實作來驗收技巧。因為既然教的是技巧，那麼真正的重點就不只是學員懂不懂，而是要透過實作來檢驗技巧學習的完整性。因此，老師們可能要思考如何設計演練，以及相關的競賽機制。但又不能只把重點放在課程的最後，卻忽略了過程中的參與。因此如何分段切割，把一個完整的技巧分割為一段一段的小模組，或是用 SOP 的方式分隔每部分的重點，再用不同的教學方法，例如先用問答、討論或排序法，先讓學習者熟悉技巧的關鍵流程 SOP，再用示範及演練法，讓學習者逐漸掌握技巧本身，最終再用小組競賽，讓學習者投入技巧的練習，並觀摩其他人的表現。這些都是為了達成技巧型教學目標可以應用的遊戲化教學方法。

三、態度型目標

有時候，教學的目標不是讓大家記得什麼，也不是要讓大家會做什麼，而是希望透過教學的過程，改變學生的心態與想法，讓學習者有一個新的態度或 Mindset，這樣的課程目標，我們會稱為態度型目標。

像是本書後面章節會談到我對高中生的演講，最終希望改變的，就是參與高中生們的態度。因此我一開始就必須思考，哪些態度是我在演講時想傳達的，最終學生聽完後會有什麼收穫？然後又能學到什麼？這些都是我在設計演講或教學時，一開始會有的思考。

當然，像這樣的態度型目標，就真的不容易進行檢驗。後來我採

用的方法，是跟老師合作，在課後請學生們做心得寫作，透過學習後的心得來確認我們想傳達的態度是否有被學生們吸收。雖然是否有達成目標的檢驗有些難度，但是過程中結合遊戲化還是沒有問題的。例如我在講一段自己的故事後，就會停下來邀請學生們參與：「如果你是那個時候的我，會做什麼決策呢？」然後提供 3 選 1 的情境決策，供學生們選擇。並在確認決定後，跟大家分享做出決策的想法。這樣既可以從經驗故事中學習，過程中又可以參與互動，甚至在做出與講者不一樣的決策時，印象會更為深刻。這都是強化態度型目標可以用的遊戲化教學方法。

上述這三種教學目標：知識型目標（Knowledge）、技巧型目標（Skill）、態度型目標（Attitude），剛好可以組成 ASK 這一個字。所以每一次在規劃遊戲化教學時，記得問（ASK）自己：什麼是我的知識型／技巧型／態度型目標？又該如何結合遊戲化教學，來達到我的預期目標呢？其實這也和韓愈寫的〈師說〉一樣：「師者，所以傳道、授業、解惑也。」傳道像是態度型目標、授業則偏向技巧型目標，而解惑指的就是知識型目標。大家有發現古人的智慧嗎？

所以，記得在進行遊戲化教學時，先確認您的「教學目標」，之後才應用不同的遊戲化教學方式，想辦法實現您的設定的教學目標，這才是遊戲化教學最重要的關鍵啊！

2-2 「遊戲化教學」機制二：簡單易懂的遊戲規則

　　規則，是遊戲的重要元素。玩過遊戲的我們都知道，不管是什麼遊戲，一定要先講好遊戲規則，接下來遊戲才能順利開展；如果沒有規則，遊戲就不是遊戲，而只是單純的玩樂或活動。日常的遊戲如此，遊戲化教學更是。

　　因此，如果想要在教學過程中應用遊戲化，一定也要先訂定好規則，讓學生知道要遵守哪些規則、過程怎麼進行。特別是當大多數的學生還不熟悉遊戲化的課程操作，如何在最短的時間內說明規則，讓參與的學生清楚理解，便是遊戲化教學能否成功的一個關鍵基礎。

　　那麼，遊戲化教學應該要有哪些規則？又怎麼設計規則呢？

規則——越簡單越好！

　　請一定要記得：我們操作的是「遊戲化教學」，而不是玩「教學遊戲」，並不需要變出一個多麼特別的遊戲情境，設計一大堆複雜的規則——那反而只會模糊教學的焦點。越簡單的規則，才是越好的規則。以我平常上課為例，大概會談以下幾件事：

分組團隊的規則

　　一開始上課，在完成自我介紹與課程介紹後，我會對大家說：「接

下來，我們的課程會加入很多的互動和討論，採用的是小組機制，各位的表現會一併計入小組的成績。」然後，我會依現場的狀況進行學員分組（技巧請參閱《教學的技術》），然後請團隊互相簡單自我介紹，以快速建立關係，並讓大家知道，接下來的課程將和團隊成員一起學習。

點數、獎勵、排行榜的規則

下一步，快速說明 PBL 三要素，譬如我會說：

「課程活動中，會有一些搶答與小組協力，各位的每個參與、每個回答、每個討論，都會為你的小組贏得分數。」（P 點數的說明）

「最後，依照各組的成績，第一名的小組會贏得 A 獎品，第 2 名贏得 B 獎品，第 3 名贏得 C 獎品。其他沒有得名的小組……我們會掌聲鼓勵，並協助把場地整理乾淨……這當然是開玩笑的！」（B 獎勵的說明，並加上點幽默）

「每一次下課時間，我們都會統計各組的積分，並公佈各組的最新成績及排名。」（L 排行榜的說明）

上面這段話，大概不到一分鐘就講完了。簡單清楚，沒有任何複雜難懂的細節。然後，就正式開始上課了！是的，不會講太長，也不會有哪條規則需要時間思考、消化。

遊戲進行中的規則

當然，上述的開場白只是簡單明瞭地讓學員知道：以團隊為基礎、有積分獎勵與團隊排名。接下來在課程的一開始，通常我就會提出第一個問答題，開始為遊戲化教學暖身，也讓同學們適應一下。

以「時間管理」的課程為例，我會說：「請問在時間管理上，大部分人最常遇到的問題是什麼？任何回答，不論對錯，都會拿到

1000 分！如果答得特別好我還會額外給分。」一開始就創造無風險環境，用簡單問答法鼓勵參與。老師可以舉起手來引導，或是直接點名同學回答，當然也可以參考前面急診大仁哥的操作方法。

老師們也可以用選擇題來操作團隊互動，譬如問說：「請大家猜：我平常最常用哪些工具來進行時間管理？一、心智圖，二、計時器，還是三、便利貼，或四、行事曆？」然後說明計分方式：「這是複選題，猜對一個加 1000 分，全部答對加 5000 分！」就像這樣說明分數的配比，當然也可以直接寫在投影片上。

小組發表的規則說明

到了小組討論的發表階段，為了激勵大家踴躍上台，我會依序說：

「接下來小組上台的次序都不會是由我指定，我們的規則是：只要先上台報告的小組，就會拿到 5000 分！」如果使用籌碼，邊說邊秀出 5000 分的籌碼。

「然後第二個報告小組是 3000 分，第三個是 2000 分，第四個是 1000 分。」

講到這裡時，通常就會有小組馬上舉手或想衝上台，我會笑著制止：「請大家不要衝動！為了安全起見，我們今天不會比誰衝上台的速度，而是比舉手的速度！當我說『哪一組想上台？』舉手最快的小組我會邀請先上台，並且拿到最高的分數。」

在最後，我還會補充一句話：「因為有遊戲，我一定會盡可能要求公平，所以我會稍微往角落站，以便看到每一組舉手的狀況」，也藉此確立公平性的遊戲化方式。像這樣確立好上台的遊戲規則後，當我後來真的說出「哪一組想上台」時，常常話音一落就有一堆人「刷」地舉起了手！真的超快！

演練競賽的規則說明

企業內訓時，我也經常在課程中安排演練競賽，像是簡報技巧課程的「電梯簡報」比賽、「開場簡報」比賽，或像是講師培訓時的「教學技巧應用」比賽。既然是比賽，當然也得事先說明規則。因為這類的比賽一般都會利用演練法來進行，所以比賽規則也會隨著演練法的三大步驟——我說給你聽、我做給你看、讓你做做看——來逐段進行。

接下來，就以我在某一場課程中的「電梯簡報」的競賽過程為例，來看看我是怎麼逐段說明規則的：

一、概要說明競賽規則

在競賽一開始，我會先說：「接下來的內容，我們會設計成一個競賽！也就是我示範的技巧，待會就要請小組派代表上台實做。冠軍會贏得 20000 分、亞軍 10000 分，季軍 5000 分。第一名的選手，還可以拿到老師準備的小禮物……。」（競賽及記分方式說明）

像這樣概要性的說明競賽目的及簡單規則後，我就會開始做技巧的解說與示範（我說給你聽、我做給你看）：「好，請大家注意看，接下來我是怎麼用便利貼來發想簡報內容的……」一直到整個技巧示範完後，才會再有進階競賽規則的說明。

二、細部規則說明

在「我說給你聽、我做給你看」的技巧示範結束後，接下來我會說：

「關於剛才示範的技巧，我們等一下要進行小組競賽。請每個小組派一位同仁上台，進行 90 秒的電梯簡報……」（目的說明）

「在每一組的代表都完成報告後，我會請大家『閉眼舉手投票』，選出表現最好的小組。每個人可以投 2 票──也就是 1 票投自己，1 票投別人。」（投票規則說明）

「因為是比賽，我想請大家依照以下兩個標準來評估……」（標準說明）

像這樣說明過演練的比賽規則後，接下來就請各小組討論和演練，同時計時。等到小組演練結束之後，才開始正式比賽。如果講師能好好操作競賽和規則，形成良性的競賽氛圍，將有助於學員接下來的投入和專注。最終帶來的效益是：學員也會因此而表現得更好！

贏的人開心，輸的人不會尷尬

這裡要特別提醒一點：我們既要認真地塑造競賽氣氛，同時也要維持無風險的競賽環境。相信你一定注意到，我們採取的是「閉眼舉手投票」的方式，這是刻意為之的，目的是讓大家雖然在競爭，但不會尷尬！不會因為投票給誰，或是因為誰沒有投票給自己的小組，而覺得不舒服。

另外，關於後面名次的公佈與否，我們也會特別小心謹慎。之後的章節都會有更充分、詳盡的說明。如何平衡遊戲化與競爭，並且在一開始就確認簡單易懂的遊戲規則，最終把目標導向有效的學習，才是我們操作遊戲化教學時真正在意的啊。

教學個案 沁瑜老師的國考教室

　　上一節關於遊戲化教學的競賽規則說明，是以我在企業教學的課程版本為例。企業訓練一般節奏較快，大多在一天之內就結束了，但如果在學校，時間通常是一學期 18 週的課程，又要怎麼做呢？

　　其實，以整個學期的課程節奏，更是操作遊戲化教學的絕佳時機——這表示老師們可以不慌不忙地，好好進行遊戲化的每個步驟。

　　以下，我們就以輔仁大學營養科學系教授、同時也是《吃出影響力》作者劉沁瑜老師為例，看看她是怎麼在大學的學年課（上、下學期），把一門相對沉悶的營養學國考科目，利用規則轉變成遊戲化教學的典範，大家也可以仔細觀摩，沁瑜老師是如何在課堂上建構遊戲化的關鍵機制之一：確立遊戲規則。

第一週——確定規則

　　所謂的規則，無非就是：接下來的課程要怎麼進行？遊戲化怎麼連結教學？

　　因為大學課程的第一週，本來就會安排課程大綱的說明時間，所以沁瑜老師除了說明該學期的教學內容外，也會向學生提到學期計算成績的標準——同學們的考試成績佔 60％，平常表現佔 40％。然而，這個「平常表現」的成績是怎麼計算的呢？此處就可以和遊戲化進行連結了。

　　沁瑜老師在上課的第一週，會跟同學公佈下列規則：

- 本學期的課程是以小組方式進行，每組 5 ～ 8 人（每班約 6 ～ 10 組），分組名單如下……（建立團隊，由老師進行隨機分組，或由同學自行分組，老師再安排落單同學。）

- 課程中會有不同活動，包含問答、討論、報告或資料查閱，只要舉手回答，不管答題對錯，都會加分！如果答題正確，額外再加分！若有上台報告，自願上台的小組也可額外加分！
- 小組得分由老師寫在黑板上，以「正」字累積，同學們也可以即時看到積分。每週則由班級小老師登記累計結果，並公佈小組排名。
- 期末時的平常成績，以各組排名為主要參考依據，前3名的小組期末平常成績至少35分（滿分40分）、第4～6名小組分數為30以上、第三區間為25以上、第四區間為20以上……。
- 除小組成績外，個人在小組內表現也會列入成績計算的參考，由老師觀察並詢問小組長及組員意見為依據，進行分數調整。

上述各點都以文字一一說明，同時列在投影片上（發給同學或讓同學拍下）。其實簡單說就是一句話：這個學期大家在課堂上的表現，會和期末成績進行連結！

課程開始前的提醒

規則確定後，接下來的課程進行就相對簡單了。第二週——也就是開始正課的第一天——是關鍵，沁瑜老師會在上課前再次提醒大家，「待會在教學到一個小段落時，會有一些問答及討論，請大家別忘了，參與及表現會直接與小組成績連結。」

開始上課後，教完一個小段落沁瑜老師會刻意停下來，說：「好，接下來是問答時間。不管答案對錯，舉手搶答就有分數，答對額外給分。」說完就針對剛才的教學提出問題：「請問有沒有同學可以說明：與骨骼健康有關的礦物質有哪些……」視題目的狀況，決定讓同學 Close book 回答或 Open book 回答。這一來，剛剛教完的內容馬上就可以複習一下，加深學生的印象。

　　當然，問答題之外也可以多加一些教學技巧上的變化，如小組討論題（綜合討論），或還沒教的內容先請學生查書回答（課程中的預習）、情境變化題（生活實例與書中專業知識的結合）等等。例如：

　　「請小組討論以下問題：身高 180 公分，體重 80 公斤，活動量大的上班族男性，應如何攝食以達到均衡飲食；請各小組將回答寫下來，等一下上台發表。」像這樣的小組討論法，就可以結合遊戲化計分，激勵同學上台或答題。

　　至於題目的變化，反正就是用不同的遊戲化教學方法，促進學生思考並消化，重點是每教一個段落就有一個停下來互動思考的時間，或是在教學之前先讓學生思考或預習，這對學習成效當然有正面的影響。

　　另外，每週上課一開始，沁瑜老師也會設計舉手回答問題的環節，讓大家回憶上週學過的內容，這樣不僅能調動學生的先備知識，幫助大家準備好這週的學習，也會因為遊戲化的推動，讓學生的專注力快速集中到課堂上。課程結束前，沁瑜老師同樣會設計類似的問答複習，幫助學生回想本次課程的學習。可以想見，多次的預習與複習能大幅強化記憶。

導入遊戲化，參與也會極大化

　　沁瑜老師教的是國家考試科目的專業課程，內容有較多需要記憶的資訊，也有必須趕上進度的壓力。因此過去相關課程的上課形式，總偏向單純的講授，課堂氣氛往往也比較沉悶。

　　但是，當沁瑜老師開始在課程中導入遊戲化教學，建立規則，並結合分組團隊的表現與平常成績，學生們參與及專注程度的提升可以說是立竿見影。課程中的問答及討論，再也不像以往那樣，出問題卻沒人回答，而是當老師才一提問，學生便搶著舉手回答了！因為

大家已熟知規則，知道只要參與就有分數，多答幾次還有機會額外加分。如果是可以查書找答案的題目，就會看到學生很安靜地一直翻書，限時一到馬上搶著舉手……，那種積極參與的程度，很難想像這是在大學教室裡上的國考科目。

當然了，不管有沒有遊戲化，還是會有同學仍然像過去上課時一樣「保持安靜」。為了突破參與度，沁瑜老師有時也會設計抽點活動，比如「座號6、16、26上台寫黑板」；如果中籤上台的同學卡住了，允許其他組員救援。這種做法，能確保班上每個同學都有參與的機會。

更有意思的是預期之外的效應，有些同學可能學科能力相對較差，或是不擅長發言，但在遊戲化教學的過程中，這些同學總能找到自己為小組貢獻的地方，譬如負責為團隊舉手搶分，或是在隊友上台報告時協助拿討論的白報紙，而膽子較大或口才較佳的同學，也會更主動擔任發表報告的主角。因為當遊戲化是以團隊而非個人表現排名時，每個人的表現不是為了自己，而是為了團隊，這反而會促進個人的表現動機！整個班級的參與氣氛，也出現了沁瑜老師始料未及的微妙轉變。

建立遊戲規則，你就成功了一半

如果連沉悶的國家考試課程都能轉變成遊戲化教學的高度參與，那麼，沁瑜老師的遊戲化課堂經驗，也許可以讓我們去思考：過往我們以為遊戲化教學的限制，究竟是真實的限制，還是自己侷限了想像力？

當然，最重要的從來不是課程好不好玩，也不是學生願不願意參與，而是最終的學習成效！我們從沁瑜老師的教學案例裡看到的是，因為遊戲化的帶動，學生的專注度提高了，而每一個課程階段的參與

式複習或主動式預習，也讓學習成果變得更好。

這一切，都從一個最基本的關鍵開始：建立課程的遊戲化規則！

從上述沁瑜老師的實務做法中，可以看到遊戲化教學在整個學期課程應用的過程中，有以下三個基本規則：

一、課程參與表現與平時成績連結（遊戲化的獎勵 B）

二、以團隊計分，每週公佈排名（遊戲化的點數 P，以及排行榜L，還有以團隊為主的競爭）

三、課程的互動討論與遊戲化元素的連結，任何參與都有分數，答對分數更高，除了鼓勵參與，也用心塑造了無風險的學習環境。

這些精彩教學的背後，當然需要花很多很多的準備時間！如果只講述課本內容，不用說，課前準備相對是比較輕鬆的，但為了讓教學更精彩、學習更有效果，沁瑜老師轉化許多專業知識，並且在兼顧進度與成效的情況下，把遊戲化教學的元素融入整個學期的課程中。為此，她必須花費許多額外的時間來設計這門課程。沁瑜老師自己也說，她經常必須早起備課，思考整堂課的活動。不過令她欣慰的是：投入的努力帶來了成效！同學們上課更忙碌、更專注，也學習得更好了。上課時，不再是老師一個人演獨角戲，而是師生一起建構學習殿堂。

2-3 「遊戲化教學」機制三：團隊基礎

不少老師在開始運用遊戲化教學後，會向我反應「學生不投入、不積極參與」，「雖然套用了遊戲化的三大元素 PBL：點數、獎勵、排行榜，也確實調整了互動教學的內容，但是現場的效果就是不好，學生都悶不吭聲，每堂課積極參與的總是只有小貓兩、三隻。請問到底問題出在哪裡？」

大多數時候，我會先問求援的老師：「你有建立團隊機制嗎？還是只設計了個人為主的遊戲化參與？」老師的回答幾乎都是：「個人……，但差別有那麼大嗎？」沒錯，遊戲化教學成效不佳的原因，半數以上都是「缺乏團隊機制」！

「同儕壓力」與「從眾效應」

請先想像自己又當回學生角色。假設你的某個老師採用遊戲化教學，一樣有 PBL 三大元素，但使用個人表現為競賽基礎……；再假設，每當老師在台上提出一個問題，台下總是有 2 ～ 3 個同學非常踴躍參與，不停舉手、不停回答，也不斷得到老師給的分數，誰都看得出來，前三名應該就屬於他們了。請問在這種情形下，這三位同學會被全班同學「欣賞」，一致同意「他們三位真的超認真」，還是會有以下的想法：

「天哪,真愛現!」

「是很喜歡獎品和分數是不是……」

「就是想討老師歡心啦。」

以上心聲是否會在大家的心中或口中出現呢?別誤會了,我不是說這種想法是對的,但課堂上經常會出現「同儕壓力」,是團體裡真實會有的反應。正因為有這種來自於同儕的壓力,才會造成多數人的靜默和不投入。看到別人不投入,自己也會不想投入,這也是一種負面的「從眾效應」。

現在再想像一下,要是老師把個人為主的遊戲化,透過一開始的團隊建立,轉變為團隊為主的遊戲化呢?

氛圍出來,就會引發連鎖效應

你應該猜想得到,團隊為主的遊戲化教學會帶來很有意思的轉變,因為這樣一來,每個人的表現就不是為了自己,而是為了小組的所有成員;而且,只要小組裡有成員積極投入,其他成員就會受到良性影響,也變得積極投入,這就創造了正面的「從眾效應」。

老師只要在一開始時適當引導加溫,像是簡單的提問或指定回答,並且立即給予分數回饋,讓其他人看到,個人願意參與就能幫團隊爭取分數(答錯也會加分!),很快地,整個教室就會引發連鎖效應,人人挺身參與……。

一旦個人的表現被包裝在團體表現中,每個人的參與自然會得到同組成員的讚賞;只有像這樣建立團隊機制與良好互動的氛圍,整個遊戲化教學才能轉動起來,因此,「團隊機制」真的是遊戲化教學的重要關鍵之一!

教學時,若想要讓團隊機制順利運作,老師們請特別留意以下三個重點。

團隊機制運作重點一：分組人數

分組人數的拿捏，是遊戲化教學中建立團隊第一個要考慮的重點。

原則上，我會分成「教室型」與「演講型」來恰當區別人數。若是在一般的教室裡教學，學生總人數大多介於 20～50 人之間，以我個人的經驗，一組 4～6 人會是最好的團隊規模──既方便聚在一起討論，也比較能讓每位組員都有貢獻。

小組人數多於 6 人為什麼不好呢？超過 6 個人，團隊就容易分裂為小團體，可能老是有 2～3 個人在一旁聊天，真正在討論的只剩 3～4 個人。每一組的人數越多，這種「小圈圈效應」就會越明顯。因此，我在教室教學時總是把人數控制在每組 6 人以下，規劃教學活動時，也會想辦法讓這 6 個人有各自不同的任務需要投入，也就是說：每個人都有機會上台或有貢獻！

但是，如果教學現場從「教室型」變成「演講型」，總人數可能會從 30 人到 300 人，甚至人數更多的狀況。而多數演講現場都會採取「排排座」的形式，基本上只有椅子、沒有桌子。這種現場，如果分組人數還是維持 6 人規模，反而會不利小組一起討論。因此在演講的場合，我會建議分組人數降到 3～4 人就好，意思是：學員只要和「左邊」與「右邊」，或者是「旁邊」與「後面」，就可以交頭接耳地討論，方便團隊參與和互動，不會製造出「邊緣人」。

團隊機制運作重點二：分組方法

怎麼把所有的學生分成小組，就是第二個要考慮的重點了。有系統的分組方法可以分成三類：隨機式、自願式、安排式。

1. 隨機式

　　讀過《教學的技術》的老師們，可能都還記得我們在現場隨機分組的方法。當學員自由就座後，我會開始用點人頭並數 1 ／ 2 ／ 3 ／ 4……的方法，把大家編號為 1 ／ 2 ／ 3 ／ 4……。因為每個人都是自由入座，所以一般會找最熟的人坐在一起，透過簡單的 1 ／ 2 ／ 3 ／ 4……編號，「熟人小組」自然會被打散，也不容易形成小圈圈。

　　提供一個小技巧：建議由老師數數字，而不是請大家報數！由於學生報數常會報錯（你可以試試看就知道），經常會中斷重算，不如老師自己數比較快！另外，以企業訓練的場景為例，先請大家自由入座，再由老師隨機組合，也會比事前就由訓練人員或 HR 強制分組更好。詳細的原因分析，大家可以回看《教學的技術》。

2. 自願式

　　這是在我讀 EMBA 時，向恩師劉興郁教授學到的方法，後來我去大學兼任講師，用的也是這樣的分組方式。開學後的第一週，我會先請同學們自己找人分組，人數太多或不足的，再由我來協助調整。大家都有自己的小組後，我會要求小組成員把分組名單連同照片印在一張 A4 紙上，並在開學第二週交給我。這張分組名單，一整個學期我都會留在手邊，做為平常認識同學及計分的依據。

　　由於學校是整學期的課程，老師可以從容分組，並留時間讓同學們建立團隊。如果是大型演講，我就會採取「類自願式」的做法，在一開始分組時請大家「站起來」，找到 3 ～ 4 個人組成一小組後再「坐下來」。聰明的你一定有注意到，因為大家被迫「站起來」，就會急著找人讓自己可以「坐下來」，於是會盡量找身旁的人，盡快組成臨時小組。在我的「教學的技術—線上課程」中也有示範操作給大家看，許多老師學到後實際運用，都覺得非常快速而有用。

3. 安排式

　　由老師或訓練人員刻意安排分組，雖然我並不傾向這麼做，但有時還是會用得上，譬如說希望混合不同程度的學員，或者是把同部門的學員放在一起。只是在安排上可以更有技巧。譬如說，企業內訓時，我們總希望能讓資深與資淺的人員混合編組，那麼，我可能就會提前把每個人的分組號碼寫在講義內頁，一開始還是讓大家自由入座，在分組階段才讓大家翻講義、查詢自己的分組編號，然後建立團隊。這樣在一開始上課時，會讓大家調動位置，造成一個「reset」的感覺，其實對開場抓住注意力還蠻有效的。

　　如果是在學校裡，老師可能對教學有特殊考量，想要混合編組程度不同的學生，這時「安排式」就變成必需的技巧了。在下一篇實務案例，就可以看到 Super 教師曾明騰老師，利用不同成績表現來區隔族群，組成混合學習小組的方法。

教學個案　曾明騰老師的國中理化遊戲化教學

　　有一次我在線上和老師們交流，討論遊戲化教學應用時會有什麼疑問或想法，有幾位國中老師的回答讓我印象深刻：

　　「剛進入叛逆期的國中生，要他往東他偏會往西，根本不會配合什麼遊戲化……這不可能啦！」

　　「正課都教不完了，哪有時間做什麼遊戲化？還是好好趕完進度比較實際。」

　　「重點是成績啦！不管什麼方法，成績表現才最重要！」

　　然而，當我請教已經任教國中 22 年的曾明騰老師發表想法時，得到的卻是截然不同的回答：「同學們都很投入，大家上課超開心的！但只要我一比出手勢，學生就馬上安靜下來，進入下一個課程段落。」

　　更重要的是，他說：「正常來說，我們都比預定的進度提早一週教完，然後還會有『火鍋物語』的自然科總複習時間。」

　　火鍋？

　　我一時反應不過來，他已經接著說：「關於成績……全年級 18個班裡，我教的其中一班從中後段出發，三年級時已經是全年級第一，另一班的升學成績還是創校以來最佳！」

　　曾老師究竟是怎麼做到的？把一群不受管束的國中生，轉變為熱愛學習、勇於提問、熱情參與的「好學」生？

第一堂課：建立遊戲規則

　　明騰老師除了擔任國中的班級導師，也是自然科、理化科的科任老師。每次和新同學見面的第一堂課，除了自我介紹及說明教學進度外，同時也會和學生建立三大遊戲化的規則（以下採用明騰老師的語氣）：

1. 團隊基礎

「這個學期的課程中會有許多任務，都是以分組團隊來完成。三位同學為一組，由老師參考成績排名的高／中／低，區隔為三個族群，大家自己去找分組成員，但規定成員中一定要有高／中／低族群的組合。這樣大家才能相互學習、彼此合作，組長由大家輪流擔任。但是每次期中考後，我們就會重新分組，讓大家有機會重新開始。分組不只在課堂上，寒暑假我們去偏鄉服務時，每個小組也會有各自的任務。」

2. 計分方法

「分組的任務之一是：拿分數搶嘉獎！因為上課時不只是老師在台上講，而是會有很多的互動、討論、搶答。答錯沒關係，也不扣分，而答對就會為你的小組搶下 1 ～ 3 分。小組只要累積 10 分，全組就可以在嘉獎卡記錄一格，每 10 格學校就記一次嘉獎！」

「最重要的是：只要一個小組先達標 10 分，不只可以先拿到嘉獎卡一格，而且其他組的分數也會同時歸零！」聽到明騰老師提到這個做法，我覺得真是太天才了！細節我後面會再跟大家分享。

3. 只要勇於回答，就能贏得掌聲

「在這個教室裡，沒有錯誤的答案。任何同學只要勇敢回答，就請其他同學為他鼓掌。然後，只要老師握拳頭的手勢伸出來，便請大家停止鼓掌，進到下一個階段。來，我們先練習一下：大家鼓掌……然後我伸出拳頭，大家停止鼓掌！」

Super老師的教學設計

在訪談時聽到這個方法：你的小組拿到嘉獎時，還能同時清掉別

組的分數，這個方法太有創意了！

國中生拿不拿嘉獎可能不覺得有那麼重要，但讓別人累積的分數歸零……一般講到這邊，台下同學就會激動到哇哇大叫，因為可以把別組分數「清零」，國中生們都會覺得很好玩。雖然正課還沒開始，但躍躍欲試的感覺就會開始出現了。重點是歸零之後，大家又可以重新開始努力，這個設計真的很棒！

另外，每個人的付出都不只是為了自己，也是為了小組，這樣就不會被他人妒忌或承受同儕壓力。最後，每次期中考後都會調整分組，每個同學都有機會與不同的人組成小組，這部分也很有趣。

但是，一開始氣氛還沒形成，大家還沒打算投入時，怎麼讓同學的參與感逐步加溫，然後進入正軌呢？

「沒錯！一開始大家中毒太深，大家一定不敢投入，更不想第一個舉手回答！」明騰老師笑著說。

中毒太深？這又是什麼意思？

從「中毒」到「解毒」

在課堂上的第一次提問，同學們果然都還是悶不吭聲，這時明騰老師就會出手「解毒」，對同學們說：「老師了解大家現在的感覺，你們應該是中毒了！」當大家還摸不著頭緒時，明騰老師接著補充說明：「回想小時候，大家都是很願意投入、回答問題的！但可能那時答錯被老師責罵，或是被同學嘲笑……慢慢地，這些毒素影響了你，你就不想投入了。」

然後，明騰老師會給出適時的一擊：「重要的是，你們有沒有發現，你現在也變成你以前討厭的那個人了嗎？不想回答問題，只想要笑別人？你覺得你喜歡這樣嗎？」

幾秒鐘後，明騰老師緩緩道來：「其實，熱愛學習及回答問題才

是大家的本來面目。老師只是希望大家在我的課堂上練習一下，找回你的本性。」

看著同學們還有點懷疑，明騰老師接著說：「我們的課堂中，沒有錯誤的回答！只要敢回答問題，就是勇者、就是鬥士！大家也要為他的勇敢，給予掌聲鼓勵！」

這就夠了？大家會為了爭取掌聲搶著回答？

明騰老師笑著說：「這麼說之後，大家可能還是有點遲疑，所以，我會趕緊點燃第一根火柴。」於是，他隨機指定一個同學回答某個問題，不管答對答錯，都馬上請全班同學掌聲鼓勵，然後幫這個小組加上 1 分，並且再次強調：「只要累積 10 分就可以在嘉獎卡加一格！同時清掉其他組的分數！好，下一個問題是……」

話聲剛落，明騰老師說：「開始會有一些手慢慢舉起。」同樣的掌聲、加分，即時回饋，然後再提問……；高舉的手會越來越多、越來越快，整個遊戲化教學的機制，也慢慢地開始啟動！

用教學方法活化題目

早在 20 年前，明騰老師就已經開始運用分組教學的方法了。那時雖然沒有「遊戲化」這個專業用語，但他總是在想：「什麼樣的教學會更有效？怎麼做才能讓孩子們真正學到重要的知識？」因此他開始做不同的嘗試，包含分組人數從 5 人減到 4 人，到最後降到 3 人。由於他也持續在觀察，分組人數的多寡對團隊動力及學習任務的影響，經過不斷嘗試、修正後，才逐漸找到自己最順手的遊戲化教學法。

可以說，重要的從來不是「遊戲化」，而是老師們對教學的用心及熱忱。

那麼，面對國中的自然、理化等這些考試科目，要怎麼結合教學內容與遊戲化的技巧？

曾老師笑著反問我：「考福哥一個題目，請問雲是固態、液態還是氣態？」

這題也太簡單，「氣態嘛！」我回。

曾老師說「答案是液態。」聽到後我嚇了一跳，真的假的！曾老師接著補充「透過問題，才可以了解學生的知識盲點」。原來這是國中理化「物質的三態與性質」裡的重點，而這也是大家經常會搞混的地方，所以曾老師特別設計了相關題目，確認學生們的理解。他接著說「答錯沒關係，重點是讓學生留下更深刻的印象」。沒錯，相信我之後都會記住這件事啊。

曾老師笑著說。「最近線上教學時，我曾經問學生：『可以不可以找一下你身邊纖維製成的物品，展示在鏡頭前，並且說明那是天然纖維還是合成纖維？』同類的物品如果別人用過就不能重覆，每個答案可以拿到 1 分。講完題目後，我就給大家 2 分鐘去找。」

太有趣了不是嗎？你一定不難想像，這 2 分鐘裡學生在鏡頭前有多手忙腳亂，多急著想搶答這一題！

曾老師提出的多半是這類型的問題，比如：「請問有哪位同學，可以利用教室中可得的物品來說明密度的概念？」這時就有同學想到，可以利用水桶裝水，然後丟入某樣東西，除了從物體在水中的沉浮來說明密度，更進一步從溢出的排水量，申論體積、重量與密度的關係。這位學生因此為他的小組贏得 3 個嘉獎分（越大的示範拿到的分數越高），而且，同學們也透過實務操作，更了解課本上講述的物理概念。

這樣的教學，真的會讓學生們印象深刻，也強化記憶啊！

還不僅如此，除了上課中簡單的問答、小組討論後的發表、實作示範……，在教完一個大章節之後，曾老師還會安排有趣的「百萬猜題大挑戰」──把複習的知識先做成選擇題，再利用網路平台提供

的服務輸入題目，然後全班搶答！大家都用平板或手機連上「百萬搶答」的平台，就在現場實體舉手，然後線上回答，答對就能拿到分數！更有趣的是：一樣模仿電視節目上的機制，可以有三種提示：2選1、問親友、問現場同學。

在上課時還可以 Call Out 求援……真是太有趣了！隱藏在遊戲背後的重點，就是複習剛學完的章節知識。

學生開始搶答，老師就要注意公平性

建立了遊戲化三大元素：點數、獎勵、排行榜，明騰老師還會運用多樣性的教學方法：問答、討論、選擇、操作、發表……，把課本上相對生硬的知識，變成生活上唾手可得的具體常識。也因為有了遊戲化機制與元素，當學生發現投入其中都會得到老師與同學們的鼓勵，錯了沒關係，答對了可以幫小組同儕爭取嘉獎，另外還能清掉別人的分數，參與的狀況便從一開始的「閉塞」，到後來的熱烈舉手、搶著回答！

一旦成功營造了搶答的氛圍，「公平性就很重要了。」明騰老師說。

這是因為，剎那間有那麼多同學舉手，老師的肉眼不見得判斷得出誰最快。然而，如果遊戲化讓學生感覺到不公平，甚至認為老師偏心，大家就不想投入了。這方面，明騰老師設計的方法是「抽籤」。

如果大家幾乎都同時舉手，就上台抽籤！抽中的人得到發表機會。

進度教不完？剛好相反！

但是老師們可能還會懷疑，「遊戲化」聽起來就是「很花時間」，會不會造成正課教不完？

前面已經提到，明騰老師不只教得完，還能提早一週完成。

因為有些老師會透過測驗讓學生們複習，因此讓同學做了 3 ～ 4 份複習測驗卷。但每一份測驗卷都要花時間寫，當然會影響到正課的時間，導致正課教不完。

明騰老師的做法是：把課本裡同學一定要知道的教學重點，甚至常會搞混的概念，做成遊戲化問答的題目。同學們也許會在回答問題時，被題目搞混而答錯，但就因為這樣才更容易記住正確解答。另外，他也會在下課前 5 分鐘請小組自行複習，由組長當小老師，帶領大家複習當天的課程重點。前述每一大章節都有一次上網「百萬搶答」的總複習，一個學期大約會安排六次。像這樣不斷重複練習，只需要訂一份複習用的測驗卷，就足以幫助同學們熟悉課本中的核心觀念。

從「誰來晚餐」到「破冰行動」

除了在課堂上的遊戲化教學操作，明騰老師甚至還為每個小組訂成績 KPI，只要每次小組成員段考平均成績能進步 3 ～ 5%，就可以參加老師辦的「誰來晚餐」，由老師請大家吃飯！不管是在老師家，或是大家選一個餐廳，只要符合資格的小組都可以參加。讓小組成員更有前進的動力，也透過這個機會促進師生間更深入的交流。

過去 20 年，明騰老師不斷思考如何教得更精彩，讓學生學習得更有效，又能在試場中有更好的發揮。上述這些方法，也僅僅是明騰老師為學生諸多規劃的其中一部分，還有像全班一開始的「破冰互動」，讓大家相互練習自我介紹、寒暑假帶孩子們到偏鄉的服務學習、校外參訪教學，甚至為不同的學生適性引導，讓學習不僅是成績導向，而能找到自己的天賦與專長……，這些在教學上的努力，讓他獲得「Super 教師全國首獎」、「親子天下百大創意教師」、「未來教育臺灣 100」等諸多獎項。

　　說到底，老師們應用遊戲化、使用積分與獎勵，只是開啟學生一個正向學習循環，讓他們感受到學習的快樂。孩子們也會在整個學習過程中，逐漸建立與老師的信任和關係，「相信孩子們，孩子們就會相信你，並且用他們的成長給你回報」。

　　對了，「火鍋」又是怎麼回事呢？

　　嘿嘿，三言兩語說不完，請自行買一本曾明騰老師的《火鍋奇幻物語：國中自然科一日特訓》來看。

　　要是想學習更多明騰老師的本事，《Super教師的翻轉教室：讓每個孩子都發光》也很值得一讀哦。

2-4 「遊戲化教學」機制四：公平性

　　雖然我很熟悉遊戲化教學的每個環節，但是也因為太熟悉，可能已經把過程中的一些關鍵視為理所當然。還好，透過遊戲化教學的研究，又讓我挖掘出遊戲化教學的一些核心關鍵，譬如：公平性。

　　上一篇的教學個案，明騰老師就提到了「公平性」，也設計了機制去確保上台機會是公平的。稍後章節介紹治萱老師的教學個案時，她也會特別強調了「公平性」，並描述了向長輩進行衛教教學時的情境：「他們真的很介意，眼睛就盯著你，看你有沒有給他分數，還會追問『你這一題為什麼只給我 500 分』、『他跟我的回答都一樣，但他有分數我沒有，這我不能接受』……」

　　訪談「超級數字力」MJ 老師時，他也提到：「設計上一定要公平、及時、透明，積分制規則要明確。」也有老師說：「如果遊戲不公平，很多學員就會選擇放棄參與。」

　　這些專家意見再次提醒我：「公平」是遊戲好玩、值得玩的重要關鍵！畢竟，沒有人會希望自己的投入因為不公平的遊戲機制而被抹殺吧？

　　但是，怎麼設計出公平的遊戲化機制呢？關於這點，請大家複習一下遊戲化教學的定義，「遊戲化教學不是玩遊戲，是把遊戲的元素應用在教學領域中」。我們常用的遊戲元素，除了「點數、獎勵、排

行榜」，還有其他的遊戲化機制，包括「結合課程目標」、「清楚易懂的遊戲規則」，以及「團隊基礎」等。徹底了解基本定義與元素後，就可以來談談怎麼讓遊戲化教學更公平。

要讓學習者覺得遊戲化教學是相對公平的，可以思考以下三個關鍵：

關鍵一：計分公平

點數積分，是遊戲化教學激勵學員及顯示投入成果的一個重要指標，因此只要是與積分有關係的，都會直接影響學員對公平性的感受。譬如說，每答對一題可以拿到多少分？就算答錯，只要肯回答就可以得到多少分？上台先後的得分各是多少？⋯⋯

這些重點，我在教學過程中都會講得很清楚，譬如：「接下來，只要舉手回答，不管答案對不對都可以拿到 1000 分！如果答對了，加 3000 分！」或是：「接下來，第一個上台報告的小組我們加 5000分。」或是更仔細地說明：「這個複選題，只要說對一個答案就加 1000 分；如果次序和答案全對，再加 3000 分！」類似的計分方法，都會在請學員答題前就先強調一下，有時為了怕自己忘記，還會以投影片呈現計分方式。

關鍵二：配分公平

在遊戲化的過程中，老師要結合不同的教學技巧，設計出不同類型的問答或加分環節，如舉手回答、小組發表、上台次序⋯⋯，或是進階的討論演練。有一個大原則是：越是困難的表現，可以配置越高的分數，並且逐漸增加。

以我的課程為例，一開始的問答或舉手回答，可能是 1000 ～ 2000分，小組討論上台發表的次序，可能是 5000 ／ 4000 ／ 3000 ／ 2000 分，

而等到進入演練階段，比如電梯簡報或開場簡報演練時，分數可能就會變成 20000 ／ 15000 ／ 10000 ／ 5000 這種級距；如果是難度很高的演練，分數甚至有可能再加倍成 40000 ／ 30000 ／ 20000 ／ 10000。

總而言之，「題目越難分數就越高」是整個配分設計的大原則。

但要特別小心的是，也不能前面都是 1000 ／ 2000 這樣慢慢加分，最後卻來個 100 萬分／ 200 萬分的大演練！這種搞法，只會讓大家覺得：「只贏最後一場也還是第一名，那我前面的投入是為了什麼啊？」

所以，平衡計分的配比也是掌握公平性的一個關鍵。

關鍵三：機會公平

最後一個決定公平性的關鍵，是「機會公平」。這方面，就要靠教學的老師自己臨場掌控了。

以舉手發表的參與方式為例，當遊戲化動力成功激發後，接下來老師們會遇到的問題就不是沒有人舉手，而是「太多人舉手」，有時甚至老師才剛開口：「有沒有誰可以回答我——」台下就已經有好幾位同學舉起手來了。遇到這種狀況時，老師應該怎麼點人回答，才能同時維持公平性及學生熱情參與的動力？

為了塑造公平氣氛，有時我會刻意往後站一點，或是乾脆站在教室角落，放大視野範圍，還特別說明：「因為希望做到盡量公平，所以我現在往後站一點，確保能清楚看到大家舉手的順序……。」這一類的宣告，多少能讓大家更「感覺」得到公平。當然我也說了，是「盡量」公平，誰快誰慢最後還是老師說了算。我的經驗是，這能讓老師不必花時間在孰先孰後的爭論上，而且只要一開始設定好原則，大家的投入就會持續下去。

但是，當遊戲化氛圍帶上來後，因為大家越投入，越會要求公平。所以我的方法反而會是：把一切交給機會。在課程的中後段，我會請

大家抽樸克牌決定上台的順序，抽到的點數就是要上台報告的小組編號，但是這時就沒有誰先上台誰先加分了。用這樣的方法，不只確保更公平，也會讓大家在不同的遊戲化節奏中，有一些變化和轉換。

另外，我也會確保小組裡的每位成員都有機會上台表現，意思是設法讓大家輪流，不能老是只派其中的一、兩位上台。這樣除了維持公平性，更重要的是回到遊戲化教學的關鍵：結合教學目標，讓大家都有機會透過遊戲化激勵和練習，讓學習成效變得更好。

總還是會有不公平的時候……

偷偷告訴大家，有時候我也會有「不小心的不公平」，最常見的情況就是：發現某一個小組的分數與其他小組差距過大時。這可能是因為小組的組成不佳（例如剛好都是比較不投入或比較安靜的同學），或只是單純運氣的關係（很努力，但拿到的分數不夠多）。這時我就會稍微偏心，多給這個小組發表的機會，或是多點名他們……，甚至刻意激勵該小組「請加油哦！」

不過，操作這種「不小心的不公平」時要很有技巧──想給某一小組更多機會時，不要因此剝奪其他很投入小組的機會。一定不能說：「其他小組先不要舉手，我們給第 X 組機會」，而是對該小組說：「分數有差距哦，請第 X 組多多加油！」然後還是在搶答時點舉手最快的，只會偶爾「不小心的」多給落後小組機會。這個方法既能激勵落後小組，又兼顧了投入學員的權利，雖然有點難度，但是不妨揣摩一下怎麼做到「不小心的不公平」，有時效果很好呢！

請務必記得，遊戲化教學的核心──激勵學員投入，達到更好的學習成果──才是我們花時間設計這些機制的目的。「公平性」，正是讓大家願意持續投入的關鍵之一，包含計分、配分以及機會的公平，甚至有時來點「不小心的不公平」，都只是為了讓學生可以學得更好！

治萱老師的中老年族群教學

　　面對中老年族群,也能運用遊戲化教學嗎?

　　如果你站在台上,面對台下都已是六十好幾,甚至年紀更大的「資深」學生,你也能在課堂上運作「遊戲化教學」嗎?

　　治萱老師就是箇中高手。

長照職人的社區教室

　　治萱老師是「吉紅照顧本屋」的創辦人,曾任護理師的她,從事公共衛生與長照工作已經超過 15 年,目前的核心工作是擔任講師及顧問,為邁入老年化社會的台灣培養更多第一線的專業照護人員及居服員。2021 年才剛獲得信義公益基金會「共好行動」的首獎,這個獎項在全國接近 200 組報名中只取 1 組,並獲得 50 萬元的執行經費獎金,她也接受過許多雜誌的採訪。

　　令人高興的是,治萱老師曾經上過幾門我的課程,如「教學的技術」、「專業簡報力」、「線上教學的技術」……,並且充分吸收轉化,不只把學到的技巧應用在專業的護理師教學上,也拿來教導年紀較長的學生,包括居家服務員和需要長照的長輩們。不論是實體或線上教學,都有亮眼的成果!

　　但我也很好奇——如果台下的學生是年紀較大的長輩,或是學歷、學習能力相對弱勢的居家服務員,應用遊戲化教學的效果還會一如預期嗎?

　　「超過想像的踴躍!大家不只主動參與、搶著舉手回答,還很計較每一題的分數吔!」治萱這麼告訴我。

　　真的?這麼有效?

每位老師都經歷過摸索期

雖然我知道遊戲化教學很有效果，但很少有機會面對長輩們進行教學，十幾年前曾有一場在「老五老基金會」的演講，效果也非常好，但畢竟長輩不是我常態的教學對象，因此治萱老師的長輩教學經驗很值得大家參考，畢竟台灣已進入老年社會，這方面的需求將會越來越高。

「一開始應用遊戲化時，坦白說我有點手忙腳亂。在規則不清、分組不明、還不知道如何結合遊戲化與課程時，我也經歷了一段摸索期。」治萱回憶。

其實，這是很正常的事，或長或短，每位老師都經歷過摸索期，但不一樣的是，治萱老師始終相信遊戲化是有效的教學方法，即便一開始有點混亂。由於過去這類長照專業課程，老師大都採用講述的方式，在「我講你聽」了大半小時後，台下就開始和台上漸行漸遠；老師越是口沫橫飛，學生越是安安靜靜，沒什麼反應。相較之下，在治萱老師的課堂上，學員的積極性和專注力被攪動了，所以反而會出現短暫的「混亂」。

「一開始的規則很重要！」治萱說，在幾次的嘗試後，她逐漸找到改善的方法，「遊戲化怎麼計分，前幾名怎麼選定，都就要說清楚，講明白。然後，全組要在一起才能討論，發言前先舉手，被老師點到回答才有分數……，這些都要一開始就說明清楚！」

這也是我經常常強調的：規則是遊戲化教學的核心關鍵。在這個案例中，比較特別的是治萱老師個人的觀察；她發現，長輩學生尤其在意遊戲化規則的公平性——怎麼加分？加幾分？為什麼選他們發表而不是選我們發表？……這些規則上的細節，長輩學生們其實是非常在意的。

由於經常在教學的過程中被問到這些遊戲規則，治萱後來乾脆做成了投影片說明。如果是在沒有投影設備的教室上課，她也會把規則寫成大字報，張貼在講台前。這麼一來，上課中長輩學生們就不會一直追問，整個遊戲化教學進行的過程也不再出現混亂的情形了。

遊戲化的方法，可以千變萬化

在第一線長照工作人員或長輩的教育訓練或宣導中，有一個很重要的主題，就是營養均衡攝取的六大分類。如果採用傳統的講述方式，常常才講過五分鐘，大家就已經忘了哪些食物屬於哪些分類。

但是，應用了遊戲化教學後，治萱老師設計出「營養六宮格」。她會請學員依照這六大營養的分類，把吃過的食物填寫在紙上，「只要分類正確，答對一個就加 100 分，答錯也不扣分。」如此一來，大家不僅填答踴躍，不知不覺中也充分吸收了老師教的知識。

同樣的食物營養六大分類，也可以變成「連連看」的遊戲。治萱老師會先在投影片上列出食物的名稱，再請大家試著與不同的營養分類做連結，像是雞腿會對應到豆魚蛋肉類，而冬粉就會對應到全穀雜糧類……等；有時她也會改成問答題，甚至是小組討論題，譬如請學員設計一份營養均衡的每日菜單，小組討論後再上台發表。如果結合上台順序、上台表現內容與遊戲化的積分，還可以設計成一個比賽，請大家投票選出最佳菜單設計的小組，依名次給分。也可以請學員先看一段影片，然後根據影片的內容，提出一個接一個的搶答題或者討論……。遊戲化的方法，可以說千變萬化。

「原本教學內容中的原則、方法、次序或 SOP，都可以轉化為遊戲化教學的題目！」治萱很開心地與我分享，接著又說：「重點不是遊戲化本身，而是透過遊戲化學習的過程，長輩學生們都非常專注，並且高度參與，不只過程很開心，還學到很多長照必須懂得的知識！」

長輩學生也需要「分組討論」嗎？

不過，在對長輩學生進行遊戲化教學時，有一點需要特別注意，那就是「分組」或「不分組」。根據治萱老師的經驗，如果是中高齡以上的長輩，例如60（或65）歲以上，她會傾向不分組，因為「搞不清楚該如何分組互動的長輩比例相當高」，包括：什麼時候個人發表？什麼時候小組討論？怎麼進行小組計分？更不用說，要是有些長輩在分組結束後才到達現場，就很難順利融入小組活動了。

她也發現，學員的年紀越大，分組活動過程中遇到的挑戰也越大。因此，後來只要教的是資深學生，治萱老師都採用以個人為單位的遊戲化操作。

最恰當的獎品給最勤學的你

從上百場的遊戲化教學中，治萱老師也得到另一個寶貴經驗，那就是「獎品蠻重要的」。她會根據現場參與者的年齡、教育程度、社經狀況，選擇出最恰當的獎品。針對專業人員，用好書當獎品是一個很不錯的選擇，但在為社區的長輩學員們上課時，最好的獎品會是什麼呢？她的經驗是──米！

米？沒錯，就是我們每天吃的米。

治萱從經驗中知道，在進行社區衛教或針對居服員的訓練時，實際有用的生活必需品，像是柴米油鹽醬醋茶，比書籍更受資深學員的歡迎。實體的獎品，再配合計分與排行榜，可以快速引發台下學員的參與動機。

「其實這些小獎品只是表面誘因，整個過程引發的參與及專注，才是我們真正在乎的地方。」治萱說。

從教學重點回推教學過程

回到最基本的方向，治萱老師表示：「一開始就要思考，整堂課的教學重點是什麼？你最想讓大家學到什麼？記住哪些東西？」有了這些基本原則後，才能開始設計不同的教學方法，各自搭配不同的遊戲化元素與機制，最後形成完整的遊戲化教學課程。

依此要領設計出來的課程，真的會有更好的成效嗎？「其實，教學成效好不好，現場就能檢驗，只要在課程結束前追加設計一個驗收的問答環節，成效一清二楚！」治萱說。

因此，只要從大家的回應中，就可以了解大家記住了多少，觀念是否正確，就能馬上確認教學有沒有效果。尤其治萱老師的學生常是年紀較大的長輩，或是學習能力相對沒那麼好的第一線長照工作人員。在過去純粹使用講述教學時，常會發現剛教過的東西，大家下課就忘了。但是採用遊戲化教學之後，課後驗收時發現教的東西大家都記得住、帶得走，「這才真正達到教育訓練的目的。」治萱老師認為。

另外一個特別的經驗是，透過遊戲化教學的過程，可以幫助這些長輩學生獲得成就感。「很多人也許一輩子沒有拿過 100 分。」她會刻意讓大家有機會累積成就感，譬如問答的測試每一題 10 分，總共有 12 題，即使答錯 2 題，也還是能夠拿到 100 分，甚至過程中不會的時候，還可以尋求小組或旁人的支援。治萱老師從經驗得知，「學習有成就感，就更願意學習」。這雖然是簡單的道理，卻很深刻。回想我們玩過的許多遊戲，是不是也在累積自己的成就感呢？

「遊戲化教學也適用於長輩學生嗎？」看到這裡的你，心中的答案想必很清楚。治萱遊戲化教學的經驗已經證明：「超過你的想像！一切的限制，只在老師自己！」今天起，請解放你對不同族群遊戲化教學的自我限制吧！

2-5　「遊戲化教學」機制五：無風險環境

　　有位高中老師問我：「為什麼福哥到不同的教室現場，不論是上市公司或高中大學，總是能快速帶動現場的參與？」接著說：「我用了遊戲化，但學生參與度還是不高。為什麼呢？」

　　當然，這一類的問題可能有許多成因，從遊戲化機制的設計、與課程目標的結合、教學方法操作、遊戲化元素的應用，甚至老師的教學經驗……等都有可能。另外，還有一個很重要的環節，是我在遊戲化教學操作時非常重視，但比較少拿出來討論的，也就是「無風險環境」的塑造！

怎樣的教學環境才是「無風險」環境？

　　先來看看兩個例子。

案例一：沒有「錯」的答案

　　在課程的一開始，我問台下：「請問簡報的目的是？」

　　一開始沒有人舉手，我就點一位學員，請他回答；他說「溝通」，我點點頭，「加 1000 分。」

　　然後我再點另一位學員，他說「傳達」，我也點點頭，「加 1000 分。」

點到第三位學員時，他開玩笑地回答「催眠大家」，旁邊的人一聽就笑了出來，我也笑著說：「哈哈，有趣的答案！加 1000 分！」

接下來，我會趁機表明：「我們今天沒有『錯』的答案，只要有回答，就能至少幫團隊總分加 1000 分，答得越好分數越高！請問還有別的答案嗎？」這時，原本還有點害羞的大家，一下子就刷刷刷地高舉了手，迫不及待，都想發表自己的想法，困難的反而是……究竟要點誰。

案例二：閉眼投票，把面子留給大家

在課程演練後，我們會請大家用舉手投票的方式，決定表現最好與最差的小組。很多人的臉上，幾乎馬上同時透露出一個訊息：「啊，現場有部門同事和主管，不投票給他們會不會不好意思？」

我當然理解大家沒有說出口的擔心，接著我馬上說：

「我們今天的投票是採取『閉眼投票』的方式，票數最高的前三名，分別會拿到 20000／15000／10000 的分數，其他組則並列第四名，也就是說，今天沒有所謂的最後一名！」

大家聽了，明顯都安心許多，也更能專心投入演練，準備爭取前三名的榮譽。

為什麼需要無風險環境？

看了前面兩個例子，你有沒有發現，我們是怎麼塑造「無風險參與環境」的呢？而無風險環境又是如何增加學員的參與意願？

大多數我去過的教室或演講現場，課程剛一開始時，台下基本上都沒有什麼參與的意願，並不會因為講課的人是「福哥」，學生或觀眾就樂於參與！由於學生們過去的經驗，大部分的學習仍然相對單向，也就是「老師講述，學生聽講」，大家都不習慣互動和參與，因

此即使運用了遊戲化的方式，如果期待大家一開始就會熱情參與，可能會跟實際的狀況不符。

除了學生沒有跟老師互動的習慣，還有一個沒有說出口的原因就是：大家都很害怕「答錯」，如果在眾人前面被老師說「答錯了！」，那不是很丟人現眼嗎？索性就閉上嘴巴不舉手，反正「多做多錯，少做少錯，不做就不會錯」，隱藏在眾人之中最安全。

因此，就如前面案例一呈現的，一開始操作問答法時，我會先用指定的方式，讓台下的學生有一個好的開始。但接下來最重要的就是：不管學生怎麼回答，請一定都要給予正面鼓勵，不只點頭微笑，還要刻意強調：「嗯，很好！加1000分！」

這個「1000分」，就是遊戲化教學三要素之一P（Points），點數。透過點數，學生得到無形的鼓勵，心中可能會想：「這樣亂講也有分數哦？真的假的？」然後老師再點下一個，同樣不管講什麼都給分⋯⋯；幾次之後，大家就會收到老師傳遞出的重要訊息——有參與就會有收穫。

「勇於參與」比「答對了」更值得鼓勵

遊戲化的目標，就是藉由提升參與來集中學習的注意力，因而得到更好的教學成效。但要想提升參與，必須刻意塑造無風險的教學環境——只要同學肯參與，不管答案是對是錯，一定會拿到代表老師的立即回饋及肯定的點數。而且，這樣的肯定還會逐漸強化，一旦其他同學看到「錯誤的答案也能得到老師的回饋點數」，一次兩次三次⋯⋯，就會確信「這個教室真的什麼答案都能講，也都能拿到分數」，大家會放下心中的障礙和疑慮，更敢於參與，教室的氣氛開始發生變化！

有些老師可能擔心：「學生會不會一直刻意講錯誤的答案？」

　　「會的」，有時也真的會發生這樣的狀況。不過有趣的是，越是如此，越能成功塑造出一個真的無風險、大家也不害怕答錯的參與環境。老師們要相信，只要善用差異化給分（譬如答錯 1000、答對 5000），教室裡的學生就會放棄亂答，開始往想出正確答案的方向而努力！

持續激勵，學生就會不斷嘗試

　　在很多不同的演講現場，即使台下已經為了一個問題而接連答錯，我也都不會給出「不對」或「錯」這兩種回應，仍然只會說：「很好，加 1000 分，還有沒有別的答案？」最多我會說：「接近了，還有沒有不同的答案？」當然，我有時也會開玩笑地說：「加 1000 分，不過你知道加 1000 分代表你沒答對吧？」用這樣的說法持續激勵大家。當然，如果最後真的努力了很久卻答不出來，我也會給一些提示，或是直接進到下一個教學環節，提供正確解答，不會一直卡在問題上。但是學生在經過動腦思考後才獲得的答案，絕對會比一開始就聽到答案還記憶深刻。

　　最棒的是，你會看到教室裡的氣氛，因為不再害怕風險而大幅改變，人人努力嘗試找出正確解答，這真的會是很令人感動的一種學習體驗！

各界推薦與應用心得

從「SOIL教學心法」的理論框架來看，「遊戲化教學」若能扣住脈絡，並配合四大基本教學法（講述演示、提問對話、小組討論與實作演練）的使用時機，進行綜合運用，將是老師引導學生思考與互動參與的強大武器。

福哥的《遊戲化教學的技術》一書兼顧理論與實務，破解了一般教師對遊戲化教學最常見的迷思，提供了多元且詳實的案例說明，不僅突顯遊戲化教學的核心機制與重要元素，更讓遊戲化教學的執行與實踐變得具體易懂。這本書的含金量驚人，堪稱遊戲化教學的「聖經」，應該列為所有教師必讀的經典之一。

「SOIL教學心法」共同創始人、台北大學師培中心副教授 李俊儀

我從事理財投資教學工作多年，也親自體驗過福哥的教學活動相當多次，深知福哥的遊戲化教學多麼有成效，更知道這對第一線的教學者來說多麼重要——不只能活化學生的學習動力，更能激發教師的教學熱情。我不會說每一位教師都一定要做遊戲化教學，但我很建議每一位教師都應該先了解，就能讓自己有選擇權，可以在自己覺得適合的場域加以運用，來達成心中最理想的教學成效。

台灣ETF投資學院創辦人 李柏鋒

您是否曾經覺得學生越來越難教，而且班上學生程度差異越來越大？若您有這樣的感觸，福哥的《遊戲化教學的技術》就是您當下最需要一讀的好書。

我們需要遊戲化教學，因為下一代在數位3C的世界中，已經很習慣遊戲的世界；回到了聲光刺激與反饋、正增強變少的真實世界中，當然感覺動機下降了。本書整合了學術理論與訪談資料，佐以多年來授課的現場實務與案例，讓學習可以與孩子們最習慣的遊戲相近，誠摯推薦給所有的父母與教育者！

葳格國際學校總校長 李海碩

當初，偶然機緣讀了我太太介紹的福哥著作《上台的技術》，深為折服，於是邀請他為檢察官們量身打造專屬課程，為即將來臨的國民法官新

各界推薦與應用心得

制做準備。對他在課堂上活潑靈動的教學方式印象極深，全國巡迴講座結束後，參訓學員迴響之熱烈，更是歷來教育訓練所僅見。

這次福哥出版新書《遊戲化教學的技術》，仔細讀完，大有豁然開朗之感。原來教學不是那麼簡單的邊玩遊戲邊上課，而是每一動作都經過縝密設計，也都扣連著課程目標。本書毫不藏私地公開這些「壓箱寶」，不但有詳細的步驟拆解，也有嚴謹的學術論據，更棒的是穿插許多真實案例互為印證，即便我不是從事教學工作，也讀得興味盎然。一口氣讀完原稿，渾然不覺時間流逝，應該是福哥書中所說的「心流」狀態！

要如何以最有趣的方式，使聽受者得到最好學習效果？本書絕對是最佳指南。

最高檢察署檢察官 李濠松

曾經親自參與福哥遊戲化教學的演示，當時因疫情爆發，全台進入三級警戒，各級教師、企業講師必須開始摸索線上環境如何教學才會有效。福哥很佛心地將他在《教學的技術》一書中的心法與技法，進行了一場350多人「線上教學技術」的實驗場（中獎從來都不會中的我，竟然被抽中）。另一場則是四個月後，在勞動部勞動力發展學院計畫的成果展中，幸運邀到福哥親臨現場，為學員示範教學的技術，更能感受到福哥滿滿的熱情，和運用遊戲化教學技巧所營造出令人沉浸的學習氛圍，也真正體會到，什麼叫做「點燃學習的那把火」。

身為一名教師，最擔憂的場景不外乎學生沒動機、參與度低；加上現在的學生都是數位原住民，專注力低、也習慣聲光刺激，因此，課堂的學習如果無法引起注意力，很快就會讓學生神遊、放空。《教學的技術》一書中，提到遊戲化的核心：PBL 三大要素，個人也曾做過小試驗，如同書中所言，課堂不需要先進的科技、也不需要很多遊戲，只要掌握積分、獎勵、排行榜三大要素，就可以成功翻轉教室的風景。

然而，相信大家一定都不以此為滿足。如果要應用遊戲化教學，應怎麼做課程設計？所有的課都適合嗎？課堂中雖然有更多的笑聲，學生從被動變主動，但學生是否真的有學習？行為是否有改變？太頻繁的運用獎勵機制，是否反而會弱化內在動機？這些問題，福哥都進一步在新書《遊戲化教學的技術》中提供案例、理論與研究，讓更多人能夠領略箇中秘訣，

知其然更知其所以然；甚至還更進一步結合教育三大理論，以幫助讀者能夠更進階地了解有效學習的本質。

其實，最令我佩服的是福哥本身充滿的熱情、源源不絕的動能和不屈不撓的毅力，以及對教育的使命感，將累積多年遊戲化教學的實戰經驗，轉化成文字，造福更多老師。未來大家能一起透過遊戲化教學，點燃學習之火，讓教學現場發熱，學生發光。

中正大學教育學院副院長、成人及繼續教育學系教授兼系主任 李藹慈

《教學的技術》加上最新的學術研究、教學現場的真實案例，《遊戲化教學的技術》是每個教育工作者都該拜讀的教學寶典。

兒童牙科醫師、寶寶的第一個牙醫師 沈明萱

進入企業講師這一行 15 年，剛入行的時候買了許多關於培訓遊戲的書，以為在培訓過程中穿插遊戲就是遊戲化教學，其實不然！在科技業服務的時候，同事們最討厭的培訓形式，就是「玩一堆幼稚的遊戲」，然後牽強地「說一番大道理」。「培訓遊戲」不等於「遊戲化教學」！

2014 年我去迪士尼學院學習創意創新方法，迪士尼學院把四天教學內容設計成遊戲歷程（這是他們的專長啦），過程中運用了數位科技、案例模擬、角色扮演、有獎徵答、實地體驗……等手法，讓學習過程趣味化，充滿驚喜、新奇、競爭、合作的四天課程，學習的心情是亢奮的，學習的內容是難忘的，這才初嚐遊戲化教學的滋味！

所以，我很高興好友福哥這幾年深入探索「遊戲化教學」的內涵。福哥自己的課程和演講，就是那種會讓參與者既興奮、又難忘的典範，還以「遊戲化教學」的主題寫了期刊論文，不管做什麼事，都是用專業職人的精神在面對。

本書除了深入淺出地說明如何利用「遊戲化教學」引發聽眾的學習動力，還融合了理論基礎和專業講師的實證案例，讓你對遊戲化教學不但知其然，更能知其所以然。參透本書，相信你的聽眾在學習過程中，不但不關機、不當機，還能樂於學習。

兩岸知名企業指名創新教練 周碩倫

各界推薦與應用心得

遊戲化的教學設計，不只是一門值得鑽研的科目，更是老師們必備的技能。福哥的新書《遊戲化教學的技術》在此時出版，真是明燈般的存在。推薦給所有老師們，先收藏起來，再慢慢閱讀、實踐，踏實地優化自己的教學能力，長期來看，穩賺不賠。

聲音訓練專家、澄意文創首席講師 周震宇

兩年前，有幸參與葉丙成老師台大簡報課中由福哥授課的專場，親眼見證一位專業的講師是如何用五分鐘把愛搭不理、桀驁不馴、心思不定的兩百名年輕學生凝聚在一起，並在後續的兩個小時內用最積極的態度學習並實踐。

我也偷偷學了幾招，用在各個不同的領域和分享課題裡，每次都有超出期待的回饋。

以往我們會說「授人以魚，不如授人以漁」，但在工具和資源相對發達的現在，只要對方真心想要這條魚，那對方要入手的方法是有千千百百種，並不需要費心太多。比起說這是教學或遊戲化的技術，我覺得這更是一套系統化創造回饋和動力、進而產生喜歡的方法論。

能夠節省自己的心力，才能維持自己的動力，創造更大的效益。不論是為了分享、為了學習，都非常推薦給你。

貝殼放大、挖貝創辦人 林大涵

我的教學技巧教練福哥極其熱愛教學，這本神奇的書，更是凝聚了五項特點：一、個人實務經驗（多年成人教育，受眾人愛戴），二、學術理論根基（攻讀博士時的論文主題），三、多人應用案例（曾受教於福哥的眾多領域老師，應用此教學法後的實戰經驗），四、嚴謹過程記錄（福哥天性龜毛的詳盡整理），五、樂於出書分享（在極繁忙中還佛心撥出時間書寫出版）。

這五項特點，擁有任何一項都實屬不易，福哥融合匯集而成此書，實乃教學者行走江湖時，五福俱全的神奇寶貝。

台北醫學大學醫學系副教授 林佑穗

各界推薦與應用心得

教學，就是一場注意力的爭奪戰。你必須跟手機、睡意、隔壁同學、周公……爭奪學生清醒的時間。打過的人都知道，這一場戰很難打，大多數情況老師都是全面潰敗，只能姜太公釣魚，願者上鉤。

現在，幸好我們有《遊戲化教學的技術》，可以力挽狂瀾，抓回學生對於學習的期待。

我講課多年，遇過上萬名學生，遊戲化的課程是他們最投入、反應最好、學習成果也最明顯的課程。遊戲化前，大家都只想坐著等時間過去；遊戲化之後，大家上到忘了下課，隔好幾個月還記得上課的內容。

如果你也想在注意力戰爭獲勝的話，那最好常備《遊戲化教學的技術》，與其相信自己口若懸河，不如善用遊戲化，讓學生從身體到大腦都動起來。

更讓你的教學價值漲起來！

「文案的美」負責人 林育聖

福哥是頂尖的企業簡報講師，也是經常熱情在網路上分享專業、生活體驗的大師級人物。

三年前，在「教學的技術」公開課停辦之前，我有幸參與這個據說每次都是開班就瞬間搶購一空的課程。親臨現場感受大師的風采魅力，迄今印象深刻。

我幾乎不用回去翻看任何筆記簡報，就記得福哥上課的強力開場、破冰技巧、分組技巧、遊戲化三大要素 PBL……如何融入教學等關鍵環節。當天下課前的問卷回饋，福哥當場揭露問卷結果，不意外，是驚人的高分；回家後，我甚至發表了一篇數千字的文章分享上課心得。

顯見，這是一場非常成功的現場教學！身為福哥公開課的學員，我感受到的驚人學習效果，除了是福哥積累多年的深厚功力，再加上一流的現場魅力與臨場反應（這部分我們可能難以望其項背），我相信，「遊戲化教學」正是其中最值得從事教學的你我努力學習，並運用於任何領域的教學技術。

拜讀福哥最新著作，當年在課程上感受到的學習效果、親身體驗到的教學技術，透過本書的分享、拆解，搭配許多精彩的個案探討，一切變得

各界推薦與應用心得

更加透徹、清楚。更棒的是，福哥不愧是教學的大師，許多讀者會有的疑惑、來自教學經驗的困擾與誤解，在書中也有非常深入的討論。

如果你正在致力於如何精進自身的教學技術、正在思考如何將遊戲化元素融入教學活動，福哥的《遊戲化教學的技術》會是你接下來教學生涯重要的實戰指南！

「Teachify 開課快手」創辦人 林宜儒

3

**遊戲化元素PBL，
以及競爭與回饋**

　　塑造好遊戲化教學的目標、規則、團隊與環境後，接下來就要進到遊戲化的 PBL 三大要素，也就是點數（Points）、獎勵（Benefits）、排行榜（Leaderboards）。只是，在開始應用 PBL 之前，我們是不是也應該思考一下：遊戲化機制有沒有什麼副作用？這些相對的外在激勵，對學生的內在動機會有幫助嗎？老師們真的可能安心使用遊戲化教學嗎？

　　這些問題我們會在本章節深入討論，以最新的學術研究輔以實務教學經驗，告訴大家外在激勵與內在動機可以相輔相成、彼此配合，適當應用才能最大化提升學生在教室中的參與及學習。

　　在確認遊戲化元素激勵的正面效果後，我們接下來會一一拆解三大元素的應用細節，包含點數應該如何使用、點數計分的時機選擇、級距安排、還有計分方式；之後再深入討論獎勵的選擇方式，包含有形獎勵與無形獎勵，以及讓獎勵機制更有效的關鍵；在排行榜的操作上，我們也會和大家分享排行榜的激勵效果及基礎應用、以及如果小組差異過大時應該如何處理。最重要的是：我們會透過兩個學校課堂的操作實務，分別是小學的英語課堂和高中的國文課堂，來讓大家對整個 PBL 的應用及細節安排有更全面性的了解。

　　最後，我們會再從表象回到核心，用自我決定論（Self-Determination Theory，簡稱 SDT）的角度，來告訴大家如何平衡外在與內在，讓遊戲化教學可以運作得更成功，並且刻意透過反向思考的方式，告訴大家怎麼樣做可以讓你做出失敗的遊戲化教學，這將會是一個很有趣的觀點。

　　如果你準備好了，我們就先來看看：一個關於內在動機與外在激勵，橫跨超過 40 年的大規模學術研究吧？也許會打破你原有的想法哦！

3-1　內在動機與外在動機

一說起遊戲化教學，很多老師心裡會有一個疑慮：

「如果在教學時使用遊戲化的外在激勵元素，也就是 PBL ──點數、獎勵、排行榜，會不會反而傷害學生內在的學習動機？」

這是一個好問題！我想，憂心這個反效果的老師，應該是用心地看過相關報導或研究後，才會有這樣的擔心。老師們雖然也想運用遊戲化教學，卻又怕適得其反，傷害了學生本來的學習動機──也就是「內在動機」。

關於「動機」，這當然是學習的重要關鍵。學術上，一般把動機概分為「內在動機」與「外在動機」，內在動機就是我們不為別的，只是單純喜歡做這件事，享受做這件事的愉悅；外在動機則是受到外部因素影響才會去做，例如為了追求獎勵或避免懲罰。有了這兩個概念後，就比較容易了解外部激勵為什麼可能傷害內部動機。

深入討論這個問題之前，我們先來看看過去關於外部與內部動機的學術研究，也就是常被提及的「過度辯證效應」（Overjustification Effect）。

外在獎賞是否會傷害內部動機？

研究人員讓幼稚園的孩子分成三個畫畫小組，第一組在畫畫前被

告知「畫完會有獎品」；第二組，則被告知「畫完之後沒有獎品」；第三組就是控制組了，研究人員只單純要他們畫畫。結果發現，給了獎品反而會減少孩子未來投入畫畫的時間。

這是由雷波等人於 1973 年做的研究，目的是為了驗證「過度辯證」（Overjustification）的假設[1]，也就是由德西教授於 1971 年提出的想法：「外在獎賞是否會傷害內部動機？」[2]

事實上，德西教授自己也在 1971 年針對大學生做過類似的研究，發現「金錢」可能會影響大學生解謎題的興趣（但效果不是非常顯著）。後續「外在動機」與「內在動機」的研究一直持續，比較重要的是 1985 年德西與賴安（R. M. Ryan）提出了「自我決定理論」（SDT）[3]，歸納內在動機的形成為「自主、能力、連結」這三個核心。後續還有一系列相關研究，認為若是在原本令人愉悅的任務加上外在激勵，反而會降低內在動機，後來這個研究的成果也被稱為「破壞效應」（Undermining Effect）。

這個「過度辯證」或「破壞效應」，說得直接一點，就是原本一件令人很享受的事，多出了事後的獎賞（施予外在動機），反而會破壞做這件事的享受（傷害內在動機）。套用到遊戲化教學上，就很容易明白有些老師們的憂慮：「遊戲化教學之後，會不會反而傷害了學生原本就『喜歡上課』的內在動機？」很多相關報導或討論，也只有到這邊為止，沒有更新這個研究的後續發展。

學術的問題，就讓學術來解決

一開始聽到這個問題時，直覺立刻告訴我：「這與我實際經驗不符啊！」因為在過去這麼多年裡，不管是在不同的上市企業內訓，或是不同學校的演講教學，甚至是疫情爆發後的線上教學示範，只要妥善運用遊戲化教學的元素及機制，學生的參與程度及專注力總是大幅

提升，成效也明顯比死板的講述課程更好，完全看不出「傷害內在動機」的徵兆啊！

在教學過程中，「點數、獎勵、排行榜」真的能發揮激勵作用，學生也因此更投入學習，甚至在很長一陣子後都還記得學習的內容。由於這些遊戲化的元素，像點數與獎勵等，明顯屬於外在因素，也就是激勵的是大家的「外在動機」。而我的經驗是：就是「外在動機」先被提升了，大家會更願意參與、更願意學習，進而學得更好、滋生想學更多的「內在動機」。因此，外在動機更像是火種，可以點燃內在動機的火苗，怎麼會因此而互相傷害呢？

當然，在進行遊戲化教學前，就像廣告文案說的「先求不傷身體，再求治療效果」。因此雖然實務經驗告訴我這與前述的「過度辯證效應」不符，但我們還是應該再仔細確認一下遊戲化所產生的影響，以後才能安心地用在教學上。

既然「過度辯證」和「破壞效應」的說法都來自學術研究，那我們也許可以看看，後續的學者們又有哪些最新的相關研究成果，畢竟「過度辯證」研究至今也已將近 50 年。於是我將自己切換到學術研究模式，大量讀了許多「動機」、「學習」、「內在動機」、「外在動機」、「遊戲化」、「自我決定論」的學術文獻，甚至延伸閱讀到「多巴胺」與動機產生的大腦科學研究……；皇天不負苦心人，最後終於找到了最有說服力的研究成果。

這是 2014 年伽拉佐利等人所提出的一份綜述研究，內容橫跨 40 年，分析超過 900 篇文章、183 份資料、21 萬以上受訪者；研究的結論是：「外在動機與內在動機一樣重要，不應該簡單地用二分法切割！」「外在激勵可以提升參與的數量，內在動機則可以提升參與的質量。」

所以，在綜合學術研究以及實務經驗後，先說我的看法：「遊戲

化教學很有用，只要你知道怎麼用！」

很有參考價值的一次學術研究

在閱讀相關學術研究時，我才發現這個關於「內在動機與外在動機」的爭論，也是應用心理學文獻最激烈的爭論之一，因此過去 50 年持續有不同的研究出現。而伽拉佐利等人的這篇研究[4]，採用的是統合分析（Meta-Analysis）的方法，也就是匯整過去相關研究的成果，找出其中是否有相關性或共同性，並且為未來的研究提出一些方向。而且因為研究跨越了 40 年光陰，涵蓋了超過 900 篇相關學術文章，資料中包含的受訪者超過 21 萬人，算是近期（2014 年提出）關於動機的大規模研究，因此成果應該很有參考價值。

簡單地說，這篇研究提出的兩個重要觀點，很值得我們在教學時應用。

第一個觀點，是**外在動機與內在動機同樣重要，相互影響、共同作用**。

過去關於「動機破壞」的研究，許多都基於一個假設——原本就很有趣的任務，然後想辦法用外在激勵來破壞它！但有些事情……原本就真的沒那麼有趣，不是嗎？論文裡也提及：「組織和學校，不一定從一開始就『有趣』。」因此，考量到更真實的狀況，適度的外在激勵還是會提升整體動機！甚至，連最早 1976 年提出「破壞效應」概念的大師德西，也認為內在和外在激勵的共同作用是不容忽視的[5]，而且他在研究了二十幾年後又說，當外在激勵可以反應出能力提升的資訊效果時（例如：點數代表投入、獎賞代表好的表現），外在動機就會逐漸轉化，並增強為內在動機[6]。

因此，內在動機和外在動機不一定是對立的，是可以相輔相成的——這一點，是這個研究帶給我們的第一個啟發。

第二個觀點，則是**外在動機影響數量，內在動機影響質量**。意思是：透過外在激勵，可以讓一個人更投入，但是要得到更好的任務品質，還是得依靠他的內在動機來驅使。換句話說，在教學現場，也許可以透過外在刺激，像是遊戲化元素讓學生更投入，並有更多的回應和參與，但「學生學得好不好」就和外在的刺激關係不大了。更多或更大的獎勵，並不會帶來更好的學習品質。最終老師還是得回到學習的本質，也就是教學目標與教學內容，藉以引發學生內在的學習動機，才更能影響學生學習的最終表現。

誘發動機，點燃學習的火苗

我們也可以想像一下：有兩個老師，分別執教不同的班級。A 老師對班上同學說：「身為學生，本來就應該好好學習！只要上課專心，慢慢地自己就能體會到學習的樂趣，所以老師上課時也不會有什麼多餘的教學技巧！」

另一位 B 老師決定採用不一樣的方法，他對學生說：「為了幫助大家學習，這一堂課會有很多互動和參與的機會，並且以小組團隊來評估大家的表現；表現最好的團隊，可以獲得老師的獎勵哦！我們一起加油！」

上述的兩堂課，請問你比較想要上哪一堂？重點是：哪一堂課在課程結束後，更有機會引發學生對這門課的興趣？讓學生更願意投入學習？

當然，真實世界的教學並沒那麼簡單，上述的例子也過度簡化了教學場景。事實上，並不是使用一般的教學法就效果不好，說不定你遇到的正好是一群動機極強的學生，反而更適合聚焦講述的教學。反過來說，即使應用了互動與遊戲化教學，也不見得就一定操作得好，說不定沒有掌握關鍵重點，反而會讓課程失焦。

舉這個例子只是想說明，當我們在思考「外在刺激會不會破壞學生的學習動機」時，真正要在意的事情是：請審視你的教學現場，然後誠實地問自己：「你的學生，真的有學習動機嗎？」如果有的話，如何維持？如果沒有的話，又如何激發？也許這才是我們在聚焦「動機」這個問題時，最應該關注的事情。

把外在激勵或外在動機當成火種

談過上述的種種研究後，我們應該接著思考的是：怎麼在學習動機不足的狀態下，利用遊戲化教學來提升參與度。

就如同我提過的，我們可以把外在激勵或外在動機當成火種，讓學習者先啟動參與、投入其中，再藉這個機會慢慢點燃學生的內在動機。當然，其中的轉換和調配，譬如要怎麼避免過度強調外在刺激，而是把遊戲化的元素導引到內在動機，這方面德西和賴安提出的「自我決定理論」提供了許多參考方向，後面我們會再談到。總之，就是不要把內在與外在二分化，而是想辦法整理這些不同的刺激及動機，以達成最佳的學習成效。

此外透過閱讀文獻的過程我也發現，在那篇驗證「破壞效應」的論文裡，作者雷波於 1973 年就曾提到：「外在激勵通常可以提升興趣……，而這個研究並不是說禁止使用獎勵機制。」50 年前的原始研究論文就已經說明了這件事，結果這些年來，顯然有許多關心相關研究的人都漏讀了這段話，誤以為外在動機與內在動機是互斥的，是有哪個比較好的。

其實，我最喜歡 2014 年伽拉佐利等人在論文裡提到的：「是時候超越破壞效應的研究了。」不管是「內在動機」或「外在動機」，也不管是由外而內、由內而外，或者內外兼修，如同《笑傲江湖》中的「劍宗」與「氣宗」之爭，最終都應該共同修煉──既要熟悉教學

技巧，也要熟知學習原理。最終，我們才能設計一個有效、有用又有趣的學習課程，讓學生學得更好，老師也教得更開心，這才是我們的目標。而一切的方法，都只是在幫助我們朝向這個目標前進，是吧？

1　Lepper, M. R., Greene, D., & Nisbett, R. E. (1973). Undermining children's intrinsic interest with extrinsic reward: A test of the" overjustification" hypothesis. *Journal of personality and social psychology*, 28(1), 129.

2　Deci, E. L. (1971). Effects of externally mediated rewards on intrinsic motivation. *Journal of personality and social psychology*, 18(1), 105.

3　Deci, E. L., & Ryan, R. M. (1985). *Intrinsic Motivation and Self-Determination in Human Behavior*. New York, NY: Plenum.

4　Cerasoli, C. P., Nicklin, J. M., & Ford, M. T. (2014). Intrinsic motivation and extrinsic incentives jointly predict performance: a 40-year meta-analysis. *Psychological bulletin*, 140(4), 980.

5　Deci, E. L. (1976). The hidden costs of rewards. *Organizational Dynamics*, 4(3), 61-72.

6　Deci, E. L., Koestner, R., & Ryan, R. M. (1999). The undermining effect is a reality after all—Extrinsic rewards, task interest, and self-determination: Reply to Eisenberger, Pierce, and Cameron (1999) and Lepper, Henderlong, and Gingras (1999). *Psychological Bulletin*, 125(6), 692-700.

疫情還不算嚴重的時候，孩子的學校舉辦了一年一次的教學參觀日，讓家長觀摩老師「怎麼教小孩」。雖然身為教學教練，但我的專長在成人教育，儘管過去也有對大學生的教學經驗，但跟教導小學一、二年級的孩子不同，這完全就是另外一門專業了。所以我也很想看看，孩子的老師是怎麼教學的。一整天的課程下來，看了好幾位老師上台教課。經過這麼多年，重新坐在小學教室裡，和孩子們一起在課堂上學習，真是一個非常特別的經驗！

當然，老師的教學技巧各有不同，有些偏重講述、有些設計互動……，面對低年級的孩子們，光是抓緊大家的注意力就是件不容易的任務。有些孩子上到一半分心了，需要依賴老師的提醒，才能重拾學習的專注力。午後的時間更是考驗，特別是下午第一節，對成人不容易、對孩子更不簡單。

但令人驚訝的是，下午第一節課，卻是孩子們參與度最高、互動性最好、專注力也最集中的一堂課！

這一堂，正是 Tr. P（Teacher Pauline 的縮寫）的英文課！

不像要上課，更像準備玩遊戲

課程剛一開始，孩子們的表情就和上午時不大一樣了，全都一臉的躍躍欲試，感覺不像是要上課，更像是準備玩遊戲！

果然，Tr. P 很快就丟出了第一個活動：「我們來複習上一堂課教的單字，請每一排的代表上台寫單字，1 號請上台！」然後，就看到每一排的第一個人，總共 5 個孩子衝上台，站在黑板前，拿起粉筆等待 Tr. P 說出題目。

「題目是……Move！」Tr. P 才剛唸出，孩子們馬上飛快地拼出單字，然後放下粉筆。答案正確並且最快寫完放下粉筆的，整排小組加 3 分，第二名整排小組加 2 分，其他的都加 1 分——如果寫錯就沒有得分。然後，換每一排的 2 號上台，準備接受下一輪的挑戰。

快速地複習完後，Tr. P 開始在黑板上寫下句子，要大家挑出這個句子裡有什麼錯誤。孩子們無不搶著舉手，急著抓出老師的錯誤（這似乎讓他們很開心），答對的，當然也會為自己的小組累積分數。

接下來，Tr. P 播放了一小段影片，請孩子針對影片的問題作答；每放一小段，就會停下來做一次問答：「剛才影片裡說了什麼？」這時影片就不僅是影片，而是非常棒的教學素材。因為孩子知道等一下就有問答題，答對能再加分，所以看影片時更專心了。

每5～8分鐘就會轉換一次教學方法

另外，Tr. P 也會出造句題——先列出一個示範，解釋一下後，再請孩子們依示範造句。經驗豐富的讀者，一定有注意到，Tr. P 完全應用了《教學的技術》裡提到的「我說給你聽、我做給你看、讓你做做看」的方法。

在現場時我仔細算了一下，這一堂課，每 5 ～ 8 分鐘就會有一個教學方法的轉換，從問答、選擇、上台演練（寫單字、寫句子）、看影片，還有站立或坐著投票……甚至有站到教室左邊或右邊來做選擇題的玩法！在不同的教學法快速轉換下，孩子們不只全神灌注、全心投入，也都很開心地學習，完全看不出來是下午第一堂課！

身為孩子的爸爸，同時也是教學教練，我當然看得出來，這是經過仔細規劃，也花了很多心力投入準備才會有的精彩課程。

看到這裡，不曉得老師們會不會想：「這……我平常也設計互動，可是孩子們就是不那麼投入啊！」

是的，這就是關鍵所在。事實上，在一整天的教學觀摩中，當然也有其他老師設計了教學互動的環節，但是在面對老師的提問時，孩子們的參與度只能說一般——有些孩子會主動舉手，但大多數的孩子只是默默聽課。

然而，一換到 Tr. P 的教室，同樣的一批學生參與度完全提升了一個等級，大家都超踴躍的！到底關鍵何在呢？

從教學教練的角度，在精彩的課程之外，我看到了一些細微的不同！

團隊、計分、排行榜的獨特變化

第一個最明顯的不同，是**採取團隊競爭的形式**。孩子們一排就是一個小組，每一個人的努力，都是為了爭取小組積分。而老師也會讓小組的成員輪番上陣，不管是依座位順序或隨機編號（每個孩子都依排序而有各自的編號）。孩子們知道，自己的表現是為了團隊爭取成績，參與的積極度就會提升；萬一某些孩子因為不會回答或一時緊張而卡住時，老師也會開放團隊其他成員拯救的機會。

如此一來，團體競爭中有個人表現，又能互助合作，這與一般個人式的互動操作效果會很不一樣。

第二個差異，是**計分與排行**。一般老師可能只是點名要求回答，互動完後口頭鼓勵，這很常見也很通用，但對於學員的參與程度只能產生一般性的激勵。Tr. P 則是在黑板上寫了 5 個小組的編號，孩子只要有舉手、回答、互動、上台、或達成期望的表現，老師就會直接用粉筆劃上一條線，立即給予積分的回饋！

這樣，每一組的分數累積都清清楚楚展現在所有同學面前，所以孩子們馬上知道，自己的每一個表現，都能立即被看見。清楚視覺化的回饋，會讓孩子們參與的動機更加強烈。

對孩子而言，這樣的學習像遊戲一樣，他們努力表現、爭取分數，幫團隊獲得勝利。而在整個過程中，孩子們當然學得更專注，也學得更好！難怪我的兩個孩子都跟我說過，最喜歡上的⋯⋯就是 Tr. P 的英文課！

得分換token，贏得孩子心

讀到這裡，有件事相信你一定很想知道：「拿到分數後，可以做什麼呢？」這個問題我做了「焦點訪談」，也就是直接問我兩個孩子：「為什麼要拿分數呢？」

孩子說：「因為可以換 token，然後去 Token Shop 換禮物啊！」

原來，針對孩子們的好表現，老師可以給予學習代幣的鼓勵，而這個學習代幣，是真的可以換到禮物的！學校設有一個 Token Shop，裡面有不同的禮物可供兌換，譬如餅乾是 1 個代幣，玩具依大小從 1 到 30 個代幣都有，也可以拿代幣換茶葉蛋、饅頭或各種零食⋯⋯。孩子也告訴我：「Token Shop 裡的禮物不能用買的，只能用好表現的 token 去換！」

進一步了解後，原來 Tr. P 就是以團隊成績做為每週發放代幣的標準。表現最棒的小組，每人會發給 3 個、第二名每人 2 個、第三名每人 1 個。表現優秀的個別孩子，當然也會另外給予代幣以資鼓勵。孩子們都知道，累積代幣後，可以換到自己喜歡的獎品。雖然有些只是小小獎，像 1 個代幣換一個玩具小戒指，但孩子們還是收集得很開心，換得很高興！

上課變得好玩、變得有趣

這些外在的激勵，會不會傷害內在的學習動機？

雖然我們前面已經談到了，外在激勵與內在動機是相互影響、相

輔相成的，不會有傷害或破壞效應的問題。但從孩子的身上我發現：孩子們的參與，並不是只為了追求獎勵，更多的是因為上課變得好玩、變得有趣了！就像我們家的兩個孩子，她們累積了近百個代幣，卻沒有拿去兌換，我很好奇地問她們為什麼不換，兩人一致回說：「存起來很棒啊！表示我學得很認真！」哈哈！這真是有意思，當代幣只是一個學習成就感的代表，那這激發的是外在動機、還是內在動機呢？

因此，也請老師們千萬不要簡化了遊戲化的過程，把計分或獎勵機制就視同為遊戲化教學！因為在我觀察過的不同課堂上，同樣的計分或獎勵機制往往有截然不同的效果。當積分是給個人，或是沒有立即的回饋系統，學生的參與度會大幅下降，也就失去了遊戲化教學的激勵效果。因此，如何完整地運用遊戲化，並且掌握每一個關鍵重點，還是需要我們努力學習，用心準備的。

小結論是，從這次的教學參觀，我發現遊戲化教學不只適用於大人，也絕對適用於孩子！其實應該反過來說：遊戲化本來就更適用於孩子，只是大家以前沒發現也很適用於大人。這樣的遊戲化教學，不只可以用在單次演講或全天課程，也適用於整個學期或學年制的課程。

從教學方法的轉變，到互動教學與課程內容的結合，再加上遊戲化機制的催化，以及團隊動力的幫助，遊戲化教學真的可以幫助孩子學習得更好。但老師在應用時一定要注意全面性的整合，不是只有計分或獎品就會有遊戲化的效果哦！

3-2　遊戲化三大元素中的「點數」有多重要？

在了解內外動機的整合，並看過了 Tr.P 在小學的遊戲化教學後，接下來我們就可以專注遊戲化的三大元素 PBL，也就是點數、獎勵、排行榜。

這一節，我想聊聊大家最常用到、但卻不見得知道如何用得好的：也就是三大元素 PBL 裡的 P（Points）。在遊戲化教學過程中，我們應該如何妥善使用點數？怎麼樣統計？又有哪些應該特別注意的細節？

一開始我們還是先不講理論，請大家跟我一起進入教學場景……

科技大廠的企業教育訓練

這是一家上市企業科技大廠，來參加訓練的都是經理級以上主管。已四十幾歲的他們工作經驗豐富，也是公司最核心的中高階經理人，所以承辦訓練的人資 HR 人員已經事先跟我說：「主管們平常上課都比較冷靜（或說冷漠），意見不多、互動不多……，比較傾向聽講型，請老師擔待。」

我點了點頭表示理解，但課程一開始，進行分組並說明遊戲化教學規則後，我開始問了第一個問題：「請問簡報能力重要嗎？」沒等任何人舉手，我就走到講台前那一桌，點了組長回答。而且他一講完

答案，我就說：「謝謝你的回答，只要有回答，就加 1000 分。」亮出籌碼放在他桌上後，接下來我走到另一組桌前，一樣點人回答、一樣給加分籌碼……。

完成一輪提問再補充課程內容說明後，緊接著我馬上提出第二個問題，這次是請大家進行小組討論。在大家限時完成討論後，我接著說：「今天除了回答問題外，上台也會拿到分數，但上台的次序……不是由老師指定的！」接著再說：「越早上台發表的小組分數越高——最先上台的小組加 5000 分，第二個加 3000 分、第三個加 2000 分、第四個也還有 1000 分，請問哪一組要先上台？」話一說完，台下馬上刷刷刷地舉起了手，每個小組都想拔得頭籌！老師的困擾不再是沒人要上台，而是變成要更仔細地看，才知道誰舉得最快！不用說，接下來不管是發問、舉手、提出想法還是發表……，當大家知道每一個投入都會為團體爭取到點數，最後能換得榮譽及獎勵時，學生們都會踴躍參與、自動舉手。

是的，只要一開始的機制建立好，遊戲化教學就能自動運作，台下的學習效果會很好，台上的人也有成就感。

HR 告訴我，他聽到中場下課時，這些經理級學生還小聲討論著：「聽說等一下還會有 20000 分，甚至 50000 分的比賽……，待會還是我們先上台……」也有人說：「高分場我上！一定會想辦法把那 20000 分賺回來，讓我們小組可以獲勝！」

由此可知，在遊戲化教學過程中，「點數」，或者也可稱為「積分」或「分數」，扮演著多重要的角色！

驅動學生學習的，不單是「分數」

點數，其實就是一種表現的回饋機制，當學員有參與，老師立即給予分數，這就是一種正向增強。先說在前面的是：學員要的當然不

是「分數」本身，而是「分數」背後所代表的「效益或好處」，像是實體化的獎勵，或是虛擬化的榮譽。因此千萬別誤會，以為給了「分數」，學生就會因此而被驅動！

重點從來不是加分或不加分，而是加分的背後代表了什麼。它可能代表了與學期成績的連結（例如先前案例中提到沁瑜老師的大學課堂，將分數與平常成績連結），或是與無形嘉獎的連結（例如明騰老師的國中教室），或是與負增強的連結（例如仙女老師的國文教室），或是與實體獎品連結（例如前述我在企業內訓送積木、或是教學案例中為民醫師送簽名書、治萱老師在城鄉衛教時送米或肥皂）。提醒各位老師，分數只是一個指標、一個即時強化的工具、一個可以用來反映學習者表現的連結。

別忘了，「點數」只是遊戲化元素之一，還要配合其他的遊戲化元素，也就是獎勵、排行榜，並且結合各種機制，例如與學習目標產生連結、創造無風險環境、給予即時回饋、發揮團隊機制⋯⋯等，這樣分數或點數才能發揮最大的作用！

除了點數需要完整連結其他遊戲化教學的要素，另外還有幾個重點要提醒，幫助大家在使用「點數」時，達到更好的效果。

運用「點數」時的重點提醒

要讓「點數」或「計分」發揮更好的作用，請特別注意以下三大重點。

一、計分時機：連結課程重點與預期行為

什麼時候可以取得分數？要分配多少分數？這要考量到兩個部分：課程重點與預期行為。

關於課程重點的部分，請先考慮：課程中有哪些重點是希望學

生思考、記憶、學習或強化的？這又得回到結合教學目標上。以我最常在企業教授的「專業簡報力——簡報技巧」課程為例，教學目標就是期望學生掌握觀念、觀察表現，並展現技巧。因此，過程中我會設計問答及小組討論（掌握觀念，加 1000 ～ 3000 分），或播放影片後請大家指出重點表現（觀察表現，加 1000 ～ 3000 分），最重要的是設計技巧演練的題目，並且在學員上台演示後由同儕評判，依不同排名而有最大的加分機會（展現技巧，依演練難度從 10000 ～ 20000 ～ 50000 分）。整個做法就是由課程重點回推，結合不同的教學方法，並且分別配置不同的分數。

另外，預期行為也是可以設計的計分點，例如我們期望學生主動回答，因此任何回答，不管答對與否都會拿到分數（如 1000 分），等到這樣的機制建立後，就可以看到平常難得一見的踴躍舉手。如果我們期望學生主動參與，就可以依此強化，讓最快自願上台發表的小組，得到最高的加分鼓勵（例如第一個上台加 5000 分，第二個上台加 3000 分……）。但如果上台最快有加分，建議以舉手速度為主，才不會學生搶著上台，衝到台前造成危險，這一點要特別小心，你可能不相信，但當分數激勵機制出現後，真的會變成這樣。

再次強調，老師們一定要想清楚：「為什麼需要學生參與這些部分？為什麼要鼓勵這個預期行為？」所有的加分點或加分行為，背後都要有特定的學習目的！也許是強化學生的注意力，或是刺激學生主動思考，也可能是提升學生的參與意願。不管什麼目的，都不會是老師在「玩學生」，或只是想讓教室變「熱鬧」的目的！

二、計分級距：合理一致好操作

在設計遊戲化點數或積分時，你難免會想：「到底是 1 分 1 分地加好、100 分 100 分地加好，還是一次就加 1000 或甚至 10000 分？」

其實，就如同有研究把課程中的點數稱為「代幣經濟」（Token Economy）一樣，代幣的單位只是計算用，重點是最後這些點數可以用來換什麼。如同吃一頓飯，在美國可能是 10 美元，在台灣變成 300 台幣，在日本則是 1000 日幣。這裡面並沒有哪一個比較好，只要大家一致接受，並且方便計算就好。

以 Tr. P 的國小英文、明騰老師的國中理化、仙女老師的高中國文、沁瑜老師的大學營養學等為例，因為計分直接是用正字或在黑板上畫線，所以分數都是＋ 1 ～＋ 5 這樣的級距，偶爾才會有一次 10 或 20 的大加分。換到為民醫師的病人自主權利法演講，因為加分是請小組長記錄，所以分數變成＋ 100 ～＋ 300，大加分可能一次＋ 500 ～＋ 1000，反正最後在紙上或以計算機計算，數字大小也不會有問題。至於我在企業內訓時，因為會帶三種籌碼當實體計分工具（真實籌碼更有感覺），各是 1000 ／ 5000 ／ 10000 的幣值，所以加分當然是配合籌碼，問答從＋ 1000 ～＋ 5000，大型演練則是＋ 10000 ～＋ 50000，甚至最大的演練有到 +10 萬的！

若要和 MJ 林明樟老師的「超級數字力」課程相比，就連我也只是小兒科——因為要結合實務的投資數字，所以 MJ 準備的籌碼都是「大大鈔」：從 10 萬、50 萬、100 萬都有。

因此，關於計分的級距，其實沒有統一的標準，只要在課程中能一致合理就好。至少不能一開始只加 1 分或 10 分，到了後面突然變成一次就加 100 萬分！這樣的通貨膨脹也太可怕，不是嗎？

三、計分方式：方便、即時、感受好

關於計分的方式，不論是無形或有形的計分方式，都有老師在使用。以我自己為例，就同時使用了無形及有形的計分方式。

當企業講師的前七年，我都採用無形的口頭加分方式，例如說：

「某某人或某某組，加 1000 分。」為了公平起見，每一堂課我會請某一組的組長負責計算全班的分數，我說他寫，例如第一堂課由第一組組長登記全班各組分數，然後第二堂課移交給第二組組長。當然，每一次計分移交時，我也都會在排行榜上公開目前的總分。

這種口頭加分的方式，我整整用了七年，後來才在 MJ 老師的「超級數字力」課程中，向他學習了假鈔及籌碼的實體計分方式。因為假鈔會有皺摺及損壞的問題，所以我直接嘗試籌碼計分，為了追求更有質感而去買了賭場規格的籌碼，從 1000、2000、5000 到 10000 都有。標準籌碼一個 14 公克，一盒 100 個就是 1.4 公斤，一開始還不熟悉時，一次都帶上 4 盒籌碼（將近 6 公斤），真的很重！使用過幾次後我就發現，根本不必帶上那麼多籌碼，只要每一堂課統計一次籌碼，把各組分數寫在排行榜上，籌碼就可以從小組回收再次使用。現在我只需帶一盒有 1000、5000、10000 的籌碼，再多帶幾枚 10000 的，就夠整天使用了！

計分的方式還有很多種，我也看過有些老師用撲克牌的張數來當成計分的單位，甚至用糖果的顆數來計分……，總而言之，只要方便、簡單、大家認同就好。要提醒的是，如果用的是撲克牌計分，則用張數統計就好，不要去算牌面上的點數，不然會很花時間，反而讓課程失焦。至於糖果嘛……大概不會有人吃掉，但和分數的感受性好像不太搭，我個人比較少用。

也有些老師會用軟體或 App 計分，雖然感覺蠻酷炫的，但因為經常得從實體切換到軟體，反而造成注意力轉移的問題，在我訪問過的遊戲化教學專家中，很少有人會在上課中使用軟體或 App。

整體來看，不論你採用哪種計分方式，都要同時考慮「方便性」、「即時性」及「感受性」。

很多學校老師只用畫線或寫正字在黑板上計分，就是很棒的方

式，因為即時性和感受性都很好（馬上看得到，也隨時看得到），但這類做法需要頻繁來回講台黑板計分，可能方便性就差一點。而如果用口頭計分、請小組長統計雖然方便性和即時性很好，但少了點感受性（無形且看不到）。

目前我最常用的方式有兩種，在小教室裡是籌碼，即時、方便、感受都很好！學員一看到真實的籌碼，往往眼睛就亮起來，過程也覺得很有趣。但如果是在大型演講現場，因為人數及組數太多，不大可能一直走下台去發籌碼再走回台上，所以我就會讓小組長自己計分，但是一開始會請他們發誓「誠實計分，否則肚子痛」，算是透過有趣的自我承諾來兼顧計分的方便性。

總之，大家可以實驗一下，找出自己容易使用，又方便、即時、感受良好的記分方式。

「點數」的算法越單純，效果就越好

針對遊戲化三大元素PBL（點數、獎勵、排行榜），先前我已經分別寫了文章，並收錄在《教學的技術》中，在「教學的技術」線上課程和《線上教學的技術》書中，也都有提及討論。但那時把遊戲化做為教學技巧的一環，並不是單獨探討遊戲化教學，只有帶到而已，並沒有特別仔細說明。

這次，本書深入分析了點數／計分的三大重點——計分時機、計分級距和計分方式，相信結合老師們的實務經驗後，未來在遊戲化教學中使用「點數／計分」這個元素時，能夠設計出更好的方式。

其實，有時只要遊戲化的元素和機制搭配得好，即時回饋的分數對學生的參與程度就會是很大的激勵。但一定要記得：學生不是為了「點數」，甚至也不是為了獎勵而回應老師，只是透過這些遊戲化的元素，老師可以給學生一個更投入參與的理由。好的教學者，絕對不

會沉迷於擺弄外在的刺激，而是永遠知道怎麼把這些刺激逐漸轉化為內在學習的動機，激發學生的更好表現——這才是點數及其他遊戲化元素真正應該發揮作用的地方！

基於我個人的經驗，以及許多遊戲化專家的看法，「點數」應該越單純越好，就只是一個「數字」或「計算」，不要再有過多的變化。讓點數回歸單純，只要學生有投入或參與，老師就即時回饋給分，強化表現後繼續往下邁進，才是更好的作法。

另外，關於分數還有一個小秘訣：分數只加不扣，即使有人或小組表現不佳，也不需要扣分，只要對其他小組加分就好！譬如有小組手機響，這個小組沒事，其他小組都加 5000 分！這樣雖然效果相同，但感受卻大不相同！因為現場的氣氛不只會變得更開心，老師同時也創造了一個無風險的參與環境，對學習成效及學生參與會有更正面的幫助。

線上教學的分數計算

在《線上教學的技術》一書中，我也談過線上應用遊戲化教學的方法，和實體教室裡又有點不同。

在「最小化資訊需求，最大化教學效果」的原則下，我建議大家可以請學生自己用紙或筆記錄分數，教學過程中設定幾個記分點，暫停下來計算個人或小組積分，並且把分數打在留言板上。這時每個人都能看到自己小組的表現狀況，自動達成排行榜的效果，也會持續激發學生努力表現，維持甚至提高下一階段的學習動力。關於線上教學的操作，本章節後面也會提供《線上教學的技術》正式版供讀者們下載。買一本書，送一堆參考資料，目的只是希望老師們學得更深入，用得更順暢。

不過，還是要再次提醒——「分數」不只是分數，更要配合其他

遊戲化教學的元素與機制，才能發揮最大的效果。例如：是以個人或團體計分？分數如何連結獎勵？每一個計分點是否都與課程重點或預期行為相關？一開始是否有建立簡單易懂的遊戲規則？遊戲是否都在無風險、無批評的環境下進行？……

　　整體搭配得宜，「分數」才能發揮最大的作用。

延伸閱讀

● 《線上教學的技術》專業版電子書免費下載：https://afu.tw/5044

3-3 什麼是有用的「獎勵」？要怎麼用？

先前我們已經從「外在動機」與「內在動機」的研究中，知道了外在動機與參與的「數量」有關，內在動機則與參與的「質量」更相關。重點是內外並重，可以用外在動機做火種，進一步點燃學生的內在動機。

如果聚焦在遊戲化教學 PBL 的獎勵（Benefits）機制，那麼這段話可以簡單濃縮為：「獎勵機制很有用，只要你知道怎麼用！」

在遊戲化教學的過程中，說句實在話，「獎勵」這件事情是有點尷尬的存在。傳統上，學習應該是學生自己的事，為什麼還需要給「獎勵」？但是，既然運用了遊戲化教學，過程中的積分、排行榜、小組競爭……，最終似乎也還是要有一個「結果」才算完整。而這個結果，就是給予表現好的團體有形或無形的獎勵。

那麼，「獎勵機制」又應該怎麼設計呢？

學生想要的，才是好獎勵

設計遊戲化教學的獎勵機制時，一個關鍵的原則是：「學生想要的，才是好獎勵。」

在許多遊戲化研究裡常說的 PBL，指的是「點數」、「徽章」（Badges）、「排行榜」。其中，所謂的「徽章」，就如同一些電玩遊

戲裡的設計，隨著玩家的級數上升，可能從銀級、金級升到鑽石級，而級別越高就能得到越強大的寶物、武器或裝備，這是遊戲設計相當重要的激勵元素。可以說，「徽章」本質上就是一種「獎勵」，因為與遊戲的功能相互連結，所以能起到激勵玩家、讓玩家願意投入的效果。

但是，同樣的徽章制度，用到遊戲化教學上卻證明效果不佳。有些研究者把徽章制度運用在大學課堂，卻發現產生不了電玩遊戲中的激勵效果。這個結果應該蠻符合想像的，因為如果教學對象是大學生，或是我平常教的企業主管，當課程結束後，大家得到了「鑽石學生」或「黃金學生」……的稱號，諸如此類的徽章，對學生的激勵應該沒什麼作用吧？（如果「鑽石學生」徽章可以不用交期末報告，也許會更有效。哈！）

所以，「徽章」其實也是獎勵制度的一部分，這就是為什麼，我總是以「獎勵」來稱呼 PBL 中的 B，而不是如許多研究者所用的「徽章」。

回到遊戲化教學的核心來看，學生想要的，是什麼樣的獎勵呢？

如果要系統化來分析，獎勵機制又可分為「有形」跟「無形」的禮物。

有形獎勵面面觀

有形的禮物很單純，就是一些小獎品，像我常在企業內訓課程或演講中，用書籍、雜誌、疊疊樂、七巧板等，做為送給表現優異小組的獎勵；創新教學名師 Adam 哥（周碩倫老師）除了送書，之前去大陸教課時曾經帶了鳳梨酥，聽說效果很棒，學生都很喜歡；「說出影響力」名師憲哥（謝文憲老師）最常送的是書籍或小錦旗；「超級數字力」名師 MJ（林明樟老師），送的禮物更是多到要用行李箱裝才帶得走……

在學校端，我曾聽過最有創意的獎勵，是台北醫大的林佑穗教授，在生理學課程送學生「鼠肺」，呃……也就是做實驗時乾燥的鼠肺，但因為很特別，而且又能和課程連結（醫學院生理學必修課），聽說學生為了這個禮物在上課時搶破頭；我也遇過有老師請喝飲料（我讀研究所時，某一堂課的辯論遊戲獲勝組有飲料可喝），或請學生吃飯（曾明騰老師設計的方法，只要學習小組全組平均成績進步5%，就可以參加老師辦的「誰來晚餐」，也藉此和學生進一步交流）。

另外，先前的教學個案 Tr.P 的小學教室裡也提過，老師直接把福利社和獎勵代幣連結——福利社裡的東西不能用錢買，只能用上課中獲得的代幣兌換。

無形獎勵，威力不輸有形

獎勵當然並不見得只能用「有形」獎勵，有時候，無形獎勵的威力還大過有形獎勵呢！

那麼，什麼樣的無形獎勵可以勝過有形獎勵？我們還是得回到獎勵設計的核心來思考：「什麼才是學生想要的？」從這個核心出發，換位思考一下，你就會得到想要的解答。

針對學校的學生，有時「分數」就是最好的無形獎勵。其中，連結上課獲得的點數、排名與學習成績，正是很多老師在學校進行遊戲化教學時常用的獎勵機制。

採用這種作法時，一般會在課程一開始，就先說清楚課堂表現與分數間的連結辦法，例如：「這個部分的表現會佔總成績30%，依每組的排名及表現而有不同的配置……。」也有老師會說：「只要是上課過程中參與度及表現最佳的前三名小組，一律 All Pass（或學期成績80分以上）……。」簡單地說，就是把遊戲化教學和成績進行連結。

其實，所謂的「獎勵」背後，應用的就是「行為理論」的原理，

即「正增強」——透過獎勵來增強我們期待的預期行為。而且，既然有「正增強」，也一定能用「負增強」，也就是藉由移除掉學生不想要的負向結果的手段，讓學生得到獎勵感（增強）。

那什麼是學生不想要的？像是「報告」、「作業」或「考試」都可能是選項。像有位老師在設計遊戲化教學時，連結了小組表現與「報告」——來到某個截止日時，排名第一的小組可以免除一個期中報告。想當然耳，老師也可以讓（比如前三名）小組不必參加某一次考試，或少寫某一個作業。也就是說，學生可以用平常在課堂上投入的努力，來取代報告或考試的成績，或是免除一些負擔，這都是「負增強」機制的運用。

外在激勵只是表象，內在動機才是基礎

在教育的場域，只要談起獎勵制度，總是不免會遇到「會不會太現實？」、「會不會只為追求獎勵卻喪失學習動力？」之類的問題。

雖然先前我們已經談過「以外在激勵當成火種，點燃學生的內在動機」，或是「內外兼修」等等看法，但我覺得，除了理論或學術之外，也許還要有實務上的證據或經驗來佐證，才能更加確認。先前在進行遊戲化教學相關研究時，我們訪問過許多遊戲化教學的專家老師們，除此之外，我們也從學員的角度，去了解他們參與遊戲化教學的想法。也許從老師及學生的不同經驗，可以觀察到有無獎勵機制的不同影響。我們先看看老師的看法：

有帶獎品的情況下，同一個問題會有七、八成的組別舉手搶答；要是沒帶獎品的話，舉手搶答的多半只有三成、四成，最多五成，熱烈的程度有明顯差別。（「急診大仁哥」楊坤仁醫師）

沒有獎品的時候,舉手回答的意願都會稍微較低,或者是回答得很小聲;要是有獎品,互動的機率就會增加,學生的反應其實是很誠實的。(胸腔內科醫師郭冠志)

實務上,不管是在上市公司的課程,或是學校教學的場合,有沒有獎勵機制真的會影響參與程度及熱烈度。

不過,我還是希望大家停下來想一想:身為上市公司的高階主管,你真的會因為一組疊疊樂積木或一本書的誘因而投入嗎?還是背後其實有更深層的原因呢?這方面,我們也可以來看看學員的角度是怎麼說的:

重點不是獎品,重點是榮譽。(學員 H)

爭取到更多的分數,我們就會有更多的榮譽。(學員 I)

也不是特別為了那個獎勵機制,只是當氛圍形成的時候,你也會自然變得很踴躍。(學員 D)

獎勵,只是給大家一個投入的理由

撇開所有的學術討論及研究不談,僅就我過去十幾年遊戲化教學的經驗來看,從學員的反應中可以發現:「獎勵,只是給大家一個投入的理由。」其實,學員的投入和參與從來不是為了獎勵,只是因為覺得有趣、覺得好玩,讓他們相信,小小的獎勵可以反應付出及努力。最後,獎勵變得像一個「徽章」一樣,彰顯了他們的表現。最終,獎勵似乎又和徽章連結在一起,拿到什麼獎品反而沒那麼重要了!

當然,是不是需要規劃獎勵,老師們還是可以依據不同的環境進行調整,這沒有對錯可言,有時面對學習動機很強烈的學生,或是學習環境不允許時,也不一定會在課程中規劃獎勵機制。另外,獎勵的

大小和額度，其實和激勵效果關係不大，但只要在課程中規劃了獎勵機制，建議大家一開始就先向學生說明，並且展示一下獎勵，或強調一下獎勵的特殊性，這會讓獎勵機制與作用更加明顯，遊戲化教學的動力與反應也會更好。

至於學生會不會因為外在獎勵而忽略了學習？

還記得嗎？我的兩個女兒就儲藏了一堆代幣，一點也不想拿去福利社兌換。也許，在我們擔心外在獎勵會不會傷害學習時，是不是應該更信任學生，相信這是給他們一個參與課程、投入課程的理由？當動機因為外在激勵而點燃後，透過適當的引導，也許更能「由外而內」，讓內在的學習慾望也慢慢被啟發呢！

3-4 讓獎勵機制更有效的三個提醒

上一節我們直接面對「獎勵機制」，談了怎麼在遊戲化教學中正確地規劃獎勵機制，藉以誘發學習者的參與動機。從教學者的訪談意見中也可以看到，在有獎勵和無獎勵的狀況下，課程的參與狀況呈現顯著差異。

但是，高明的獎勵機制是「由外而內」的，也就是從誘發外在動機出發，透過課程目標及教學形式的結合，最終點燃「熱愛學習」的內在動機。從學生角度的訪談回應，也可以看到許多學生的投入，其實都不是為了獎勵，而是為了好玩、氛圍以及團隊榮譽。當我們在擔心外在激勵會不會傷害內在動機時，說不定學生們早已轉化，更重視的是學習過程中的樂趣。

結論是：唯有內外整合，才能更有效地設計出好的遊戲化教學。

此外，在獎勵機制的細節方面，獎品要準備幾份？必須人人有獎嗎？獎品是不是最後才以神秘禮物的方式出現？……

這些已經算是獎勵機制的進階問題了，過去我也曾經思考過，並且在教學現場實驗過。因此，本節就要分享讓獎勵機制更有效的三個提醒，提供給想要進階規劃的老師們參考。

一、額外準備一、兩份獎勵

不知道老師們有沒有類似的經驗：在課程中你只準備了一份精美的小組獎勵，學生們也確實都很喜歡，但接下來在遊戲化的過程中有太多期待，反而造成過度競爭，或是後來只剩下前兩、三名的小組很努力，但其他小組都因為覺得沒希望而放棄了？也就是說，獎勵機制的激勵效果，因為不同的小組排名而逐漸遞減，最後只作用在少數學生身上。

修正的方法是：多準備兩份獎勵，也就是前三名都有獎勵。多年來，我習慣上課時準備三份小組禮物，也許第一名的小組每個人都得到一份疊疊樂，第二名全組每個人都有七巧板，第三名全組只有一份七巧板。額外準備的這兩份小禮物真的都只是很小的禮物，但還是能刺激大家爭取第二名、第三名。

如果獎勵機制使用的是無形的分數，老師們也可以考慮，對前三名的小組做差異化計分。

如前所述，重點不是「獎勵」，而是「榮譽」，多準備一到兩份禮物，就能摒除「贏者全拿」的氛圍，讓第二名、第三名的小組在遊戲化教學的過程中得到他們努力付出的榮譽。

二、從一開始就秀出獎品

既然都已經設計了獎勵機制，建議老師們不要隱藏到最後，而是在一開始就展示一下，接下來在學習過程的投入跟付出，表現優異的會拿到什麼獎勵。在一開始就清楚說明，甚至強調獎勵的特殊性，會讓獎勵更有激勵的效果。（還記得「學生想要的，才是好獎勵」嗎？）

首先我會這麼說：

今天大家除了會學到很多不同的知識跟技巧外，還有機會得到實際的獎勵——我特別帶了一些禮物要來送給大家。

看到學生臉上露出「真的嗎？上課還有禮物？」的表情後，我接著說：

我們今天上課會有許多互動教學的環節，並且以小組的方式統計分數，排名第一的可以拿到這個原木製作的疊疊樂。一般的疊疊樂都是比較大的，我手上這個迷你版，攜帶方便……蠻特別的！只要是第一名的小組成員，每個人都有一份！

確定大家的眼神都亮起來以後，我再說：

不只第一名，第二名的小組也有獎品，嗯，就是這個七巧板（拿出來展示），也許你家的小朋友或同事的小朋友會喜歡……（原則一：多準備一份獎品，跟第一名的獎品有一些差異）

最後我還會笑著補充一句：

第三名，我們不會忘了你！全組可以得到一個七巧板。一共有七塊，至少每個人都可以分到一塊！（學員一聽，通常會哄堂大笑。）

這就是我在企業內訓時，常用的獎勵機制展示方式。如果是線上課程，我習慣送電子書，或是整理好的講義或投影片，這樣會比較好傳遞給受獎者，當然這也會在一開始的時候就讓大家知道。

如果是無形的獎勵，例如與分數連結，老師就要考慮排名前幾名

的小組如何連結分數，或者是可以少做一個報告，還是免除一次小考等，而且開學時就先說明清楚，讓獎勵機制一開始就讓人感覺很棒、很有價值。

三、平衡激勵與學習、競爭與公平

我常強調，外在激勵和內在激勵都很重要，重點是要如何平衡，最終把外在激勵轉化成內在動機，創造出學習的樂趣。也就是說，表面上大家是為了獲得獎勵而努力，但獎勵只是一個投入的理由，真的有投入學習才是重點。

因此，我也會在展示完獎勵機制後，接下來馬上補充一句話：「當然上課不是為了獎品，而是為了學習！學到什麼才是關鍵，獎品只是好玩而已，也鼓勵大家的參與──這樣子 OK 嗎？」

展示獎勵以強化動機，但又不過度彰顯獎勵，而是聚焦學習，才能有機會內外整合，賦予獎勵機制的正當性。

至於是不是要人人有獎，這一點，不妨就來看看德西提出的 SDT 理論[1]。

在內在動機相關研究中，德西提到：「如果外部激勵能夠提供表現的回饋效果，則外部激勵就有機會內部化……。」白話的翻譯是：獎勵應該與表現是有連結的，因為獎勵的差異反映了表現的好壞。從這個角度來看，我並不建議人人有獎，因為這種「齊頭式的公平」會消除了競爭性及趣味性。

上市公司副總為什麼會在乎小小的積木？

在某一次上市公司的訓練課程裡，當我展示完課程中的小獎品後，立刻聽到我前面小組的長官（那家上市公司的副總）對小組成員說：「今天大家要努力一點，我想把積木帶回去給孩子。」

真的假的？以上市公司副總的年薪……哦，我說錯了，應該是「時薪」，這個小積木要多少就有多少吧？說不定一次買一貨櫃都算不上大手筆。但是，千真萬確，這就是良好的獎勵機制可以發生的奇妙作用——給學員一個投入的理由！

果然，當天這一整個小組都非常投入、合作努力，結果拿到了第一名的積木，還開心地拿著積木與我合照。

獎勵機制的設計，在遊戲化教學中真的很重要！但也請大家一定要記得，學生不是為了獎勵而投入的，獎勵只是一個「投入的理由」，最終還是要追求學習的最大成效。在課程的一開始建立獎勵機制就夠了，千萬不要在過程中不斷提及獎勵，這樣反而過猶不及，失去了原本設計的意義！

但是，獎勵是不是只有「給」而已？對於不同的學生，有沒有可能有些更有創意的設計？接下來仙女老師余懷瑾的教學個案，相信會突破大家的想像！我們接著看。

---

[1] Deci, E. L., & Ryan, R. M. (1985). *Intrinsic Motivation and Self-Determination in Human Behavior.* New York, NY: Plenum.

教學個案 仙女老師的遊戲化課堂

高中生的國文教室，應該是什麼樣子的？

首先，高中生正值青少年這個年紀，各自有各自的主見；其次，常常你要他們向東，他們偏要往西，不然也不會有「叛逆期」這個名詞的出現了。

所以，教高中生國文，會不會充滿挑戰？

當他們面對優美的唐詩宋詞元曲，和艱澀難懂的古代文學作品，你覺得孩子們反應會如何？對了，還有一大堆背誦及默寫。別的不說，就回想一下自己高中時的國文課，你還記得什麼呢？我只記得老師忙著解釋課文、說明作者生平，但絕大多數的課文內容及作者是誰，我都沒印象了。那時也會想，國文除了考試之外，還能有什麼用？

如果高中的國文課，也能導入遊戲化教學，讓上課的學生很忙，為了一、兩千年前的古老作品，學生們努力吸收〈岳陽樓記〉的內容，想辦法把「霪雨霏霏，連月不開，陰風怒號，濁浪排空……」等詞句的內容正確組合出來，並用圖像化的方式記憶起來，最快答對的小組，還傳來一陣歡呼……；如果不明說，你能想像這是高中生的國文課堂嗎？

「有溫度」的仙女老師

上面描述的，正是仙女老師余懷瑾的一堂高中國文課程。在高中教學近 20 年的她，從全國創意教學特優獎、台大 Super 教案獎，到台北市教學卓越、優良教師，再到全國 Super 教師獎、教育大愛菁師獎……獲獎無數！而她在 TED x Taipei 演講時說的「慢慢來，我等你」，更是讓大家感受到，什麼是「一堂由老師以身作則的生命教育」。

從高中老師到轉職成為一位在企業教學的職業講師，余懷瑾總是用她的言教身教，讓學生們感受到，怎麼樣才能「做個有溫度的人」。過去我也很榮幸有機會和仙女老師同台幾次，甚至直到今天我都還記得仙女老師在三年前一起演講時，教台下〈岳陽樓記〉的情景，「不以物喜，不以己悲……先天下之憂而憂，後天下之樂而樂」，奇怪，為什麼同樣一堂國文課，有些老師教起來讓人昏昏欲睡，但仙女老師卻讓人回味無窮？

更不用說，仙女老師面對的，經常是一群高中生──一群有主見，覺得自己已經像大人，只是身心還持續發展中的孩子，他們真的會聽話配合，在教室裡互動、回答、搶分、遊戲化？什麼樣的動機和機制，才能驅使他們行動呢？她所謂的「有溫度」，又是什麼意思呢？

雖然曾經身為仙女老師的簡報與教學教練，我對教學也不算陌生，但是對於高中生的反應，我真的很好奇，所以透過線上約訪了仙女老師。

從挫折感開始的思考

一開始，仙女老師也覺得教高中生很挑戰，「常常會看到他們同時擺出幾乎一模一樣的臉色，」仙女老師說：「就只是想熬過上課時間。」她覺得，如果不努力改善，上課只是在浪費彼此的生命，她更希望學生們不只為了考試而背誦課文，而是能真正被美好的古文所影響。

製造互動當然不難，除了簡單指定學生問答外，有不少老師採用抽籤的方式，提出問題時就抽一次籤，由中籤的學生回答。問題是，在這樣的「互動」中，學生仍然是被迫接受的，被抽到時都覺得「很倒楣」，態度還是負面的抗拒。因此，這種方式只能說是單調、被動、效果極其有限的互動。

於是仙女老師開始嘗試分組上課，把原本針對單人的互動改成與小組的互動。同樣一個問題，先讓小組成員互相討論，再由小組派代表分享。果然，這個方法產生了一些改變，原本上課氣圍就很好的班級，討論也更熱烈。

但是，有些本來氣圍就沉悶的班級，還是怎麼也帶不起來。

深入觀察後，仙女老師發現，分組的人數最好可以控制在 3 ～ 6 人間，太多太少的效果都不好。另外她也開始思考，到底討論及互動好壞的關鍵在哪裡？為什麼有的學生參與熱烈，有的學生卻表情冰冷？由此她列出問題的十大痛點（詳見《仙女老師的有溫度課堂》p. 33），然後一步一步地改善。

從頭開始設定遊戲規則

新的學期，新的開始，仙女老師對班上的高一同學們說：「接下來的國文課，我們會有很多不一樣的上課方法，不再由老師從頭唸到尾，而是要由同學們以小組的方式互動參與。」面對同學們有點疑惑、又有點不解的表情，仙女老師接著說：「所以上國文課時，請大家把桌子排成小組座位，每六個人為一組，課桌要靠在一起哦！」

分組方式是以座位臨近的六個人為一組，但每一次段考過後，同學們的座位會重新排列，小組成員就會更新。

說到這裡，我等不及想問仙女老師：「所以，高中生們是怎麼被驅動的呢？一開始對國文課的內在動機一定不高……那要怎麼設計外在激勵呢？上課互動拿到分數，然後呢？要連結什麼？成績嗎？還是獎品？」回想高中時候的我，根本不在乎成績（我讀私校五專，成績很差），好像也不在乎會有什麼獎品或獎勵。所以我真的很好奇，遊戲化教學中 PBL 的獎勵部分，在教高中生時要怎麼設計呢？

最後一名的小組,每個人都要……

嘗試過遊戲化教學的老師一定都知道,內在動機不強烈時,一定要想辦法設計一個獎勵機制,才能讓遊戲化的點數及排行榜有對應的目標。先前我們提過,獎勵可以分為「有形」與「無形」,背後的原理之一是行為理論的增強原則,而增強又可分為「正增強」與「負增強」;最重要的是,要找出學生在意的獎勵。

你猜到了仙女老師用的是什麼激勵元素嗎?

「答案是:唱歌!」仙女老師說。

什麼!唱歌?

仙女老師笑著說:「每一堂課下課前,我們會統計各小組的分數,最後一名的小組,每個人都要上台唱四句歌詞,只要四句,而且什麼歌都可以!」

仙女老師的看法是:青春期的孩子不在乎獎品(自己買就好),也不在意懲處罰寫(沒關係,寫就寫),卻很怕在全班同學面前唱歌(就算平常可能也喜歡唱歌),「所以為了可以不必上台唱歌,絕大多數人都會很努力地回答搶分!」仙女老師說。

確實,這剛好符合激勵原則中的「負增強」,也就是「只要達到目標,就能移除不想要的結果」。但是,這個方法真的能用在叛逆期的青少年身上嗎?會不會弄巧反拙,引發激烈的反彈?

認真操作,故意放水

「所以,必須有技巧地建立規則,讓大家先做好準備,慢慢適應。」仙女老師說。

第一次這麼上課時,仙女老師先建立團隊並設定好規則,第二堂課才開始操作遊戲化教學的加分方法,從簡單問答,像「〈師說〉的

作者是誰？」，到進階問題，像「有誰能說明一下『師者，所以傳道授業解惑也』的意思？」，一個接一個問下來，各小組獲得不同的分數，並由仙女老師即時於黑板記錄分數。這種點數與排行榜公開的方法，操作起來直覺而單純。

一開始上課，仙女老師就會提醒大家：「要記得我們的約定，得分最後一名小組要上台唱歌哦。」而且倒數20分鐘時講一次，倒數10分鐘時再講一次。果然，隨著時間的逼近，大家為了不上台唱歌，搶答也越來越激烈，直到下課鐘聲響起，仙女老師才說：「啊，下課了！這次我們忘了留時間唱歌。那……這一次先不算，算是預演！」

看著最後一名的小組學生一臉「好險……」的表情，仙女老師又說：「下一堂課真的會請最後一名的小組上台唱歌哦！練習一下面對大家的膽量，下一次我們一定會說到做到。」

下一堂課……很快就來臨了。

第三堂課……說到要做到

經過上一堂課的「預演」，同學越來越熟悉節奏，競爭也越來越激烈。仙女老師當然沒忘記多次預告，並提醒大家：「今天要有小組上台唱歌哦！」然後，下課前五分鐘仙女老師就會停止講課，看一下黑板上的計分，請每一組幫忙算出下一組的總成績。最後，仙女老師公佈結果：「我們歡迎今天要唱歌的小組全組上台，歌曲每個人自選——不一定要同一首，但每個人都要唱四句歌詞。請同學們掌聲鼓勵！」

當然，有的同學這時慢慢走上講台，但也有同學繼續留在座位上，很不想面對。仙女老師會用溫柔但堅定的聲音說：「要等每一個人都唱完歌才會下課哦，今天老師一定說到做到。」然後面帶微笑看著還沒上台的同學。沒多久，在其他同學的半推半就下，「就唱那首

歌啦……四句而已,上啦……」,最後小組的每個人終於都上台唱完四句歌詞。

「然後,下一堂國文課他們就會超認真!因為他們也想看看別的小組上台唱歌的尷尬模樣。」

仙女老師說:「其實,這麼做只是喚醒大家參與課程的動機跟專注。」

畢竟,在一開始教書的前 10 年,仙女老師看過太多上課時無精打采或冷漠不語的表情,「即使老師教完所有的課本內容,同學又會記得多少?然後,又怎麼可能被這些內容所影響?」

當然,重點也不只是互動。當高中生們因「負增強」機制的作用,為了避免上台唱歌而開始努力回答問題,仙女老師也會搭配課程內容,設計出不同的互動教學法,這才是重點所在!

搭配課程,變化教學

遊戲化只是觸發因素,怎麼做才能融合互動的學習方式,讓高中生更願意親近國文課呢?以下,就是仙女老師搭配課程的不同教學法變化(以范仲淹的〈岳陽樓記〉為例):

一、**簡單問答**:「有沒有人可以告訴我,為什麼范仲淹會寫〈岳陽樓記〉?可以翻書看。」

二、**複選問答**:「在〈岳陽樓記〉中,天氣不好時的場景描寫有哪些?請搶答。」

三、**排序**:「請看投影片中的文句,排出從『霪雨霏霏』到『虎嘯猿啼』這十句的正確次序。」

四、**情境描繪**:「有沒有小組願意上台,把上述文句的場景,用粉筆大致描繪出來,畫得好就加 100 分!」

五、背頌記憶：「有沒有人願意試試，一口氣背誦『霪雨霏霏』起的這 10 句？」

上述這些方法，都是針對〈岳陽樓記〉的教學法變型。當然還有更多可能的作法，譬如身歷其境（「以下哪一張照片是岳陽樓？」），戲劇投入（「請演出一個『不以物喜，不以己悲』的場景」），甚至還可以設計演練題目，幫范仲淹寫一份求職履歷，再請大家評估哪一組寫的最好！所有的作法都導向一個共同的目的：讓學生參與、理解、投入，而不是老師一個人唱獨角戲！這時的學生，也就不僅是背課文，而是需要真正理解每一段文字的涵意。這樣的理解，絕對是深刻而長遠！

嘲笑同學？扣100分！

在課堂中舉手回答，當然需要勇氣。

為了爭取成績，大家開始踴躍回答，然而答錯也是難免的！這時總會有人開始起哄，甚至嘲笑同學：「哈哈哈，爛死了……這什麼答案啦！」一聽到有人這樣幸災樂禍，仙女老師便會正色說：「肯回答問題就是有勇氣！答錯了沒關係——加 100 ！」然後看著嘲笑別人的同學說：「你們這一組，扣 100 ！」

刻意讓氣氛凝結一會兒後，仙女老師才又開口說：「每件事都是一個學習，給你們一個彌補的機會——如果可以『處理一下』剛才的事，對方也能接受，就不扣分！」

通常小組成員會拱出剛才出言嘲笑的同學，要他跟對方道歉，那位同學也會說聲「對不起」。這其實無關分數，也無關課程，卻是最好的學習。仙女老師說：「就算是在企業上課，遇到類似的狀況時，我也會同樣正色以對，鼓勵不當發言的夥伴，而每一次的結果都和在

高中課堂上一樣好。」

設計輪替機制，加深外在激勵

因為課程是採取團隊分組進行，為了避免老是只有小組中的某一、兩位同學參與，其他人只管看戲，仙女老師當然還是設計了「輪替機制」，譬如：「這一題請每一組的 2 號回答」，或是「這一題請今天還沒發言過的組員上台」。有時是強制指定，有時則是加分鼓勵，像是「如果最少發言的人回答，額外加 100 分！」這一來，大家才都有機會發言、有機會表現，同學也會互相協助──因為只有每個人表現好，團隊才能通過每一次的「唱歌」關卡。

在每一次段考後換組時，考慮到小組成員的異質性，仙女老師會刻意把「學霸」和表現相對較差的同學放在一組。這麼做之後，有趣的事情發生了！在準備上課時，常常看到「學霸」同學幫助全組複習，或是拜託其他組員加油──這樣他就可以不用上台唱歌了。雖然看似為了逃避「負增強」而開始用功，但是學習到的東西，都是同學自己的！表象的外在激勵，也因此逐漸轉化為學習的內在動機。

化枯燥的國文課為影響學生的美好體驗

仙女老師的學生，學習成效真的比較好嗎？成績表現如何呢？

仙女老師說，高三時的國文模擬測驗，除了選擇題外，也會有「非選擇題」，就是在閱讀內容後，根據題意作答。這樣的題目要求的不是背誦，而是對文句的理解及表達。這方面，仙女老師的學生們總能展現長期訓練的優勢，答題時都有很好的表現！甚至是全年級排名前 1～2 名。也因為學生對國文有更深的理解，相對地在背誦方面也有明顯的幫助，至少背的都是真的懂的，不是囫圇吞棗。表面上是「遊戲化教學」，骨子裡卻是日積月累學到的真知識，讓原本枯燥的國文

課，變成真的能影響學生的美好體驗。

　　不同的教學現場，有不同的挑戰。無論是高中生、大學生，甚至是社會人士及企業主管，「教學」就是一門掌握學生或學員學習動機的技術，透過不同方式的激勵與鼓勵，讓學習者願意持續前進。不管是正向或負向增強，也不管是外在或內在激勵，好的老師總是會想辦法，無所不用其極地找出讓學生專注參與、有效學習的方法。

　　在各種方法中，「遊戲化教學」當然是一個改變學習氛圍、激勵學生參與的有效方法，但即使像仙女老師一樣的 Super 教師，也是經過多年的嘗試，才從單向講述到強迫互動、從個人出發到團隊基礎、從沒有動機到找出激勵……。

　　你，也願意嘗試在不同的課堂上發展自己的「遊戲化教學」嗎？

3-5 遊戲化PBL之排行榜與運用原則

先分享一件糗事。

早期在我剛開始應用遊戲化教學時,當然會練習如何導入籌碼機制。那時,帶著籌碼進教室自己也覺得很新鮮。我會按照遊戲化教學的規劃,只要有學員分享、舉手、回答問題、參與比賽,就會得到籌碼。但是,隨著各組的籌碼越積越多,我卻發現大家的參與度有下降的趨勢。

「這是怎麼回事呢?」我心想,因此在中午休息時,就找了幾個和我比較有互動的學員,做了即時訪談。這才發現,原來大家的籌碼雖然都越積越多,但並不知道自己小組拿到的分數,也不知道與其他小組有多少差距。學員說:「籌碼只是過程的累積,重要的還是小組的排名啊!」

沒錯,大家之所以要搶拿分數或點數,就是想贏得遊戲的勝利;糗的是,學生全都知道,當老師的我卻反而狀況外。

這就是「排行榜」在遊戲化教學中的重要作用——讓大家始終知道自己的相對位置,持續發揮激勵的作用!

先前撰寫《教學的技術》時,我已經特別強調過「排行榜」這個元素的三大重點:一、即時反應,即時公佈;二、兼顧競爭與面子;三、平衡機會並且公平。過了幾年後,自己又增加了一些經驗,也多

了許多不同老師的個案可以分享，但執行排行榜元素時的大原則還是沒變。不過我們可以來看看，不同的老師在各自教室中，是怎麼運用排行榜的。

一、團隊成績要定時更新

　　如同我一開始舉出的自身經歷，如果學員只是一直在遊戲化中累積分數或點數，反而最後會迷失在點數或分數中，不知道自己小組相對於其他小組的排名實況。因此我的經驗是：要規劃定時更新的時段，統計一下分數，讓大家知道各自的排名。如果是實體課程，每一堂下課時，我會請小組指派一個計分員，計算一下他們這堂課拿到了多少籌碼（或分數），並直接向我回報，由我加總新的與舊的分數，計算出一個到當時為止的各組總分。

　　請記得是計算總分，而不是單堂課的分數！因為從總分可以看到各個不同小組的分數及相對排名，感受會更直覺一些。有的老師只是記錄單一堂課的分數，學員若要知道總分還得自己累加，排行榜的效果便會大打折扣。請記得：如果分數是一次激勵，排行榜就是二次激勵。分數回應的是當下的表現，排行榜顯示的則是小組表現的累計。所以，排行榜的背後動機還是激勵，它能讓小組動力持續往前推進。

　　至於要採取什麼形式來公開排行榜？其實什麼方式都好。在學校可以利用黑板，從教國小的 Tr. P、教國中的明騰老師、教高中的仙女老師到教大學的沁瑜老師，全都是以黑板同時當作計分與排名的工具。加分時就畫上一條線，然後每五條線為一個單位（或者一筆一筆寫「正」字），這樣做，每一組都會很清楚自己小組的排名狀況。優點是公開且明確，缺點是老師經常得站在黑板旁更新分數，走動的位置會受到限制。

　　企業內訓時，老師就大多不會使用黑板了。例如我或企業教學

個案中的育均老師，不管是用口頭給分（由組長計分，或每堂課指派一個計分員），還是發給籌碼、假鈔、撲克牌等的實體計分，或甚至製作每一組的計分牌道具，都可以在每堂課結束時累計一次總分，然後更新在排行榜上。排行榜可以用白報紙製作，也可以直接寫在白板上，如果時間充裕，也可以用便利貼寫上組別，用柱狀圖的方式來顯示各組的成績累計……。重點是定期更新，讓各組知道相對位置就好，不需要太花時間做太花俏的效果。

如果場合是大型演講，因為人數（和組數）可能會很多，所以操作排行榜的方式也會有些改變。一般是在過程中會有一個分數更新階段，由每個小組統計總分，然後請組長當代表站起來。這時我會公佈分數級距，例如依次說「5000 分以下的請坐下」、「10000 以下的請坐下」、「15000 以下的請坐下」……；透過這樣的方法，讓大家知道自己小組的級距及相對排名。我在「教學的技術」和「上台的技術」演講中，以及為民醫師在「人生的最後期末考」演講中，用的都是這樣的方式。

如果老師上的是線上課程，留言板就是很好的工具了。過程中，我們會安排 1～2 個計分時間，請大家統計一下各組的積分，需要的話可以請大家進小組會議室討論。等到分數算完後，再請大家公佈在留言板中，再由老師特別口頭點出分數最高的前幾名小組，這樣也可以達成留言板的功能。我還看過老師運用 Google 表單自動計分，請大家自己上去填寫，但如果你也這樣做，就必須提防調皮的學生修改別人的分數。

二、要兼顧競爭與面子

雖然排行榜的核心目的是為了塑造競爭氛圍，但老師們要特別小心競爭與面子之間的平衡（這絕對是關鍵 Know-How！），因為除

了每堂課會即時更新小組的排行榜，課程中也許會有一些演練或比賽由小組派代表上台，然後請大家即時投票評估表現。

這件事，從投票的機制就要仔細設計。我們採取的方式是閉眼投票，也就是投票的過程中，先由講師再次提示剛才參與演練的不同小組，以及每一位代表成員的表現，接下來就請大家閉上眼睛，針對剛剛的表現進行投票。閉著眼睛投票，投票的人和被投的人都比較沒有壓力，也不容易受到別人投票的影響。習慣上，我們會請大家投兩票，也就是除了一票當然投給自己外，另外一票可以投給其他小組。透過這樣的投票機制，公平地決定演練表現的排名。

宣佈名次時，我們只宣佈前面的名次（例如五個小組只宣佈前三名，四個小組只宣佈前兩名），後面的名次就不公佈了！也就是說：我們的課程中，從來沒有最後一名，只有前三名（或前兩名）。這是因為，遊戲化教學的目的在於激勵投入，不應產生過大的壓力，甚至讓表現不佳的學生覺得很沒面子！所以，當我們刻意不公佈後面的名次，把面子保留給學員之後，就塑造了一個安全的課程遊戲化環境！學員們反而會更放心，更願意投入之後課程的不同競賽——反正表現優秀有獎勵，表現失常也沒關係。

我想這也是為什麼我在上課時，學員會很樂意參與課程中的遊戲化競爭，並在演練中積極地力求表現，這也是重要的關鍵之一！

三、平衡機會並且公平

如果你仔細操作過遊戲化教學，一定會發現，一整天的課程到下半場後，各組的差距逐漸拉開，可能會有小組覺得再努力也沒機會贏，因而放棄、不投入。因此，我們總是會仔細規劃配分機制，越到後面的課程演練，越有機會拿到更多的點數。

例如，某一天上課到最後階段時，累計的分數是第一組 80000、

第二組 72000、第三組 68000、第四組 60000、第五組 53000；那麼，最後一場比賽的分數，我可能就會設成 50000 ／ 40000 ／ 30000 ／ 20000 ／ 10000。我會特別對領先組與落後組解釋：如果最後一場比賽落後組拿到第一名，他們的分數就會是 53000 ＋ 50000 = 10.3 萬；而如果領先組在最後一場只拿到第四名，那麼他們的分數就是 80000 ＋ 20000 = 10 萬。也就是說，落後組只要最後一場比賽奮力拚搏，若能拿到第一名，一樣有機會打敗領先組；而領先組最少也要得到前三名，才能守住領先的成果。這樣的計分機制，才會讓所有小組「人人有希望，個個沒把握」，讓遊戲化教學的效果一直維持到最後一場比賽。

在分數的設計方面，經驗上是每一場大的演練比賽是前一場比賽的 2 倍分數。譬如第一次演練的前三名是：2 萬／ 1 萬／ 5 千，那下一場就會是 4 萬、2 萬、1 萬，如果再有第三場就變成 8 萬、4 萬、2 萬，隨著演練或比賽難度的增加，分數也成倍增加，這樣就能讓最後一名覺得永遠有希望，但第一名也必須守住前面的名次，達成持續激勵的效果。

但要提醒的是：我們不鼓勵把最後一場分數弄得太高，以上述的例子，如果刻意把最後一場比賽的分數調成第一名 100 萬，大家就會覺得：「厚！那只要比這一場就好了啊！前面不都玩假的？」我們還是會規劃一下計分機制，盡量平衡機會與公平，認真對待課程遊戲化，目的是激勵學員，而不是玩弄學員。

四、重點激勵，適度調整分數配比

如果有小組因為差距太大，怎麼調整得分也追不上時，那又該怎麼辦？

我的處理的方法就是：重點激勵，再搭配分數配比及重新調整。

課程進行中，有時不免會遇到動力不佳的小組，也就是其他小組都很踴躍舉手參與，但某個小組就是意興闌珊。可能是小組落後太多，也有可能只是小組成員相互影響。反正不管什麼原因，我會刻意對該小組做重點激勵，方法是，我會刻意接近他們，並且對該小組說：

「咦，第 2 小組目前有點落後，要加油哦！比賽還沒結束，永遠都有機會翻盤！」

當然，既然都已經有氣無力了，不大可能因為我的一句話就恢復活力。接下來在提問或要求上台時，我會再刻意靠近小組的桌旁，擺明了說：「下一個問題你們小組要加油哦，手舉快一點，反正有舉有機會……，嗯，組長，你懂老師的暗示吧？」用這樣開玩笑的方式再次激勵，並且點名組長後，一般的狀況下，組長就會先振作起來，然後帶動該小組也振作起來。

特別要提醒各位老師的是：我用「重點激勵」的方式時，一定是態度輕鬆，而非指責！大約是一種「帶著微笑的壓力」（很難準確形容），但目的就是激勵。另外，在激勵教學現場的病懨懨小組時，你還是要保持公平！意思是：只是激勵病懨懨小組，並不會因此剝奪其他小組的機會。譬如當我說：「病懨懨小組要加油哦！」等到真正提問時，還是會依據大家舉手的狀況公平指派，並不會說：「我們先讓病懨懨小組回答好嗎？」

萬一你真的這麼做，打壓了其他願意參與的小組，別的小組就會開始降低投入的意願（因為被打壓），但病懨懨小組也不會變得比較好（因為本來那一組就虛，現在是全班都逐漸變虛了）。因此一定要記得：重點激勵絕不是對其他小組施加壓力！這個部分的操作有點微妙，老師們要試著操作幾次，才能準確抓到「有激勵卻沒壓力」的那個平衡點。

除了持續激勵不同小組，也要搭配計分機制及分數配比，以求平

衡機會與公平。也就是說，隨著課程的進行，當分數的差距拉大時，後面要設計一些較有難度的演練或討論，讓落後者有機會拿到高分，這樣才可能翻盤（再提醒一次，不能只為了讓落後者翻盤而給出離譜的高分）。

最後，針對表現不佳小組的殺手鐧，就是「重新調整」。

小一點的調整是位置調整，有時候只是調換各組位置，就可以看到參與度的改變，譬如把講台前面小組與後面小組座位對調，或是把左右小組移到中間位置，這些我都試過，但不是那麼常用就是。大一點的調整則是組別成員的調整，這更適合用在長天數的教學，像是學校的學期課，例如每一次期中考後就重新調整一次組別。不管是由老師指定、隨機抽籤、分數排名或小組自選……，都是可以操作的方法。

新的組合也許會有新的火花，再搭配持續的遊戲化激勵，目的還是一樣：讓學生有更好的動機、更多的參與，達到更好的學習。

3-6 應用「自我決定論」三原則，讓遊戲化教學更成功

　　完整討論過遊戲化三元素及不同的實務案例後，我想再切換回理論研究模式，再和老師們聊聊一個重要的動機理論：自我決定論，也說說如何應用自我決定論的三大原則，來讓你的遊戲化教學更成功。

　　先來簡述一下「自我決定論」。這是由德西和賴安在 1985 年時提出的心理學理論[1]，主要想研究幾個問題：人為什麼會有動機？想要做或學習什麼事？到底什麼因素驅動了人的前進？

三大心理需求創造內在動機

　　關於動機，大家可能聽過馬斯洛的「需求層次理論」、赫茨伯格的「雙因素理論」、麥克利蘭的「成就動機理論」（之後他還提出 Competency，也就是職能／才能，或現在稱為「素養」的概念）。德西教授則從內在動機與外在動機這兩個因素出發，認為人之所以會自發性地想要做某件事，並不是為了追求外在獎勵（也稱為「外在動機」），是因為做這件事本身就很享受、很開心，做了之後會有滿足感──也就是有「內在動機」，一開始研究聚焦的是「破壞效應」，也就是我們先前提到的外在動機可能會對內在動機產生的影響，後來持續研究，把內在動機的組成進一步發展，提出了自我決定論。他認為，人的內在動機會受到三個心理需求的影響：

- 自主性（Autonomy）：自己決定、自主追求，而不是被強迫或控制的
- 能力感（Competence）：追求自我成長、技能或知識的提升，對事情有更高的掌握度並完成挑戰
- 連結性（Relatedness）：與他人的關係或互動，擁有歸屬感

如果能夠滿足上述三大心理需求，那麼人就會更有內在動機，也更會想要持續前進或做某些事情。也就是說，從自我決定論的觀點來看，內在動機才是持續的動力，而外在激勵所形塑的外在動機不僅不持久，還會傷害內在動機。不過，德西也認為，如果外在激勵能滿足一些特定條件：例如提供表現回饋、讓個人產生能力提升的感受，並且不覺得是受到控制，則外在動機也會內在化。換句話說，就是透過外在激勵而提升了內在動機。這個結論，與我們先前提到的 2014 年伽拉佐利等人[2]綜述研究的結論是相符的。學術研究就是如此，持續有些不同的觀點更新，並且結合實務經驗，朝向真理不斷辯證與前進。

如何把外在刺激慢慢地轉變為內在動機？

有了上述關於「自我決定理論」的基礎知識後，我們就可以開始思考：如果已經能完整地使用所有遊戲化教學關鍵要素——像是與課程目標結合、團隊基礎、遊戲規則與 PBL、無風險環境、即時回饋、競爭與目標……等，接下來如何利用 SDT 的三大心理需求，把這些外在刺激慢慢地轉變為內在動機？如同關於動機最新研究所談到的：外在動機影響參與數量，內在動機提升參與質量。要有更好的學習成效，一定不能只靠外在激勵，更白話地說，也就是透過遊戲化教學，不能僅僅讓學生們覺得好玩，而是要從心理層面強化他們想要學習的心，才能得到更好的成效。

具體可行的方法，可以歸納出三個方向。

一、自主性：自願投入、學習為主

在我的經驗中，每一次課程開場時，在簡單說明遊戲規則、建立團隊，並展示獎品或獎勵機制後，我都會補上一句話：

「雖然我們今天會有一些積分和獎勵，但重點是『好玩』而已！上課當然不是為了獎品，希望大家在過程中更開心、更有趣，重點還是在學習⋯⋯OK？」

也就是說，雖然課程中規劃了完整的 PBL 元素，但我希望把重心放回到「學習」上，並且期待大家都能自主投入，因此會請每個人承諾我三件事——尊重組長、手機靜音、投入學習（詳見《教學的技術》）。

滿足學生的自主性，讓大家自願投入、覺得遊戲化有趣，而不覺得是被強迫、被控制，這是重要的關鍵！

二、能力感：直球對決、提升能力

遊戲化，並不等於「幼稚化」！

課程設計的過程，不僅聚焦在課程目標，並且要逐漸提升課程中挑戰的難度，也就是不要從頭到尾都是簡單的問答或選擇（這會讓人感到無聊），而是題目要越來越難、越來越有挑戰。當學生可以在課程中通過困難的挑戰，他們也會自覺能力提升，產生更高的內在動機。

以我的簡報課程為例，從一開始的問答、小組討論、即席簡報，到現場完成便利貼簡報發想、90 秒電梯簡報⋯⋯，每一個學習段落的難度會越來越高，挑戰也都不簡單，甚至還有許多時間限制及壓力元素，像是「90 秒電梯簡報」不能回頭看，現場就要做到；或者必須在 15 分鐘內，按照我的要求設計一份開場稿，甚至在 20 分鐘內設

計完簡報投影片並全部記起來……。每一個演練，分開來看難度都很高，但是我們透過遊戲化教學的元素不斷激勵大家，並且塑造即時回饋與團隊動力，大家一面哀哀叫，但一面又相信自己做得到。

這樣的「直球對決」實質上提升了大家的能力，學生們會察覺遊戲化只是表象，真正包含在其中的學習才是本質。當大家感受到自己或同儕的能力提升時，自然就更有投入其中的動機了！

三、連結性：團隊連結、相互學習

如同遊戲化專家意見的研究結論，小組團隊是遊戲化教學的重要關鍵；這一點，我們也可以從 SDT 中得到印證。

塑造個人與團隊的相互連結，會讓學生覺得自己的投入不只是為了自己，也是為了自己的小組，進一步擁有歸屬感。在之前訪談學員時，就常有學員說：「不是為了自己，而是為了小組」、「重點不是分數，而是榮譽」、「看到大家都很認真，自己不自覺地也認真了起來」，像這樣的團隊連結，當然可以讓遊戲化教學有最好的成效。

但進一步要提醒，雖然遊戲化教學過程中，團隊會彼此競爭，但這個競爭必須是「良性」的；也就是說儘管有競爭，但最終的目的還是「學習」。譬如在上台競賽時，我都會提醒大家：「謝謝剛才很認真的練習，這表示大家是很在意表現的，這很棒！但是——」重點是下一句：「除了比賽之外，觀看別人的表現也是一種學習！因此，待會請大家專心觀看每一個人表現，並且給表現好的夥伴一些回饋及鼓勵……。」這麼說的目的，就是提醒大家：雖然有遊戲競爭的元素，但還是可以彼此學習，相互連結。

另外，我只會公佈表現好的小組，刻意不公佈排名靠後小組的成績，除了塑造無風險環境，讓大家安心投入學習外，也是希望不讓過度競爭破壞了整個班級的連結。

因此，讓個人能為小組投入而擁有歸屬感，在小組相互競爭時又能彼此學習，維持住整體連結，也是提升參與動機的一個重要方法。

內在動機才能提升產出品質

遊戲化教學可以很簡單，例如只要設計好 PBL（計分、獎勵、排行榜）元素，就可以算是啟動了遊戲化教學的歷程。但是，要把遊戲化教學做得好，其中還是有許多學問值得我們深入探討。

本節基於心理學「自我決定理論」（SDT）的三個核心需求：自主、能力、連結，來談如何在已經擁有遊戲化教學的關鍵元素及機制下，讓外在激勵可以轉化為學習的內在動機。最新的學術研究，也告訴我們「外在動機與內在動機一樣重要」，外在動機決定參與程度，內在動機才能提升產出品質。因此，善用外在與內在，都是重要的關鍵。

接下來，我想倒轉角度，談談「讓遊戲化教學失敗的三個方法」。

---

[1] Deci, E. L., & Ryan, R. M. (1985). *Intrinsic Motivation and Self-Determination in Human Behavior*. New York, NY: Plenum.

[2] Cerasoli, C. P., Nicklin, J. M., & Ford, M. T. (2014). Intrinsic motivation and extrinsic incentives jointly predict performance: a 40-year meta-analysis. *Psychological bulletin*, 140(4), 980.

3-7　如何擁有一切，卻仍讓遊戲化教學失敗的三個方法

　　有沒有可能：當你熟悉運用一切遊戲化教學的重要元素，卻還能讓整個教學的結果走向失敗？你知道該怎麼做嗎？

　　大家可能會好奇，為什麼要從失敗的角度來談，而不談成功？

　　這是股神巴菲特的合夥人查理·蒙格在《窮查理的普通常識》一書中提過的方法。他用反諷的角度，提出「保證可以讓生活悲慘」的四個處方，希望大家都能透過逆向思考，得到最好的解決之道。像這樣的逆向思考，我覺得是很棒的練習。

要讓遊戲化教學失敗？很容易！

　　回想起來，我十年前也曾用這個角度寫過一篇〈讓簡報失敗的四個技巧〉（2012 年寫的，一轉眼就十年了！），也許我們可以用同樣的方法，反過來想一想「確保遊戲化教學失敗的三個方法」，之後只要能避免這些做法，就有機會讓遊戲化更成功囉！

　　不過，因為遊戲化教學和簡報等領域還是有些不同，影響的要素和機制多得多，譬如說：如果不規劃好 PBL（點數、獎勵、排行榜），就會影響遊戲化的效果；如果沒能成功塑造無風險的氛圍，答錯的人會被嘲笑或扣分，現場參與度也會下降；沒有準確說明課程遊戲規則，或是講師有點不公平，都會影響遊戲化教學的效果；甚至單人與小組

團隊，對於遊戲化動力操作也會有不同的影響……。一句話：遊戲化教學要注意的東西太多，要「讓遊戲化教學失敗」，太容易了！

所以，我們的門檻應該設得更高：

如果我們擁有一切遊戲化教學的要素和機制——不管是遊戲規則、公平性、即時回饋、PBL、團隊挑戰、無風險環境、互動教學方法……，每一個遊戲化教學的關鍵要素我們都擁有、都做到了，在這個狀況下，能不能還讓遊戲化教學走向失敗的結果呢？

其實，只要我們「認真想失敗」，還是可以做得到！

過度強調點數、獎勵與排行榜就會失敗

在遊戲化教學進行的過程中，想辦法過度強調 PBL 的重要性，也就是一直對學員說：「大家認真一點，趕快拿點數啊！」、「我為大家準備了這麼好的獎品，大家應該要更加油呀！」、「咦？你們這個小組排名還沒趕上來……是不是不想要獎品了？」用類似上面的這些語言，不斷強調點數、獎勵、排行榜等遊戲化三元素的重要性，「明示」只要不用心拿分數、拿獎品、爭排名，就是不夠投入！

一旦老師在過程中多講幾次這樣的話，讓學生覺得自己的學習過程一直受到這些遊戲元素的操作，你就會發現，即使運用再多的遊戲化教學的要素或機制，學生們也會漸漸地不投入，就可以開始讓遊戲化走向失敗了！

好玩就好，不管成長就會失敗

遊戲化教學當然就應該好玩！從頭給他玩到底！為了讓大家一直搶答、一直爭上台拿分數，持續推高大家參與遊戲的動力，太難的題

目、有深度的討論或是高標準的演練太傷神了，當然別放在教學中！反正簡單的搶答、選擇或排序足以讓大家投入了，現場只要夠 High 就好！

換句話說，只要老師們「以有趣為己任，置學習於度外」，應該很快能發現，學生玩著玩著就開始覺得空虛起來，慢慢地也能「一路玩到掛」，讓遊戲化失敗了！

看重競爭、贏者為王就會失敗

玩遊戲當然要贏，這還用說！

老師一定要不斷強調：遊戲如戰場，一進入遊戲化教學的現場，就是要打敗其他人，獲得勝利！只有勝利才是一切，什麼同學情感或同事友誼都不重要！組員要團結一心，讓自己的小組徹底打垮其他小組！只要開始玩遊戲，就應該鼓勵大家拋開其他念頭，想盡辦法贏得勝利！社會是現實的，遊戲也是現實的，贏家只能有一個！整個遊戲化的過程中，老師要想辦法讓小組之間相互仇視，沒有機會互動或連結。唯一有的就是直面目標，激勵大家朝向勝利前進！

只要老師們能順利讓大家只剩下好勝心，不用管學生相互之間的連結，極度強調競爭……學生們就會逐漸反感，離遊戲化教學的失敗也不遠了！

反其道而行，也會成功「失敗」

上述三個方法，只要你施展出任何一個，相信就很有機會讓遊戲化教學失敗了！如果一時之間還沒有明顯「失敗」的徵兆，那就三個方法輪番上陣，保證「成功的失敗」很快就會來臨——即使你擁有一切遊戲化教學成功的關鍵要素，仍然能得到失敗的成果！

有趣的是，如果為了避免失敗，然後把上面這三個方法換個方

向，也就是「完全不強調 PBL」、「完全不求好玩」、「完全不要競爭」，這同樣可以讓遊戲化教學失敗哦！這樣也不行，那樣也不行，你看，要讓遊戲化教學失敗是不是很簡單啊？

回到正軌，不曉得大家有沒有注意到：這三個讓遊戲化失敗的原則，用的也是自我決定論 SDT 的三個方法？也就是讓大家覺得被遊戲化操控，而傷害了「自主性」；或是只重視好玩卻沒有學習，而傷害了「能力感」；還有過度強調競爭卻破壞群體的「歸屬感」。從「讓遊戲化更成功」及讓「遊戲化更失敗」的兩個例子，大家也可以看到，理論與實務結合是可以產生很大的威力的，理論是研究智慧的結晶，只是看我們能不能深入理解，並且應用到實務上。就如同內在動機與外在動機相輔相成，理論與實務也像「倚天劍」和「屠龍刀」一樣，刀劍合璧才能教學無敵啊！

延伸閱讀

● 參考〈讓簡報失敗的四個技巧〉，https://afu.tw/242

各界推薦與應用心得

參加福哥「教學的技術」課程後，我多次運用「遊戲化教學」在法律界授課或演講，聽眾不僅積極參與，課後回饋「過程有趣」、「很有幫助」等。本書提供豐富案例、詳細操作步驟、紮實理論基礎，讀者閱讀後可以運用遊戲化教學，「讓不懂的聽懂，懂得的更懂」，誠摯推薦給法律專業人士。

律師 林岡輝

認識福哥超過十年，他做什麼像什麼，而且還能成為每個領域的頂尖佼佼者，尤其是用十多年上市公司教學實戰經驗淬練出的教學技術。如果只是把這個技能當成教學使用，會覺得有點可惜，因為福哥的教學技術也可以運用在人生哲理中：如何重新站在用戶立場，解構自己的專業知識，以對方聽得懂、學得會的最高原則，逐步折解到最核心的關鍵點，為了對方（的學習成效）自我重組，再以客戶能理解的方式進行溝通與深化，這不就是人生最重要的人際溝通能力？

三流高手靠努力，二流高手靠技藝，一流高手靠專注；真正的高手選擇專注，因為他可以做更少但是更好的事，作者福哥就是一位專注的高高手。

福哥的這本最新力作，你除了學習書中寶貴的遊戲化教學技術之外，我更建議你學習福哥最深層的專注，因為專注，君子不爭，故天下無與之爭，故為頂尖者。

MJ 五星滿分真誠推薦你這本好書——《遊戲化教學的技術》。

連續創業家暨兩岸三地上市公司指名度最高的頂尖財報職業講師 林明樟（MJ）

我一直記得，當年在女監講授如何減少兒童意外傷害的課程，受刑人為一同進監的孩子贏得一張貼紙的神情，那是冰冷的監獄中難得的母愛溫度；我也還記得，在照顧服務員的訓練課程中，學員給我的留言：「老師，我人生沒有得過獎，這是我第一次拿到獎品。」

那天之後，我發現了遊戲化教學的威力不是遊戲而已，而是讓學員有自信迎向每個學習關卡。福哥在本書中提到良好的設計，是讓學員「一面哀哀叫，一面相信自己做得到」，還提醒師者要記得核心、穿透表象、看見本質。我很幸運能夠在福哥的指導下，有機會在每一場教學歷程反覆修

煉，而遊戲化教學讓我陪伴學員找到榮耀自己的那一刻，誠摯推薦福哥的好書給您！

吉紅照顧本屋負責人、台灣居家護理暨服務協會理事　林治萱

　　每位教育工作者主要的課題之一，就是引發學生上課學習的興趣，若能在遊戲化的有趣氛圍裡達到課程教學目標，那麼台上老師講得口沫橫飛、台下學生卻是意興闌珊的情形將不再發生。

　　福哥不藏私，這本書的出現，植基於共好的理念，透過學術理論與實務經驗的對話，再加上案例的具體說明，教導老師們如何在教室中應用遊戲化教學；真切且條理分明的內容，簡直就是造福教師的一本魔法書。

　　看了書，趕緊學起來，您也可以像福哥一樣，改變並影響更多的學生。

台灣師範大學學務長、體育與運動科學系教授　林玫君

　　身為一個期許自己能幫助學員成長的教學者，我非常喜歡在培訓中運用遊戲化的教學方法，因為這不但能讓學員全心投入，也能提升學習成效。但一開始嘗試遊戲化教學時，我也經過了好一陣子的反覆試錯與調整，才能順暢運用。

　　如今，你不必花許多時間、也不用再靠自己摸索，因為福哥大方地在書中分享遊戲化教學的原理與細節，我相信能幫助你大幅減少摸索的時間，順利將遊戲化應用到你的教學之中！

培訓師　林長揚

　　2014 年美國學習長（CLO）年會時，便視「遊戲化教學」為未來學習設計的主流模式之一。

　　時至今日，企業培訓圈遊戲化教學已成了課程執行不可或缺的元素，在培訓環節設計及培訓成效的提升上，均展現其功能與價值。但目前國內卻還沒見過，在遊戲化教學的設計上，務實引導且容易上手的工具書。

　　做為台灣教學技術的泰斗福哥，長期為企業內外部講師賦能，深度了解培訓市場的需求，因此從教學者運用遊戲化教學的問題出發，透過完整的學理框架，兼具技巧說明與經驗分享、理論與實用，更匯聚不同場景的個案為高價值的教學秘訣。我相信，《遊戲化教學的技術》一書必定能滿

各界推薦與應用心得

足培訓界的期待。

太毅國際顧問執行長　林揚程

在福哥《教學的技術》工作坊中，我個人最受用、最能調動教學現場的技巧，就是「遊戲化教學」，使用之後就像魔法，讓老師跟學生都能更享受、更投入教學現場，並且獲得更好的教學成效！

這次福哥推出《遊戲化教學的技術》，更進一步釐清大家對於遊戲化教學的疑問，完善技巧，提供學術理論及教學現場的解答。萬分感激福哥願意與教育界分享如此寶貴的教材，誠摯推薦給所有對教學有興趣的朋友。

行銷顧問、講師　邱韜誠

我和福哥是講師同行，他多年來專注在商務簡報與教學技巧，我在專案管理與職場溝通涉獵較深。領域不同，但我們的共同點，就是都深信「遊戲化教學」已經是所有教學者不能不具備的基礎能力。

不論你的課程準備得再充分，若搶不到學生那少得可憐的注意力，都將是枉然！而「遊戲化教學」便是我們唯一的救贖，我非常高興福哥出版了這本書，大力推薦有以下三點原因，分別是：實戰、個案、熱情！

實戰：這本書不光是學術研究，更是福哥本人在無數企業、學校、公開班實際教學累積的心得。

個案：福哥是「老師的老師」，所以書中不光講概念，還包含了很多真實的教學個案，都是第一手資料。

熱情：我認識福哥多年，一直以來對他的印象就是對「人」和「教學」兩件事有著超乎常人的熱情。就算你沒上過福哥的課，也能從書中感受到。

一流的老師往往也是一流的學生，希望你能從這本書學到更多！

「大人學」共同創辦人　姚詩豪

在網路上，我們常看到許多教學心法，但像福哥的新書《遊戲化教學的技術》這樣能兼具教學理論與實務、用實務證明理論的少之又少。想知道遊戲化教學的技術，也想理解背後學術理論的老師們一定不能錯過這樣的好作品。

「教育噗浪客」共同創辦人　洪旭亮

福哥又敲開了遊戲化教學的大門……

每一位好老師的教學技巧中，都有著遊戲化的影子，只是被修飾得不著痕跡。因此即便是身處在那些名師的課堂中，你都不一定可以體會得出課程設計的巧妙之處；而那些巧妙之處，就是遊戲化教學的應用與延伸。

每一位學員心中，其實都期待著一場有趣又富有挑戰性的學習體驗。遊戲化教學最關鍵的，就是「讓學員參與其中」，在學習的過程中可以「體驗、專注、參與、討論、嘗試演練、反思、修正」，這才是真正的學習。

教學的目的是為了什麼？教學是為了知識的背誦，還是應用？

福哥的大哉問，問穿了很多老師多年的誤區，這次又毫無保留地提出解答分享給大家。假如你想要讓教學技巧更上層樓，那就趕緊來向福哥學習吧！

策略思維商學院院長 孫治華

雖然不是直接指導我，福哥仍是我企業講師職涯真正的導師。他的巨著《教學的技術》，我不僅來來回回認真看了多遍以上，更在擔任企業講師的課堂上，很用力地持續操練，讓我「教學的技術」脫胎換骨。

教學的本質，不僅僅是「教」，更重要的是讓受教的人能夠「學」會，進而有「用」；而遊戲本身能帶來的價值，其實就是從「學」到「用」。

福哥這本《遊戲化教學的技術》，其中的PBL（點數、獎勵、排行榜）和「環境建立、即時回饋、課程目標」三大核心，我已切身力行多年，不僅讓學生，更讓我自己體會到他的魅力，且獲益匪淺。

誠摯推薦給您，相信在教學相長的道路上，此書會帶給您身不由己「WOW」的驚喜。

大亞創投執行合夥人 郝旭烈

這幾年來在 PaGamO 工作，我被遊戲化教學的魔力感動過太多次。有許多放棄學習的孩子，因遊戲化學習而重新回到課堂上。他們起初棄學的原因很多：專注力不足、學習成就落後、沒有安穩讀書的環境等，但在被遊戲激發動機、獲得成就之後，學業開始進步，自信漸漸充足。

這樣的場景，在成人學習的企業內訓環境也被成功複製，因為我們這些大人也被快速、大量的數位資訊影響，越來越沒辦法接受傳統古板的講

述教學。願福哥這本理論實務兼具的好書，能將這魔力帶給更多老師，創造更多感人故事！

PaGamO 業務行銷副總、女人進階版主 張怡婷（Eva）

　　福哥十幾萬字的巨作《教學的技術》，以及當年破了許多紀錄的線上課程，都是我在設計課程或教課的時候，會一再拿出來複習的經典之作。每次重溫，總是可以看到之前沒注意到的細節，卡住的地方馬上迎刃而解，足見福哥數十年教學功力的底蘊。這本《遊戲化教學的技術》，更是把遊戲化的原理，以論文等級的闡述方式深入淺出告訴大家，看得我這個也喜歡追根究底的阿宅大呼過癮，等不及要運用在我正執行的校園大使計畫上了！

Intel 台灣分公司科技社群經理、「不正常人類研究所」所長 張修維

　　學校老師常常都在思考，要怎麼才能讓學生專心上課。其實，除了聲嘶力竭地大吼與管秩序以外，還可以套用我們企業講師的課程手法。畢竟企業的學員都是成人，老師不可能透過管秩序與處罰的方式讓他們專心聽課，所以企業講師讓成人學員願意安靜待一整天的方法，就是讓他們「自願參與」。

　　具體而言雖然有許多做法，但「最快速也最容易」的，就是「遊戲化教學」。

　　遊戲化教學並不是玩遊戲，而是把「遊戲要素」套用到你的課程中。一旦你成功做到，就會神奇地發現，學員會因為這些要素而全神投入課程之中！

　　所以，如果你是一個常覺得課程推進很辛苦的老師、總是苦思要怎麼讓同學乖乖上課，請忘掉管秩序、請忘掉罵人與處罰，嘗試透過「遊戲化的設計」來提升同學的自主意願。一旦嘗試後，你會發現上課輕鬆很多，同學變得投入、專注，而且學習成效也會大大提升！請大家務必試試看。

「大人學」共同創辦人 張國洋

　　在一個夜景很漂亮的餐廳裡，我和朋友們一起吃飯，席間都是對社會很有正面影響力、我很尊重的人。話題突然一轉，其中一位說：「我會去當簡報評審，就是要去看誰會付三萬多去上簡報課。」當下我心裡一驚，

各界推薦與應用心得

沒想到接下來他就轉頭對我說：「就是你這種人！」那門課真的很煩，害我一整天胃痛、一個月不能專心上班、事隔多年之後還要被嘲笑。但這樣子一輩子的「陰影」，我甘之如飴，說是我目前印象最深的課也不為過。至於為什麼會這樣、又是怎麼做到的，這本書看完就知道了。

美國非營利組織 Give2Asia 慈善經理　張瀞仁（Jill）

從我還是企業內訓課程承辦時就認識福哥了，他不但教學有架構、有方法、有感染力，回饋上更總一眼看透教學技巧能如何應用、上課氛圍能如何掌控到自如流暢，學員滿意度都是滿分。

等到我成為一位職業講師後，福哥更是我的教練、師父，總毫不藏私地給我指導和分享，就和這本《遊戲化教學的技術》一樣。

無論你在任何領域教學，不管你教的是什麼年齡層，《遊戲化教學的技術》都會讓你教學更加得心應手。

出色溝通力教練　莊舒涵（卡姊）

我認識上百位老師之中，福哥在教學技術上足可稱作「老師的老師」，當之無愧。

這本《遊戲化教學的技術》不僅能觸發學習動機，讓學生全然投入學習，產生最好的學習果效，更是目前我認為業界唯一實戰與理論兼備的遊戲化教學技術聖經，每一位身為人師者都必讀、必修，自己與學生一生都受益！

大大學院創辦人　許景泰

在醫護專科裡，我負責教授專業的幾門復健技術科目，都是被歸納為考執照的科目。當我開始使用遊戲化教學時會不會擔心？會不會怕進度問題？當然會！

有效率的教學法首要就是講述法，可是學生大都學習動機不高、沒有碰過臨床，很有效率講完教科書也只滿足成績前 5% 的學生，其他的學生呢？於是我開始將某幾堂課程逐漸調整為遊戲化教學，有點像是在一道味道很濃的火鍋裡配上一點佐料，學生開始願意改變，而我也就更願意改變！

各界推薦與應用心得

這本《遊戲化教學的技術》非常易讀，兼具實務與理論的內容，讓人不只知道、更能學到怎麼操作遊戲化教學。讓我們一起來改變我們的教室吧！

大專講師、職能治療師、福哥論文編輯及遊戲化研究論文共同作者 許雅芳

醫療講師職涯中，偶然機會接觸多位講師運用遊戲化教學，那種高互動性又歡樂的教學氛圍，讓我個人成為高度信仰者。

印象最深刻的是，參加福哥教學技術實體課程後，親身體驗了他操作遊戲化教學的細膩度。如本書中提到，遊戲化教學不一定要使用深奧複雜的遊戲設計，只要能善用 PBL 元素、公平性、正向即時回饋技巧，就能讓學員維持高心流學習動機。仔細解析福哥教學過程中，重視點數或代幣的平衡分配，搭配認知遊戲教具，活用各式教學法凝聚小組競爭氣氛等，都是我持續學習與訓練的標竿技巧。

很高興福哥願意將遊戲化教學的技術心法出版成冊，絕對是熱愛教學講師務必收藏的武功秘笈。我也會大力推薦給醫療界講師朋友們，在重視專業教育的醫療領域中，建構高心流學習與師生共樂之學習環境。

雙和醫院教學督導長 許瀚仁

這本《遊戲化教學的技術》既是福哥的第九本書，可能也是最有學術味的一本。

從知名企業天王講師到博士，福哥從遊戲化教學的實踐出發，一路再深入遊戲化教學的理論，甚至也親身做了研究、發表了論文。

本書將遊戲化教學的「技法」和「心法」融合一體，讓讀者不只可以學到遊戲化應用的方法（技法），也有教學場景的範例（實例），更能知道，為什麼這些方法能有效提升教學成效（心法），知其然更知其所以然。

我這個凡事講求實證的學術咖，讀起本書更是格外興致勃勃。特別是提到「過度辯證效應」那一章，相信很多教師看完之後，對於使用遊戲化教學就更加安心了。

遊戲化教學真的很有用，用就對了！

嘉義長庚運動醫學科主任、台灣實證醫學學會理事 郭亮增

4

競爭、壓力、挑戰與心流

在教學的過程，有沒有可能透過我們的教學設計，讓學生沉迷在學習之中，甚至進入學習的心流狀態？也就是全心投入當下、忘了時間的流動？

透過遊戲化教學的引導設計，這是有可能發生的！我們會透過與學員的實際訪談，進一步探討良性的競爭元素會對學習產生什麼影響，以及老師應如何在課程中塑造競爭要素。雖然上課不是玩遊戲，但學生也能像玩遊戲時一樣投入。我們會舉真實的教學個案來說明，即使是嚴肅的生命教學議題，也同樣能運用競爭元素，並轉化為吸引學習的方法。

適度的壓力及挑戰，會讓人進入更專注的狀態，而課程中規劃教學活動與演練，對學生就是很棒的挑戰，這也是遊戲化教學的關鍵元素。本章也會跟大家分享，如何規劃有效的演練活動、如何評估演練表現。在教學案例裡，我們會分享結合演練與期末考試的教學案例，也會透過一個企業教學個案，呈現如何在訓練課程中安排演練活動，讓專業的教學主題也能與演練相互結合，讓學員不只有極佳的學習成效，更能心無旁騖地進入學習狀態。

最後，我們會討論什麼是心流、如何創造學習的心流環境，又該如何利用逐漸提升的挑戰及時間壓力，讓學習者更容易進入課堂上的心流。這些都是有方法可以依循，並且實際能做到的。接下來我們就先認識一下，從學習者的角度出發是如何看待遊戲化及競爭的吧。

4-1 從學員的角度反思遊戲化教學與學習

在應用遊戲化教學的過程中，各位老師是否曾經想過：身在其中的學習者有哪些感受？為什麼面對遊戲化教學時學生願意投入？團隊與競爭對他們產生了什麼影響？那些刻意塑造的遊戲化元素真的會影響他們的動機嗎？

最重要的是，學生們積極投入又是為了什麼？真的只為了那些籌碼（不能換錢）、獎品（都只是小禮物）或團隊排名（課程結束就歸零了）？課程加入遊戲化後，學生可能產生哪些影響學習的感受？

為了深入了解遊戲化教學，除了我自己在教學上的應用外，也許我們更應該從不同的角度，來了解遊戲化教學可能產生的影響。因此，其他老師應用遊戲化教學的經驗，以及學生坐在台下體驗課程的感受，也會是非常有價值的。

前面幾個章節的內容，我們大多從教學者的角度出發，告訴大家為什麼需要遊遊戲化教學、以及遊戲化開始的關鍵：包含目標、規則、團隊等機制，還有 PBL 三大要素和內、外在動機的配合。

但是當我們這麼做之後，學生會有什麼感受呢？遊戲化教學會對他們帶來哪些影響？這些影響是好的嗎？會不會因為上課太活潑，反而對他們帶來不好的感受？大家努力回答，真的只是為了獎品嗎？還是背後還有哪些我們不知道的事情？

這些，我們都不需要在心裡猜測，直接問學員就知道！所以，趁著去不同企業教學的機會，我訪問了不同上市公司的受訓學員，後來甚至因此而開啟了一個博士等級的研究，這個我在下一章再仔細對大家說。

接下來，我們先聚焦在遊戲化教學，看看從學員的角度，遊戲化教學對他們帶來哪些影響。我把學員不同的意見，整理成以下三大部分，在括號裡是學員的原話：

一、為團隊競爭創造良性壓力

對學員而言，以團隊成員的身分參與，相比於個人角色參與，投入學習的感受大不相同：

「個人一組，對我來說比較不會那麼想要有所表現，可是如果成了團隊中的成員，基本上就會更投入和付出。」（受訪學員 H）

「看到同組的組員都很賣力地搶答，自己也會被帶動起來。」（受訪學員 J）

一旦團隊形塑出來，再加上刻意設計的遊戲化目標，競爭的氛圍就會慢慢形成；而這樣的競爭，也會開始激發大家的潛能：

「最大的原因是『不能輸』！因此會想參與競爭，求好求勝。」（受訪學員 A）

「短時間內要立刻上台算是很有壓力，但也激發出大家的潛能。」（受訪學員 A）

「更積極地想要有表現……，因為身為團隊的一份子，我不想表現太差。」（受訪學員 F）

先前我們也提到過，雖然是團隊競爭，整個學習氛圍卻是安全的，沒有壓力或責備，重點是能讓大家覺得好玩！關於這一點，學員的體會是：

「有一點競賽的感覺，但並不會想要爭個你死我活。」（受訪學員Ｃ）

「雖然說是競賽，但因為不會公佈三、四名，所以並沒有給我們帶來很大的壓力！」（受訪學員Ｋ）

由此可見，透過遊戲化教學的過程，把學習轉化成一次次有趣的競賽，讓大家以團隊合作的方式參與，並激發投入意願。雖然過程中難免有一些小小的壓力，但老師只有激勵，沒有責備，不至於傷害學員的自尊心。

當然，如何平衡這些遊戲化的不同元素，要靠老師的教學經驗及操作遊戲化的能力。不過，老師們也別擔心，熟讀本書遊戲化教學的文章後，就能從不同個案及相關討論中，掌握到許多關鍵的技術！

二、PBL三元素會讓學員更投入

在教室裡教學，又要能塑造競爭的氛圍，這就要依賴遊戲化教學的三大元素：也就是 PBL ──點數、獎勵、排行榜。但是，學員對遊戲化三大元素又會有什麼感覺呢？學員表示：

「小組計分與獎品會帶來競爭的感覺。」（受訪學員Ｂ）

「有小組分數就會要更認真一點……，因為是小組，大家都有責任要多多參與。」（受訪學員Ｅ）

有趣的是，雖然大家都知道這是教學中加入的遊戲化元素，一旦老師開始為小組計分，學員的投入感就會不由自主地湧現出來。說到計分，我過去常用的是虛擬計分或口頭計分，後來再改為實體籌碼計分。這樣的計分方式，對學員又有什麼感受呢？

「籌碼蠻好玩，感覺蠻真實的。」（受訪學員Ｉ）

「發籌碼讓大家踴躍發言，比較能激發大家投入。」（受訪學員Ａ）

「激發大家的競爭感……去爭取一些東西，爭取一些籌碼。」（受訪學員 A）

當然，點數不見得一定需要使用實體籌碼，早期我使用虛擬或口頭計分，也有同樣的效果，甚至近期在大型演講現場，我仍然是用口頭給分，請小組自行登記。但是，從學員的回饋，看起來實體籌碼還是能給學員真實的感受。至於要採用實體或虛擬？答案是：「都可以！」只要你「有用」，它就會「有用」，這才是我最想跟大家分享的答案。

另外一個值得討論的是「獎勵」這件事。獎勵真的有用嗎？小獎品能激發大家的投入嗎？這些所謂的「外在動機」，真的能引發學員參與嗎？再來看看學員的感受：

「獎勵機制還是有它的效果，會看到大家變得很踴躍。」（受訪學員 D）

「為了拿到書而參與搶答，我覺得這是非常非常有用的方式。」（受訪學員 G）

「我一開始就跟夥伴說：我希望可以拿到疊疊樂……，所以，演練時我對大家說，我們要拿到 10 萬分！」（受訪學員 L）

「我想贏，我不想輸別人……因為我很想要那個疊疊樂！那個很迷你、很特別！」（受訪學員 M）

從學員的感覺可以看出，獎勵機制確實發揮了激勵的效果；即使只是小獎品，學員還是會因此而更加投入。但是，學員真的只是為了獲得獎品而投入嗎？還是在我們不知道的地方，學員有一些沒有說出口的話呢？我們接著往下看。

三、重點不是給獎品，而是讓人感到榮耀

第三章已經討論過「外在動機」與「內在動機」的影響，這也是

不少老師心裡的擔心，害怕外在獎勵機制傷害單純的學習樂趣。雖然我們已經也向大家說明，最新的綜述研究告訴我們，外在動機與內在動機相輔相成，應該超越內外之爭，合併使用。

但是大家有沒有想過，身為學員，你真的是為了獎品才來學習的嗎？許多參與我課程的學員們，都是上市公司的中高階主管，有些人的年薪還蠻「驚人」的，這種層級的學員，真的會為了一個小小的獎品而投入學習嗎？有沒有可能當老師還卡在內在或外在動機時，學生卻早已超越這些表象，只是他沒跟我們說而已？也許我們可以從學員的意見，看到一些跡象：

「重點不是獎品，重點是榮譽。」（受訪學員 H）

「爭取到更多的分數，我們就能得到更多的榮譽。」（受訪學員 I）

「也不是特別為了那個獎勵機制，只是當氛圍形成的時候，你也會變得很踴躍。」（受訪學員 D）

「我起初不大相信……，後來才發現，不僅對小朋友有用，對大人也有用，因為大家真的會去爭取榮譽！基本上都有榮譽心！」（受訪學員 J）

從上面幾位學員的意見，都看到了「榮譽」這件事！也就是說，表面上或許是為了分數或獎品，但更進一步看，大家投入的核心卻是「為了榮譽」！因為這樣的心情，才帶動大家更積極地參與課程，更為團隊投入。從這個角度來看，原本的外在動機，是不是慢慢轉變為學習的內在動機了呢？

記得核心，穿透表象，看見本質

以上的學員觀點，也與我過去十多年的授課經驗相符！不曾身歷其境的人很難想像，在遊戲化教學的課程中，連上市公司董事長、

總經理或高階主管，竟然也會如此投入課程之中。有太多次我都聽到
HR 或協訓人員吃驚地對我說：「以前上課時，他們都不是這樣的！」
我總是點頭笑著說：「我知道，我懂！」

因為，透過遊戲化教學，我們給了學員一個「投入課程的理由」，
一旦打破了學生們的膽怯或害怕，讓大家勇於參與、敢於參與，之後
再受到遊戲化機制的增強，會產生更好的互動及專注投入，而經過設
計的適當壓力，又可以引發更多的投入，如此持續增強的結果，最終
才能產生絕佳的學習效果！

但請大家一定要記得：遊戲化的操作和機制都只是表象！最終還
是要聚焦於教學目標，讓學生真的能在課程中學到東西，也才能啟動
內在動機，並看到學習後的改變，這才是遊戲化教學最重要的事。要
不然，學生也不會浪費時間來玩遊戲、搶點數或獎品的。

一定要一直記得核心，穿透表象，看見本質，才能設計出最好的
遊戲化課程！

4-2 競賽（之一）──遊戲化教學的關鍵要素

　　前先的文章中，我們經常強調「遊戲化教學不是玩遊戲，而是結合遊戲的元素與教學」。「團隊競爭」，也是讓遊戲化更有效、也更有趣的關鍵要素之一。很多老師可能不大理解──如果不是玩遊戲，要怎麼在正式的課程中設計競爭呢？

　　關於課程的「競爭」，當然不是只比積分或排名的高低，因為積分或排名只是反應了競爭的結果。如果聚焦於教學內容，還是有很多教學活動可以設計成有競爭性的。以下這幾個不同的競爭屬性，提供給老師們在教學設計時參考。

一、比參與

　　只要有舉手參與並回答問題，就可以得到分數。獎勵的是參與，而不是答案正確與否！

　　一般在課程的開始時，會規劃這樣的操作，用以激發大家的參與。像是先問一個簡單的開放性問題，例如「什麼是時間管理？」或「〇〇〇重要嗎？為什麼？」然後，鼓勵大家回答，如果沒人舉手，就由老師點人，特別是一開始氛圍比較冰冷時。重點是：只要有任何人回答或發表意見，就給分數獎勵（即時鼓勵）；一次兩次下來，可以逐漸推動現場氣氛的正向循環。

　　有不少老師也會在課程的一開始刻意設計「零動腦參與法」，方法是設計一個不需動腦就可以回答的選擇題，例如「今天的講師叫什麼名字？是 A. 王永福、B. 王水福，還是 C. 王小福？」（這個你不會答錯吧？）。然後只要大家有回答，譬如舉手或寫在紙上，就可以得到加分，這也是一開始破冰、增加參與的方法。前面我們提到的「大仁哥的醫療法律必修課」介紹過這個方法，不過我自己倒是用的不多，有時候運用到，也會蠻有趣的。

　　在一開始參與之後，接下來互動難度可以慢慢提升，才會有些變化。例如我的課程，在開始的問答之後，我會搭配選擇法或小組討論法，在大家選好答案或小組討論結束時，請大家先舉手分享自己的答案──同樣地，只要有回答就有基本分數（如加 100 分或加 1000 分）。透過讓大家分享答案來帶動現場氣氛，並且即時給予分數的回饋鼓勵，始終是很有效的方法。問答比較偏向個人參與，而選擇法或小組法更偏向團隊參與，在這樣的交互下，就會形成最基本的競爭氛圍。當大家看到其他人開始勇於舉手，並且確實為自己的小組爭取到一些成績，自己也會慢慢打破心防，逐漸變得躍躍欲試。

二、比正確

　　除了參與之外，答案的正確與否也是競爭的一部分。像是把教學內容設計成選擇題來找出正確答案、排序題排出正確次序，或問答題說出標準解答，甚至操作計算題算出正確解法……，都是「比正確」的操作方法。

　　只是，所謂的正確也有「絕對正確」與「相對正確」的差別。因為在教學的過程中，為了鼓勵學生發想，我心裡並不會只是預設一個「絕對正確」的解答，而是會聽同學的回答，依照「相對正確」的程度來給分。舉例來說，如果我問：「簡報的核心目的是……？」同學

的答案可能五花八門，各有優劣。身為講師的我，最期待的答案是「說服」（加 5000 分），但如果學員認為是「洗腦」，我會加他 3000 分（「洗腦」不就是終極的說服嗎？只是難度太高！），回答「催眠」的加 2000 分（催眠也是對指令高度接受的狀態），其他較不精確的答案都會加 1000，意思是雖然比的是正確性，但還是會考量參與的態度。這樣會激發大家更積極地想出更有品質的答案，同時也平衡大家的參與程度，反正有參與就有分數，答得越好分數越高，這在實際操作時非常有效。

三、比速度

　　這也是遊戲化操作「競爭」元素的重要方法，大多用在小組討論需要上台發表的場合。譬如我會在小組討論完，第一次邀請大家上台發表前強調：「今天上台報告的次序都不會由我指定，整天的課程上完後，會依積分給獎勵，而得分的另一個來源，就是各位上台的次序。」然後接著說：「搶先上台報告的小組，第一組會拿到 5000 分，第二組 3000 分、第三組 2000 分、第四組 1000 分……。」

　　如果開場階段的遊戲化氛圍建立得夠好的話，話剛講完就會看到有人舉手、甚至主動想衝上台報告。但是為了安全起見，我會再補上一句話：「我們比的不是誰先衝上台，而是比誰舉手的速度最快！」接著才開口問：「請問哪一組要先上台？」這時，你會驚訝於大家舉手的速度！「刷刷刷」地很多隻手瞬間舉了起來！不管是上市公司高階主管、工程師、社會新鮮人或是學生，每個人舉手的速度都快過西部牛仔拔槍的速度！當然，這時我們談過的「公平性」原則就變得更重要了！所以，我會建議大家先做好準備，自己稍微往後或往角落站，才會有更好的角度看到哪一組舉手比較快！請大家相信我，在加入競爭的遊戲化元素後，接下來你遇到的問題不會是有沒有人參與，

而是要眼明手快，決定哪一組舉手最快，這將會是你接下來甜蜜的困擾。

　　還是要提醒大家看穿表象，競爭的塑造，絕對不僅是為了好玩，也不是為了熱鬧。除了吸引學生的專注力，根據大腦科學的研究，競爭的過程會促進分泌多巴胺、血清素與腎上腺素，而這些內分泌激素能進一步強化人們的學習效能，讓學生對課程內容有更好的吸收。這才是我們最終期待的結果。

　　但是，像這樣子比舉手速度的競爭方法，我也會「適可而止」。因為有些學生的反應真的相對比別人慢，如果一直只是比速度，在嘗試過幾次後，反應較慢的人就不會想參與了。而一直這麼做，學生也會覺得疲累，甚至有「被玩」的感覺。因此在課程的下半段，或是全天課程的下午階段，我就會改變個方式，譬如請大家抽籤上台。除了增加活動的變化性，也讓大家不會因為一直等著搶舉手而覺得疲累，這些細微的技巧變化，也請大家參考哦。

教學個案 為民醫師「人生的最後期末考」演講

　　遊戲化教學，是不是只能用在輕鬆或歡樂的教學主題？

　　換個角度想：有沒有可能越是嚴肅或枯燥的主題，越應該想辦法應用遊戲化活化教學，才更能增加學生的學習意願與學習成效？

　　問題是，這真的做得到嗎？

　　如果演講主題是「人生的最後期末考」這個相對沉重的主題，對象還都是青春洋溢的大學生，在反差這麼大的情況下，真的能夠運用遊戲化教學、並且達成原來的教學目標嗎？

　　這正是朱為民醫師在多場校園演講的嘗試。為民醫師是台中榮總家庭醫學科主任、醫學博士、TEDxTaipei 講者，也是《預約好好告別》、《人生的最後期末考》、《故事力》、《走過道謝、道歉，可以無憾道愛、道別》等書的作者，同時也是我的家庭醫師及好朋友。因為致力推廣「預立醫療決定」，從多年前就開始到各大專院校從事公益演講。

　　雖然我跟為民醫師有多次一起演講及上課的經驗。但是為了寫這部分內容，先前還約他電話討論，確認許多他實際應用遊戲化教學的細節。為民醫師甚至還傳給我他的教學投影片，讓我逐段確認每一個教學細節的安排。所以，老師們看到的這些教學案例，都是像這樣一個一個的訪問觀察，並且在消化後改寫成個案，許多其實都是老師們各自的壓箱寶，也是因為要讓大家學習到更完整的遊戲化教學方法，才第一次公開啊。

讓年輕學子面對生死議題

　　回到演講的現場，大家可以想像一下，18 歲的時候如果要你聽

一場演講，關於「面對生死和預立醫療決定」或「病人自主權利」這類的議題，你應該會覺得有些錯愕吧？

儘管這個主題非常值得關注，但是當一群年輕的大學生進入演講現場時，心態上可能還沒做好準備！學生們到場的原因可能是老師要求（很符合現實）、好奇（這個主題到底在講什麼啊？），或是看到講者又高又帥（朱醫師身高接近 190）……，也就是說，大部分聽講者最關心的事，大概都不是這個關於「生死」的演講主題。

當主題這麼嚴肅，面對的又是興趣一般般，還有眾多分心事物在搶奪注意力的大學生聽眾。身為講者的你，該怎麼辦？

因為演講時間只有一個半小時，為民醫師很快自我介紹後，馬上用了「站起來」和「坐下來」的方法，完成 3 ～ 4 人的分組，緊接著說明演講進行的遊戲化計分規則，並且介紹前三名的獎勵：分別是公佈在 FB 粉專／跟為民醫師合照／送書（獎品可以是有形或無形的，只是讓大家有一個投入的理由）。從一開始到這裡，不到五分鐘就塑造出遊戲化教學的氛圍！

進入主題講述後，為民醫師談起一個自己的親身經歷，關於朱爸爸因為跌倒而被送到急診室，在狀況危急時，醫師問他「爸爸年紀很大了，如果萬一狀況惡化時，要不要積極搶救？」

雖然身為醫師，同時還是安寧病房專科醫師，他這時卻猶豫了，不知道要如何決定。故事才剛說到這裡，他停了一下……便在投影片上向聽眾提出第一個問題：「面對要不要讓爸爸急救時，為什麼我猶豫了？」然後他給了三個選項：沒錢、不知道爸爸意願、不懂急救，要學生討論後決定怎麼回答。

老師邊講邊問，學生邊想邊印證

台下的學生，馬上把自己帶入故事中換位思考──面對家人急救

的情境，我心裡會有什麼樣的掙扎？

　　等到大家討論後，為民醫師公佈答案，當然是「不知道爸爸意願」！這時答對的小組會立即得到分數的回饋。為民醫師則接著跟大家分享，雖然自己是醫師，但是面對自己家人的生死時刻，還是有難以下決定的掙扎，也因為這樣才有了「病人自主權利法」及「預立醫療決定」這樣的選擇。但是，為民醫師並沒有講述太久，在一小段說明後，馬上又拋出一個開放性的問題：「急救是什麼？請舉例。」這是一個搶答式的問題，只要有回答就有分數，答得越好分數越高。只見學生們踴躍舉手、積極搶答。等聆聽過大家的回答後，為民醫師再用他的專業和大家分享急救的實際狀況。從學生們心裡原本的想像，到透過醫師專業的印證，並還原現場的畫面，這讓學生們留下了極為深刻的印象，心態上也慢慢地被導引到第一線的醫療現場。

　　接下來，為民醫師請大家排序預立醫療決定的流程，之後再進行說明。接著他規劃了複選題，請大家決定需要參與的關鍵人士，然後設計一個小組討論「簽了預立醫療後，是不是什麼狀況都不急救了」，請大家思考並發表後，為民醫師再給專業解答。整場演講，就這麼老師邊講、邊問，學生邊想、邊印證地進行下去。雖然談的主題是沉重的「生命末期」及「預立醫療決定」，過程始終緊緊抓住學生們的注意力，甚至讓學生們「又哭又笑」──被許多生命故事感動而哭，又為了過程中遊戲化的答題而笑。

　　在此之前，我多次參與過為民醫師的演講，也曾和他一起並肩站上 700 人的大型講台，在他登上 TEDxTaipei 的現場時，我也坐在台下成為他的粉絲。他總是溫文儒雅，並散發出堅定的能量，真的是集頂尖醫師、教授和超級講者於一身啊！

沉重的議題，不沉重的教學

大家可以思考一下，這場關於「生死議題」的演講，如果不是用為民醫師這樣的方式來談，又會是怎麼樣呢？

也許，會有點嚴肅、帶些沉重、甚至感覺像說教的方式，當面對的是一群青春洋溢的大學生，你覺得用這樣的方法來講述「預立醫療決定」，真的會有效嗎？也許透過極佳的口才或故事，說不定也可以感動人，內容也可能很充實。但是在講完後，真的能夠激發現場的孩子們深入思考這個主題？甚至展開下一個行動嗎？

回到演講現場，當為民醫師引導學生們全心投入參與，並分享自身的專業醫療經驗，最後他拋出一個問題：「如果今天所有故事中的角色換成『自己的爸爸媽媽』，請問，你會做出什麼決定呢？」語氣十分平淡，卻紮紮實實地打中了每個學生的心，讓大家開始認真思考，原來「預立醫療決定」不是只會存在「別人的故事」之中，而是每個人──不管年輕或年老──都會面臨的議題，甚至，也可能是自己的家人會遇到的問題！這也讓學生們心裡產生了迫切的念頭。許多孩子心裡想的是：如何應用今天從演講中學習到的內容，回去和家人討論與交流。也有許多大學生在演講結束後，寫下了他們的心得。

「在聽演講前，從來沒想過跟家人討論預立醫療決定的事。但是聽了今天分享的案例後……或許我應該找個適當的時機好好跟家人溝通，了解他們心裡真正的想法……」

「聽完今天的演講，也讓我更不避諱和親人談這些議題……多一點思考，也才有時間去溝通和面對。」

用遊戲化教學的方式傳授沉重的生命教育，讓青春無敵的孩子們

思索生命終老時可能會遇到的狀況。最後就在頒獎的音樂聲中，孩子們一起完成了一堂充滿笑聲與淚水的生命課。

為民醫師用溫暖動人的課程，讓我們模擬面對人生的期末考，知道怎麼事先準備，寫下我們最好的答案。

4-3 競賽（之二）──演練活動型的遊戲化教學

　　對遊戲化教學的課程而言，目的還是希望學員透過課程有所進步，這時設計良好的演練型競賽會是最好的挑戰。因為透過課程中的比賽，不只可以促使大家追求勝利，還會因此激發學員更努力。整個過程除了有趣外，還能立即在教室中看到大家的改變，並且驗收學習成果！因此，設計競賽型的演練活動，也是遊戲化教學經常使用的重要元素。

　　舉例來說，在我教導的「專業簡報力」課程中，課程目標當然是希望看到學員簡報技巧的進步，因此我們會在課程中設計多場不同的簡報競賽，讓大家能透過演練的過程，快速吸收老師在課堂裡的教學重點。而為了促進演練成效，所以進一步把演練設計成小組競賽。像是「電梯簡報比賽」、「開場技巧比賽」、以及「全程簡報比賽」等。每一場比賽，小組之間的相互競爭非常刺激，同時也激發了組員之間的團隊合作，並促使被選為代表的選手更認真準備。在課程段落的下課時間，我常會看到小組的代表站在桌邊角落，嘴裡喃喃自語地默唸待會要上台的內容，完全捨不得下課休息……。這不是老師逼迫、也不是學生認真，而是小組競賽所帶來的魔力啊！這麼做之後，大家的學習成效自然會有很大的改變。

提案比賽效果好過期末考

再舉一個學校的例子。十幾年前，我也曾在大學兼任教課，那時教的是「行銷管理」課。在期末考時，我並不想讓學生死記一大堆行銷知識，更希望的是學生能消化學習內容，並應用在實際的產品行銷案中；所以，我做了一件事：取消紙筆的期末考試！取而代之的是「行銷提案比賽」。

方法是：我找了兩個真實的行銷個案，一個是某個新產品上市，另一個是百貨公司門市活動企劃，然後請學生以小組為單位一起努力，做出最好的行銷提案。如同真實的行銷案一般，同一個案子我們安排了兩個小組相互競爭，各自花兩小時做出一份行銷企劃簡報，然後在全班同學面前進行七分鐘提案。也如同職場真實的提案一樣，最終只會有一個案子入選，裁判由其他同學擔任，現場閉眼表決。期末考成績則是：獲勝的小組期末報告成績 90 分，不幸落敗的小組期末報告成績 70 分！雖然期末考成績只佔整個學期成績的 20%，但是對於同學們，真正重要的也許不是成績，而是想贏得提案比賽的勝利！

結果，在那兩小時的準備時間裡，同學都在瘋狂翻書、快速查找資料，硬是每一組都完成了一份還不錯的提案簡報，然後分工合作上台報告。當然，比賽正式開始前，為了讓提案報告更有結構，我也把一整個學期的學習，像是行銷 4P、行銷 STP、SWOT 分析等，都快速幫同學複習了一遍。這整個過程，也是讓學生快速整合在課堂裡的學習。

記得有一次在高鐵站，遇到了十幾年前的學生，他笑著對我說，那次的期末行銷提案競賽，是他這輩子印象最深的一次期末考，到現在對於那次行銷簡報的內容，都還記憶猶新！

當然，在課程中安排任何競賽，目的都是為了學習。因此，若想

達到更好的學習效果，表現型的競賽有三個細節需要注意：

一、分段評估表現

很多老師在剛開始導入競賽遊戲化時，會出現一個狀況。也就是整場教學都是講述，直到課程的最後才安排一個驗收成果式的演練競賽；雖然也有投票、計分、排名……等遊戲化元素，但這可能不是最恰當的設計。理由是，「大驗收式」的競賽安排不僅會造成演練難度過高，同時也讓先前的上課相對沉悶，譬如過程中只有講述或簡單問答，最後卻突然來了個難度很高的大演練……，學員會遇到許多意想不到的問題，得花很多時間準備，最後也很難有良好的表現！

因此，如果只安排一個最後的大演練，常常會造成演練競賽難度過高、花費時間過久、學員表現不佳、甚至造成遊戲化競賽失敗。

比較理想的做法是：把整場學習分割為不同的小演練，像「簡報技巧」就可以分為「電梯簡報」、「開場」、「過程及結尾」，然後針對每一個重要技巧，安排分段演練。也如同學校的課程教學，本來就會有小考、期中考、期末考等不同階段的考試，而不會只是一個大期末考。回到前面「行銷管理」的課程，我雖然用期末綜合提案報告的比賽代替期末考，但期中也有訪談報告，平常也有上課表現，並不是等到期末才一次比賽定生死。

總之，演練競賽也要有適度的切割，一段一段地消化吸收，學員才有機會好好表現，老師也才能適當評估。請老師們記得：競賽的目的最終還是為了學習！因此在分段競賽之前，我都會整理出技巧的SOP，或是知識的結構範圍，讓學生有一個可搭建提案的鷹架，並據此練習，讓自己有好的表現。當然，諸如演練法教學的三大流程——我說給你聽、我做給你看、讓你做做看，也是在分段演練時必須注意的操作細節。

在先前不同的教學個案中，也可以看到老師們把分段的課程內容當成競賽，用問答法或小組討論法進行搶答，或甚至像明騰老師用類似「百萬大挑戰」的方法，在教學章節的分段進行問答式的複習，這都是分段評估的競賽型應用。

二、同儕相互評分機制

既然是「競賽」，就會有優劣勝負，但由誰來決定學生們的表現呢？在幾乎每一堂我的遊戲化教學課程裡，我都會把裁判的權利交給學員。最常用的方法，就是「每個人兩票（組別多時改為每人三票），閉眼投票」，請學員針對剛才同儕的表現進行評分。

每個人兩票的用意在於，讓大家能夠投一票給自己的小組，滿足情感上的支持，也能建立更好的團隊意識，另一票則投給表現較好的其他小組，綜合大家的票數就能決定優勝者是誰。閉眼投票的目的，則是希望比賽能更公平，不讓個人的意見受到其他人的影響。另外，不管得分高低都只有老師看得到，不會讓表現相對欠佳的小組覺得不好意思。

當然，有時我也會提前說明評分的關鍵指標，譬如「表現是否流暢」、「內容是否專業」、「可行性如何」……，給予相關的指引，或是在表現後提出我的回饋觀察，供學員們當作投票的衡量基礎。絕大部分時候我都不參與評分，而由學員自行決定，但我發現，群體意見總是和我的看法相去不遠！只有在少部分更專業或更重要的場合，我才會以我也加入佔比的方式（例如 50 ／ 50），參與評分，以確保評分得以兼顧群眾意見及專業意見。

小技巧是：總是會有同學忍不住在投票時，想要張開眼偷偷瞄一下。這時我會開玩笑的說「大家請把眼睛閉起來，不可以偷看哦！偷看的人，待會肚子痛！」雖然大家都知道是開玩笑的，但是這樣也會

讓大家投票時更安心，更不會受到其他人影響，也讓同儕評分的結果品質更好。

當然，評分也不僅閉眼投票一種好方法，我也試過，請學員把活動企劃或心智圖畫在壁報紙上，然後其他人用簽名或貼點點貼的方式，直接在壁報上投票。最後計算壁報上有多少簽名或點點貼，做為各組的分數。

另外，我也發過假鈔或籌碼，並為每個小組準備好小箱子，在每一組完成報告或演練後，請大家把手邊的假鈔或籌碼分配給自己覺得表現優異的小組，最終再計算每組箱子裡的籌碼，做為各組的成績排名基準。不管是哪一種方法，我都會盡量遵循同儕評分、無計名、方便操作、公平的原則。

哦，對了！還記得「無風險環境」這個原則嗎？意思是：雖然有競賽，但是我們只會宣佈前面的名次，後面幾名的小組或個人則會保留不宣佈。這樣既可以鼓勵表現好的學生，也會留面子給表現不如預期的人。像這樣子的平衡操作，才能讓遊戲化競賽又好玩、又刺激、卻不會對學生造成不必要的壓力。

學生比賽，老師要幫忙

在遊戲化專家的意見中，競賽也是遊戲化教學的關鍵要素之一，特別是以小組團隊為基礎進行的比賽，除了競賽帶起主動積極的氛圍，也會看到團隊的互動成為學習的一大助力。每當有組員答題卡住時，其他人往往會適時伸出援手或給予提示，幫助全組度過競賽的挑戰，並為自己的團隊爭取更好的成績。

想安排好一個有教學效果的競賽，確實有很多必須仔細考慮的環節。

除了上述的分段評估（不要把競賽集中在課程最後）、引入更公

平且無風險的同儕評分機制之外，還有團隊分組的規模（4～6人較佳）、組長的任務（負責帶領、統籌及分工）、公平的表現機會（每個組員都有機會上台，不能只讓少數人表現），甚至計分機制（差異化計分）、獎勵（表現好會有什麼鼓勵？有形無形的都好）、排行榜（除了讚揚表現好的，表現後段的小組要公佈嗎？），以及教學的技術在演練時的應用（有無SOP、有無示範？學員知道要演練什麼嗎？）。這些細節都要相互配合，才能設計並激發出一個有學習效果的競賽。

請記得，「獲得學習成效」永遠比「競賽激烈精彩」更重要！

教學個案 PDCA 達人陶育均老師不斷改進的企業課程

　　教室裡，每個人都聚精會神地疊著高塔，等到最後把棉花糖架上去時，無不屏住呼吸，結果……棉花糖倒了下來，大家「哇啊啊」的唉聲嘆氣，繼續重來！

　　下一堂課，大家把紙飛機射往前面的目標區，有些紙飛機停在目標區裡，有些掉到目標之外，隨著此起彼落的歡呼聲，大家玩得不亦樂乎……。

　　別誤會，這並不是哪所學校的場景，而是某家上市公司的企業內訓，教的是 PDCA 課程，疊完高塔、射完紙飛機後，學員就得馬上進入討論階段，觀察剛剛發生了什麼事——計畫（Plan）有生效嗎？執行（Do）的成果如何？檢查（Check）得到問題嗎？下一次要做什麼改進的行動（Action）呢？

　　在小組熱烈討論時，這堂課的講師陶育均老師輪流到每組關心，並且即時提出改進的意見。

　　這是課程，也是遊戲。混和了遊戲化元素及遊戲活動，並在遊戲化之外，又融合許多有效教學的關鍵技巧，難怪育均老師的課總是在企業叫好又叫座。當然了，之前身為高科技廠廠長、身兼資深工程師及主管的豐富經驗，也讓他完全可以無縫接軌學員們的經驗，教出一門又一門精彩的課程，像是 PDCA、目標管理、專案管理、問題分析等課程。

每個基礎技巧都到位的教學

　　當然，並不是在課程中設計活動，學員就會主動參與。因此，育均老師總會記得，一開始就打好課程的每個基礎，包含自我介紹建立

信任、課程目標清楚設定、團隊分組及默契建立、遊戲計分規則及獎勵，甚至一開始就讓學員知道：之後會有哪些活動？每個活動的分數如何配置？這麼做的目的很簡單，就是讓大家做好投入課程的準備，並且逐步強化每個人的參與動機。

之所以能把每個步驟都做到位，是因為育均老師太清楚工程師總是慢熱型的！

過去他從工程現場出身，偶然的機緣下接到上級命令，開始擔任內部講師，負責公司的訓練工作。站在台上的他發現：大家好像都把上課當成「度時間」的休息時段，教的人唸完內容、聽的人也打發時間，似乎就完成了公司交待的內部訓練。不過，育均老師不想這麼上課，他希望課程更有用、有趣，並且真的能讓同仁學習到東西，於是他開始探索「怎麼教才能更有效」的方法，因此而上了「專業簡報力」、「教學的技術」、「講私塾」……等我教過的幾門課程，也因為這個原因，讓我跟育均老師有了更深的交集。

工程師的特性，完全展現在育均老師的學習及教學中。他先做出教學計畫（Plan）、再把教學動作做成列表，在內部講師上課時一一執行（Do），教完課後再進行檢查（Check），並且在下一次重新列為新的改進行動（Action）。他在課堂上所展現的，完全就是他專長的 PDCA 循環。在看過幾次育均老師的課程及演講後，每一次都會讓我感到驚訝，不僅架構完整，授課的細節都非常到位，PDCA 確實厲害！

隨著他的進化，舞台也越來越大，從內部講師到外部邀約，慢慢地，有越來越多上市公司傳出了「PDCA 教學達人」的口碑，育均老師也從廠長轉職，正式成為企業的 PDCA 教練及職業講師。

從遊戲化到真的在課堂上玩遊戲

透過遊戲化激勵學員的參與動機，也是育均老師的專長。不管是點數、獎勵、排行榜，他都操作得非常熟稔。但因為所教的課程有時更偏向專業，像是 PDCA 或目標管理，如果只是教學員一些結構或道理，雖然聽得懂，但不見得做得到。到底應該怎麼教才會更有效呢？

他想到「體驗式活動」！也就是說，設計一些遊戲或活動，讓學員從中體驗，並且將體驗與課程目標進行連結！

以 PDCA 的教學為例，也許可以從一個專案開始，讓大家真實地去執行，完整跑過 PDCA 流程後，再來思考發生了什麼事。

由此開始發想，他腦中浮現很多活動的想法，其中之一就是經典的「棉花糖挑戰」——給學員一個棉花糖、20 根未煮過的義大利麵、一捲膠帶、一小段線，然後要大家在限定的時間之內，用這些工具組成一個能站立的高塔，並且要把棉花糖放在最頂端。

這個活動看似簡單，但是過程中會發生很多有趣的事情，也會有很多團隊互動及學習。在進行了一些研究和構思後，育均老師稍微修改了道具及規則，設計出一個 PDCA 版的「堆高塔」活動。

在時間限制、團隊競爭，以及遊戲化元素 PBL 的激勵下，每個小組開始進行不同的團隊分工，先排訂接下來的工作計畫（Plan），然後動手執行（Do），細細的義大利麵條配合膠帶，有些結構站得起來、有些結構還沒站穩就折彎倒下……，不論成果如何，大家馬上檢視（Check）並採取修正行動（Action），然後再重新準備第二次的計畫和嘗試……。就在這樣不斷嘗試下，有些小組成功歡呼，有些小組失敗嘆氣。

不論成功或失敗，透過這個遊戲，學員都真實經歷了 PDCA 的循環，也覺得「剛才時間過得好快」，似乎進入了學習的心流狀態。

遊戲之後的課程連結

當然，活動之後，接下來的討論才是重頭戲。育均老師會一一記錄每組的表現，以及剛才團隊互動的細節：有些小組討論很久、計畫周詳，卻用完了時間，沒來得及完成，或者沒有時間改善；有些小組像群無頭蒼蠅，大家各自為政，根本沒有計畫組織；有些小組雖然一開始失敗，卻在不斷調整及改進後，成功把棉花糖堆置在高高的地方……。這些體驗與 PDCA 的連結，就是接下來討論最好的素材。

比起單純的講課、說故事或案例，學員對於剛才發生的事情，印象會更加深刻。當然，怎麼用 PDCA 仔細拆解課堂中的遊戲或活動，並且再和公司發生的事件產生連結，就要靠育均老師多年的現場經驗，以及進入靈魂的課程知識了！

這只是課程中的許多環節之一。隨著課程的進行，還有更多不同的活動、不同的討論。學員動手做得很忙、嘴巴說得很忙、腦子裡也學得很忙……。

像這樣與課程目標連結的活動，也是遊戲化教學的關鍵之一。在遊戲化教學的過程中連結遊戲與教學，再用遊戲化的元素激發動機及參與，對於有經驗的老師，真是非常有用的利器啊！

從遊戲、遊戲化到有效教學的華麗演出

有些老師可能認為：「上課只是玩遊戲或活動？那也太輕鬆了！」

沒錯，一堂紮實的企業訓練，從來不僅是遊戲或活動，育均老師總是能把他的專業，轉化成一個一個的架構模板，並且用學員遇到的難題案例，當場示範、現場解題，讓學員驚呼「老師也太厲害，馬上就把問題解出來」。當學員還在佩服中沒回過神，老師的下一個指令已經出現：請大家應用剛剛學到的方法，在小組裡實作練習，過程中再配合遊戲化機制及元素的激勵，讓每一個學生都能在實作中立即吸

收，並且轉化成印象深刻的學習。

不曉得大家有沒有發現，上述教學的過程也是整個演練型競賽的一環——學生提出問題、由老師現場示範、之後給解題 SOP、再交由學生練習，並且搭配了遊戲化的元素。後面的章節我們也會談到，像這樣的方法符合了「有效教學」的五個關鍵技巧，包含了結構化（解題架構模板）、案例（現場學員提出）、示範（老師當場做）、演練（學員馬上做）、分組教學（每一組練習自己的題目），在一段短短的課程活動中，全都出現了！

也因此，育均老師每一次的課程都能擄獲學員的心！甚至有很多企業高階主管，本來只是想聽聽開場就走的，最後卻欲罷不能，從上午聽到下午課程結束，甚至還在課後寫了長長的心得，直說是「近年來印象最深刻、最有效的學習」。

如果仔細拆解，育均老師的每一個動作、每一段教學……都是刻意練習的結果啊！而育均老師也把這樣的方法套用在他的線上課程，讓線上課程能有不亞於實體課程的效果，這當然又是另一門學問了。有興趣也可以下載《線上教學的技術》免費電子書，也許你也能從中找到一些不一樣的做法哦。

其實，PDCA 不只應用在工程或管理，其他學科的老師們也許可以想一想：從育均老師的例子來看，我們在上課前有沒有規劃好教學目標呢？教學的過程中，如何適切使用教學法呢？上課中和結束時，你有注意、觀察學生的反應嗎？應該如何調整，才能夠讓學生的學習更結合目標呢？……

或許，育均老師的 PDCA 教學，也能運用到我們的生活中喔！

延伸閱讀
- 《線上教學的技術》專業版電子書免費下載：https://afu.tw/5044

4-4　創造一個心流滿溢的學習環境

　　你是否接觸過「心流」這個概念？

　　「心流」是米哈里・契克森米哈伊（Mihaly Csikszent-mihalyi）在 1975 年時提出的心理學概念，指的是當人全心投入、全神貫注時，會在那時擁有最佳表現，並且感覺像是忘了時間的流動，一、兩個小時像五分鐘一樣很快就過去，在結束心流體驗後，會感到很滿足而喜悅。真是無限美好的狀態！

如果可以把上課變成心流狀態的入口……

　　這幾年看到不少書籍討論「心流」，像是我寫過推薦的《不可能的任務：創造心流、站上巔峰，從 25 個好奇清單開始，破解成就公式》，或是心流教父米哈里教授自己寫的《心流：高手都在研究的最優體驗心理學》，在教人們如何刻意進入心流狀態，讓自己創造更好的表現。事實上，也許大家早就體會過心流的狀態，像是在做專案報告趕死線時，越到截止時間前，就能越專注投入，然後覺得時間很快就過去了，甚至感受不到時間的流動，那個時刻，就很接近心流狀態。

　　平常在日常工作中，我也常有機會進入這種狀態。像在寫文章時，常常感覺過了一會，實際上卻已經一個小時了！或是在剪輯影片、錄 Podcast 時，都覺得時間過得飛快。當我們專注在某一件熱愛

的事情時，很容易就能進入心流的狀態。

如果說，可以把上課也變成心流狀態的入口，讓學生們在課堂中學習到忘了時間，那該有多好啊！

這並不是一個夢想，甚至經常出現在我的訓練課堂上。已經不知道有多少次，下課時，學員都不敢相信時間真的到了，「真的假的，一個小時又過去了？」甚至到了最後綜合演練階段，明明給了同學們半個小時的準備時間，但是大家總覺得時間太短，甚至抗議我是不是故意調快了時間，「怎麼可能半個小時過得這麼快？這不科學！」

相對於一般學生經常有的無聊及時間太長的感受，不曉得老師們會不會好奇，像這樣讓學生進入心流狀態的課程環境，讓學生全心投入、全神貫注到忘了時間，是怎麼創造出來的呢？

進入心流狀態的必要條件

在談如何塑造心流狀態的學習環境前，我們必須多了解一些心流狀態的背景資訊。根據契克森米哈伊教授的研究，進入心流狀態前三個重要元素，相互搭配合後會出現四個狀態。分別是

三個重要元素：目標、技巧與挑戰。

相互搭配後的四個狀態，分別如下：

- 狀態一：技巧匹配挑戰但整體難度很低，學習者會覺得這沒什麼，因而進入不關心的狀態。
- 狀態二：技巧很好但挑戰很低，學習者會覺得無聊。
- 狀態三：技巧不足但挑戰太高，學習者會覺得焦慮。
- 狀態四：當學習者朝向一個明確的目標前進時，如果技巧與挑戰相互平衡，並且達到一定難度後，很容易就會進入心流的狀態。

舉個實例來說，幾年前我去日本時初學滑雪，一開始是陪孩子用雪橇板玩，雖然很快就能上手，但因為難度很低，雖然陪孩子玩得很開心，但並不覺得學會雪橇板有什麼了不起（狀態一：不關心）。後來想嘗試單板滑雪，這時興趣就上來了，一開始什麼都不會，就只敢在小斜坡上學習基本技巧。摔了幾次之後，漸漸掌握到如何滑動、如何保持平衡，甚至開始練習 toe-side 與 heel-side 的落葉飄。等到技巧慢慢提升，再滑小斜坡就覺得有點無聊了（狀態二：技巧提升，挑戰不足），因此，接下來我就上去綠色的初學者雪道。

雖然雪道是給初學者用的，坡度也不算太陡。但是一開始技巧還不熟悉，從上往下望仍然有點怕怕的（狀態三：挑戰提升、技巧不足），邊滑邊摔地又玩了幾次後，感覺好像上手了，才開始真的很享受滑雪的感覺，一下子就過了一小時！（狀態四：技巧與挑戰平衡，進入心流狀態）。

等到技巧更進步後，感覺雪道好像又有點無聊了（狀態二：技巧提升，挑戰不足），便來到下一個難度更高的雪道，準備新一輪的挑戰……。雖然常常一摔就滾了好幾圈，但四個小時的滑雪體驗很快就過去了！

因此，明確目標（例如學單板滑雪）、技巧（隨著練習而提升的滑雪技巧）、挑戰（雪道的坡度及難度）相互搭配，就構成了進入心流狀態的核心。

如何創造出心流狀態的環境？

理解了三個重要元素及四個狀態後，讓我們再回到課堂上，想一想：如何在教室裡創造出心流狀態的環境呢？

首先，基本要求是：創造一個注意力得以集中的環境！

研讀過「心流」相關理論的人都知道，「注意力」是進入心流狀

態的關鍵之一。在一般的挑戰環境，像是我上面提到的滑雪，由於任務本身就需要我們高度專注（不然會摔倒甚至受傷），因此不大會有注意力的問題。但如果不是這種外在任務，而是像學習或寫作這種內在任務，那麼，「維持注意力」讓自己專注就變成一個必須刻意塑造的環境。

以我自己為例，平日寫作時我常常利用「番茄鐘計時工作法」，目的就是刻意用計時的做法讓自己在有限的時間裡集中注意力，整個過程中不讓自己分心，例如不可以滑手機、看 FB 或收發 Email，唯有先控制好自己的專注力，才有機會進入心流的狀態。

但是，在教室裡教學時，要怎麼才能創造出一個注意力集中的環境呢？你猜對了！遊戲化教學就是非常好的方法！

先前我們已經談過許多遊戲化教學的關鍵機制及要素，例如在互動參與的課程設計下，運用 PBL ——用點數來即時回饋、用獎勵來吸引投入、用排行榜來激發努力，學員的注意力就如同參與一場滑雪挑戰一樣，會被這些規劃好的學習機制所吸引，並且越來越集中。再加上團隊相互鼓勵和同儕壓力，以及刻意塑造的時間壓力，甚至是輕快節奏的環境音樂塑造，這一切都會讓學員的注意力更為集中，也更有機會進入專注學習的心流狀態，在教室裡忘了時間的流動，感覺才過一下子就要下課了！

當然，不是只有遊戲化教學能做到吸引注意力，也有許多教學名師或補教名嘴只需透過案例、故事，以及妙語如珠生動的講述，同樣能牢牢掌握學員的注意力。只不過，要讓自己成為口若懸河的教學名嘴，這件事情的難度絕對不亞於遊戲化教學——甚至只可能更難！而這本書的內容，希望能帶領大家有系統地學習遊戲化教學的方法。讓教學變成是學生與老師相互參與的環境，而不只是一場老師的獨角戲。

　　只要把握遊戲化教學的機制及關鍵要素，真的可以完全抓住學生的注意力，這是創造心流狀態的第一個要求！

逐步提升難度，就有機會成功

　　再複習一下進入心流狀態的條件：「在一定難度下，技能與挑戰的平衡。」

　　從這句話可以看到，難度是技能與挑戰對比的結果，也是整件事情的關鍵。而且難度是一個動態變化的過程，因為當技巧因練習而提升後，挑戰的難度就降低了，這時必須提升挑戰才能維持適當的難度，也才有機會促使學生進入心流，因此老師如何安排進度，讓技能與挑戰持續平衡，維持適當的難度，也是促使學生進入學習心流的關鍵。

　　當然，這跟教學進度的規劃有關，過程也必須由老師來控制。當開始學習一個新知識或技巧時，即使是簡單的課程互動任務，對學習者來說都會有難度，因為這時他還無法掌握。如果一開始老師就規劃太難的挑戰，或安排演練式的互動，學生很可能會落入「能力不足、挑戰太高」的焦慮區。

　　因此，在課程剛開始的階段，老師可以用相對簡單的開放式問答或小組討論式的題目，藉以創造互動，又不會在一開始就製造過大的壓力。以先前提過的「心智圖」課程為例，前期階段的問題可能是「創意發想有哪些方法？」（問答法），或者採用腦力激盪的自由聯想（互動式演練、沒有標準答案），或是像在簡報技巧教學時，第一堂課會問「簡報的重要性？」（問答）、「簡報常見的問題？」（小組討論），這都是一開始對題目難度的控制，試著達成「技能與挑戰的平衡」。

　　當然，如果難度一直都不變，隨著學生對知識技巧的越加熟悉，很快地，他就會進入「技能提高，挑戰不足」的無聊狀態。這也是實

務上我常看到遊戲化教學者遇到的問題——課程一開始有不錯的吸引力，但從頭到尾都是簡單的問答或最多只是小組討論，學習者往往很快就變得無聊，開始失去了專注力。

因此，隨著課程的進行，老師設計的教學互動難度也要逐漸增加。再以前面提到的「心智圖」教學為例，在問答及討論階段後，我們會開始挑戰更高的實務演練，而且不同階段的演練難度也會逐漸提升，越到後面挑戰越高。像在課中，我們會帶領學生從繪製「水平思考」心智圖，到繪製「垂直思考」心智圖，之後再結合水平與垂直，讓學員嘗試畫出完整版的心智圖。等到這些能力都建立後，更會用一個專案（像「單車環島」或「攀登玉山」之類的活動規劃），讓小組以心智圖法完成演練。課程演練活動，就是循序漸進，越來越有挑戰。

如果是在簡報技巧的教學課堂上，我的演練就會從「60秒演練」、「90秒演練」到「2分鐘演練」、「3分鐘演練」，甚至最後的「7分鐘」實戰演練；內容也從簡單的「抽題簡報」，到「電梯簡報」、「開場簡報」，以及不看稿的完整簡報。隨著學員能力的配合，挑戰逐漸提升，需要上台報告的時間越久，難度也會一再升高，再加上遊戲化的課程設計，讓越難的演練與越高的獎勵分數結合，塑造一個「難度越高，分數也越高」的機制，這樣就能一直緊抓住學員的注意力，讓大家在不知不覺中進入學習的心流狀態，也才會每次學生們都說：「時間怎麼過得那麼快！這不科學啊！」

對教學經驗豐富的老師來說，時間的掌控卻絕對是「科學」的傑作。下一節，我們就來談談老師如何在課堂上製造「時間壓力」，讓學生們都能品嚐「時間怎麼過得那麼快」的滋味。

4-5　時間壓力

　　說到心流，課程中刻意塑造的「時間壓力」，是幫助學習者進入心流的好方法，同時也是專家們認為遊戲化課程設計時的關鍵要素。

　　其實，只要回想一下生活中的經驗，是不是報告截止日快到時（壓死線，deadline 臨頭），在某個時間，你會發現自己進入「心流」般的專注模式？覺得報告都還沒完成，時間怎麼就到了！因此，「時間壓力」也是幫助學習者進入心流狀態的好方法。在我上課時，每一個討論或演練都是有時間限制的，像是小組討論 90 秒、上台發表 30 秒或 60 秒，專案演練 10 分鐘完成，或是 15 分鐘後要上台發表，並且不看稿報告 3 分鐘……。類似像這樣不同的時間壓力，都是我會在上課時仔細控制的。

抓緊時間才會忘記時間

　　先前在《教學的技術》一書中，我就已經談過小組討論法必須「抓緊時間」，那時有老師跟我分享：「這打破了我以前的觀念，我以為應該要給學員充分的討論時間……但是當我抓緊時間後，學生們的注意力真的提升了！」其實刻意塑造的時間壓力，背後的目的是專注力的掌握！當時間鬆弛時，人人都很容易因別的事分心，因為你「有的是時間」，所以可以慢慢討論、慢慢作業，不需要特別專注。一旦專

注力離開，當然就沒辦法進入心流狀態。

當老師能把課程的節奏，安排成讓學員覺得「時間有點緊，必須全神投入才來得及完成」，這時你會發現，學生們的討論更專注、更投入了，因為學生們也知道，在這麼短的時間，必須專心一點才能完成任務，沒時間做別的事了。這時你會發現，課程參與的品質也會提升了。學生也會在技巧與挑戰平衡的狀況下，不知不覺進入了心流模式，在短時間內可以有效的產出，這時你會發現學生們的潛力真的是無限啊！

塑造時間壓力的小技巧

要在課程中塑造時間壓力，有幾個小技巧可以跟老師們分享。

1. 善用計時器

為了刻意塑造時間的緊迫感，我常會拿著計時器倒數時間，譬如在學生上台發表時用手機當計時器，並且展示給學員和報告者看，當時間到時，鬧鈴自動會響起，催促學員完成報告。這樣做還有一個好處，因為計時是公開的，學員自己也會觀察時間，時間截止時是鬧鈴的響聲催促學員，而不是由老師催促，這樣感覺不是由老師來打斷學生，也會讓老師的角色變得更公平和中立。

當然，除了計時器的截止鬧鈴，在比較長的小組討論時，我也會用口頭倒數時間，像是「還有三分鐘……倒數一分鐘……」，透過提醒時間的壓力，讓大家加速產出，並且更能聚焦在討論上。而像更長時間例如 10～15 分鐘的實作時間，我也會試著把倒數時間投放在投影幕上（可以使用倒數的 App 或 YouTube 上很多時間倒數的影片），譬如一開始就設定倒數 15 分鐘，然後每隔幾分鐘就口頭提醒大家一次，讓大家清楚知道時間的流動。

在專注的狀態下，你會驚覺時間真的過得飛快！只要你緊密規劃課程，並且用遊戲化教學抓住學生的注意力，再施加適度的時間壓力，你將會發現：越是刻意提醒時間，反而越會讓大家忘了時間的流逝這件事，只要你在課程中親自實驗過，就會知道時間的魔力了！

2. 記錄自己上課時的節奏

當然，在開始一個新的課程時，前幾次不大可能完全掌握住上課時間及節奏。這時我會在上課時拿著紙筆，記錄一下自己上課時實際所用時間，譬如假設課程時間安排是 4 小時，時間從下午 1 點半開始，我會做如下記錄：

下午 1:38 ～ 2:38 時間安排：第一小時完成問答、常見問題討論，以及小組第一次上台演練，前面感覺還不差，下課 10 分鐘。

下午 2:48 ～ 3:45：第二小時，上到投影片教學結束，中間帶簡單互動討論。不過這次沒時間教表格製作，直接看範例投影片，時間有點緊。

下午 3:55~4:55：這一堂課從大師影片觀摩及討論開始，並且讓大家進行小組實作，發展自己案例版本，練習時間 5 分鐘，加上發表及對答案大約 10 分鐘，效果不錯。

下午 5:00~5:38：收尾階段，重述完整架構，最後談到產出結果。不過最後沒有時間把收尾案例影片看完，下次要改進。最晚要在下午 4:45 就應該進入收尾階段課程，第二堂課時間再抓緊一點，才有時間好好收尾。

類似這樣對每堂課的時間安排，是我在課程進行中或進行後會馬上做的記錄。在前幾次教課時，可能沒辦法分秒不差地掌控時間，沒

關係，只要隨著課程一次又一次地不斷調整，對課程時間的掌握一定會越來越好！

有一個小技巧是，先把時間抓緊一點！如果時間真的抓的太短，那麼老師可以視學生的討論進度，再度延長時間就好，譬如說「看大家還沒討論完，老師再給大家 3 分鐘的討論時間……」，像這樣子試過幾次，自然就能夠抓到「有點緊、又不會太緊」的時間掌握了。另外一個小技巧是：快節奏的無人聲音樂也會塑造時間緊迫的感受——這可是職業講師才懂得使用的方法哦！

三個小時，彷彿一瞬間就過去了

當我還是個學生時，常忍不住想：為什麼有些課程就是會讓我覺得「度日如年」，但有些課程卻能讓我完全忘記時間的流動？比如我 EMBA 指導教授劉興郁老師的「人力資源管理」，明明就是內容很硬、教科書又很厚的一門課，但我們總是在發表、討論、個案思考、甚至辯論中，忘記了時間的流動，三個小時彷彿一瞬間就過去了。

那時我已經是公司的內部講師，在 EMBA 學習的經驗，讓我開始認真思考課程教學，仔細思考要怎麼做才能讓學員忘了時間，進入學習的心流狀態。

我甚至因此而重修了興郁老師的課，白天觀摩學習不同的教學技巧，晚上就應用在大學兼課的教室中。另外，又從 EMBA 指導教授賴志松老師，以及博士班的指導教授方國定副校長等恩師的身上，看到了雖然是嚴謹的學術課程，還是能透過課程設計方法，以及老師對教學的全心投入，讓我們這些老學生在課堂上忘記時間，全神貫注。

直到那時，我才打破了心結：並不只有企業的軟性課程才能創造心流學習體驗，而是任何的課程都有機會讓學生全神投入，重點只在老師們怎麼創造出更好的學習體驗。

第4章 競爭、壓力、挑戰與心流

　　也是自此之後，我才投入系統化的教學技術及遊戲化教學的相關研究，並且整理出其中的關鍵，讓老師們未來可以參考應用。

　　結合課程目標，利用遊戲化機制及元素，平衡技巧與挑戰，動態調整難度，同時抓緊時間，就能一直維持住學生的注意力，並讓你的學生很容易進入美妙的「心流」狀態！

4-6 軟體工具只是配角，你才是主角！

　　一系列寫了遊戲化教學的許多關鍵機制，不曉得大家有沒有注意到：在我們談遊戲化教學時，似乎沒有提到任何的軟體平台或 App ？

　　沒錯，這也是遊戲化教學常見的迷思之一；一談到遊戲化教學，有些老師就開始有資訊焦慮：「要用什麼軟體？」、「該怎麼操作？」、「如何以軟體配合教學？」

　　但是，我們訪談的 40 個遊戲化專家反而很少使用軟體或平台輔助，用的都是很「樸素」的方法：點數只用籌碼或計分表（而不是用軟體計分），獎勵就用實體的小獎品（而不是 App 的徽章制度），排行榜也只是用壁報或黑板展示各個小組的名次（不需要登入平台或用 LMS 學習輔助系統）。至於教學法的整合，更只是利用投影片加上簡單的教具就做得到。

　　只要掌握遊戲化教學的關鍵，即使沒有任何軟體 App 或平台輔助，也可以做好遊戲化教學。

　　這並不代表軟體平台或 App 有任何不好的地方，也不代表我自己對軟體平台或 App 有任何排斥。相反地，骨子裡是資訊宅男的我，有不少超愛好的軟體或平台應用；這一點，也可以從我寫的第一本書是電腦書、讀的最後一個學位是資訊管理就能看得出來。但刻意最後才寫平台或 App 的應用，就是怕太早談論軟體讓大家搞混了「遊戲

化教學」與「遊戲式教學」，或者與「電腦輔助式教學」等不同領域的區隔。

再一次強調，遊戲化教學的目的不是在課程裡玩遊戲，而是在教學的過程中結合遊戲的元素與教學手法，強化更好的學習體驗，最後達成更好的學習成效。因此，軟體或 App 並不是遊戲化教學的關鍵哦！

但是，如果大家已經掌握了遊戲化教學的關鍵要素與機制，適當地運用軟體平台或 App 的輔助，對學生的學習成效還是會很有幫助的。接下來，我想跟大家聊一下遊戲化教學平台 PaGamO。

PaGamO：台灣遊戲化教學平台的王者

匯集 210 萬名學生用戶、7 萬名老師使用者，說 PaGamO 是台灣遊戲化教學平台的王者應該不過分吧？

事實上，PaGamO 已經成為全球第一的線上遊戲學習平台，也獲得 Reimagine Education 世界教學創新大獎。更不用說，這是由我的好兄弟台大葉丙成教授創立的平台，目前擔任主要推廣的業務副總也是我的好朋友 Eva ——張怡婷。一聽我想了解 PaGamO，還專程為我簡報說明，真是太感謝了！

現在的 PaGamO，已經是全國許多中小學生複習功課及學習課業的好朋友，每天都有幾萬名學生上線攻城掠地，一邊回答問題擴大自己的領土範圍，一邊複習課業擴大自己的知識邊界。最重要的是：PaGamO 是社會企業平台，不但國中小學生都可以免費登入、免費使用，就連台灣的老師們，不管教的是國小、國中還是高中職，也都可以免費用 PaGamO 提供的題庫與功能來授課。特別是這兩年疫情來襲，PaGamO 所提供的線上教學資源，真的幫助了許多需要幫助的孩子們，讓他們可以自主學習、自己複習。這樣的機制也真的發揮了成

效，讓學生們真的成績進步了！

PaGamO平台與遊戲化元素

我們前面一直提到，遊戲化是把遊戲的元素——包含機制和要素——融入非遊戲的場景。那麼，在各位老師看來，PaGamO 有哪些遊戲要素呢？

如果撥開軟體及界面設計這些元素，你會發現，雖然整個主題是圍繞在遊戲式的佔領土地，但要能答對題目才能獲得土地，不就是「結合教學目標」這個遊戲化的關鍵嗎？另外，在 PBL 三大要素的應用上，學生答題正確會獲得「分數」（點數 P）、獎勵則是獲得土地，或搶佔別人的領地；遊戲既提供虛擬寶物，也有不同等級的徽章機制（獎勵 B），最終更有分數及領地的排名（排行榜 L）。所有的要素都是用來激勵玩家學生們的答題意願，進而達到學習的效果。對學生而言，他們是在完成遊戲任務；但對老師而言，完成任務就是在學習或複習功課，真正達到「在遊戲中學習」的目的，讓學習遊戲化。

從學校到企業，PaGamO席捲全台

針對國中小及高中的教科書內容，目前 PaGamO 已經幫老師們建好課本裡的題庫，而且教科書內容的題目都是免費提供，老師只要指派任務，就可以完成功課交辦或進行教學複習。平台另外也提供企業或學校客製加值付費服務，由需求單位自行規劃學習範圍及主題，讓目標對象進行學習。

舉例來說，前陣子高雄大學就與 PaGamO 的平台整合，把原本新生訓練的制式導覽（當過新生的都懂……有點無聊），變成校園實境遊戲「大學入門」。過程中三位新生組成一隊，一起完成 PaGamO 上的任務，不只需要回答關於學校特色的問題，還必須親自到校園的

不同角落尋找每一個關卡的線索;這就是利用 PaGamO 的平台,來完成遊戲化教學的效果。

學校之外,目前也有許多企業應用 PaGamO,結合企業社會責任(CSR)來推動 ESG(環境保護、社會責任、公司治理)的相關事宜,像是國泰金控使用 PaGamO 教導反毒、慈濟基金會用 PaGamO 進行環保防災、Line 則用 PaGamO 來教大家如何查證假消息⋯⋯。有越來越多的企業,透過 PaGamO 平台本身就具備的遊戲化教學機制,來讓同仁產生自主學習的動機,並且學得更開心、更有效,比如特力集團就使用 PaGamO 培訓新人,把一些相對沉悶的基礎資料轉化為遊戲化學習。

善用工具,不為工具所役

除了 PaGamO,老師們其實還有許多好用、常用的軟體工具,但在這裡,我卻打算「刻意不提」!

因為身為資訊人,我知道一旦我提了工具,大家反而會陷入「工具迷思」,開始比較:哪一個工具比較好?哪一個工具應該怎麼用?哪個工具又比較有趣或高效?

我想再次強調,在遊戲化教學的過程中,軟體平台或工具「不是關鍵」,身為教師的你「才是關鍵」!

因為當你掌握了有效教學核心,知道如何規劃學習目標,也了解怎麼設計互動教學、懂得如何抓住學生的注意力後,不管你想用點數、計分、排行榜,或是遊戲規則及團隊競爭環境的塑造等,都不一定需要工具,也更不需要軟體或 App。甚至在線上教學環境裡,如同我在《線上教學的技術》一書中反覆強調的「最小化資訊需求,最大化教學效果」,即使只能以紙筆記分、用半張 A4 紙討論,也同樣能在線上教學展現出很棒的遊戲化教學成效。

　　所以，請老師們記得，要做好遊戲化教學，你不一定需要任何工具，需要的只有「你」，一個認真、投入的老師，用你的熱誠想辦法改變教學的環境。

　　有了這個體認，一切的工具、軟體或 App 才能真正為你所用，用來幫助學生獲得更好的學習效果。當然，我也希望這本書和許多專家老師們的經驗可以幫助你！

教學個案　實證醫學種子師資培訓工作坊

先問大家一個問題：「吃維他命 C 可以預防感冒嗎？」

相信許多人憑印象會給出的答案是「應該可以吧……」，許多人感覺快感冒時，就會想要吃一顆維他命 C，也有人說，多吃維他命 C 可以幫助感冒後的復原；就連感冒藥的廣告，也強調成分包含維他命 C。但是，這是真的嗎？維他命 C 有醫療證據支持可以預防感冒嗎？

如果你 Google 一下「維他命 C、感冒、實證醫學」這幾個關鍵字，馬上就會在第一頁看到「補充維他命 C 可預防感冒？」、「實證科學破解飲食迷思：維他命 C 可以預防、紓緩感冒？」這些標題的後面都會打上問號。進一步點入「維生素 C 對感冒的預防與治療」這一篇考科藍（Cochrane）研究中譯版，就會發現一篇涵蓋了 29 個對比試驗、總計 11306 位受試者的研究結果，結論是「對一般民眾，補充維生素 C 無法減少感冒的發生率」。噫？為什麼跟我們一般的印象不同啊？

「實證醫學」也用得上遊戲化教學

像這樣依靠科學化的證據收集、評估及分析，幫助醫療決策最佳化，實際來幫助病人或患者解決醫療相關問題，就是所謂的「實證醫學」。在台灣，實證醫學已經推展超過 25 年，而其中的領頭羊，就是台灣實證醫學學會。除了推廣實證醫學的觀念，這個學會也致力於實證醫學教學課程標準化、多元化及普及化，強化大眾對實證醫學的認識與臨床應用。

因此，台灣實證醫學會也會定期舉辦種子師資訓練。在以下這個教學個案裡，擔任教學任務的老師有四位：骨科郭亮增主任、王詩雯管理師、內科李坤峰主任、蘇柔如專科護理師（依課程排序），不只

在醫療領域的教學各有專長,這幾年也多次擔任實證醫學教育的種子講師教學任務。為了讓台下的學生們有更好的學習品質,兩年前我獲邀擔任四位老師們的教學教練,後來因為疫情的關係,這個課程中斷了兩年。再度重新開辦的那一天,坐在台下的我和學員們一樣興奮。

教室裡,坐在台下的雖然名義上是「學員」,卻都是各大醫療專業機構的老師們。當中有醫師、藥師、護理師、醫學院教授,還有行政主管及人員。大家來到這裡,不只是要學習享如何做好實證醫學的教學工作,更重要的是,也要學習如何把「遊戲化教學」的方法融入實證專業的課程中。

也許大家會想:「實證醫學教育 vs 遊戲化」,好像不搭嘎吧?

不只很搭嘎,甚至已經出現在官方指引中。「2020 年美國心臟協會的心肺復甦和心血管急救指南」(2020 AHA Guidelines for CPR and ECC),就已明確列出「遊戲化學習……可能改善學習成效」[1]。如果你知道這個指南在心臟科及內科的重要程度,就能了解這些重視科學證據及效果的老師們,為什麼會在假日齊聚課堂,學習如何應用遊戲化於實證教學了。

你教的,真的是學員想學的嗎?

第一堂課,上場的是骨科郭亮增主任。看著桌上滿滿的教具、以及桌前擺放的籌碼,台下的老師們心想:「也許要教大家怎應用使用點數計分吧?」但是出乎大家意料的是:第一堂課亮增主任教大家的,反而是如何使用 ADDIE 課程建構模式,讓大家先找出符合學員需求的教學目標。因為教學的目的不是只教自己想教的,更要教學員想學的,特別是成人教育,許多學生們都是帶著清楚的目的來學習。

但是老師們知道是一回事,能不能做到又是另一回事。只見亮增主任出了一個小組討論題,請大家構思某一門課的教學目標。做法是

由一組當老師、另一組當學生，之後再請小組間互換答案，相互批改；只要教學目標與需求相符，每一個答案就能加 1000 分，3 個教學目標全對就可以加 3000 分。這時只見大家努力討論，完全站在學生角度換位思考，就是為了提出學習者想要的答案。其實遊戲和籌碼都只是好玩而已，更重要的是：大家在不知不覺中，已經開始換位思考，從教學成果來反推，一個好的課程應該怎麼開始設計，要決定什麼目標、篩選哪些教學內容。這才是比遊戲化教學更重要的事情啊！

以多變的教學方法持續抓住學員的注意力

第二堂課是由詩雯老師擔綱，在課程開始時刻意進行一段長長的講述後，冷不防出了一個問題給台下的老師們：「請大家把筆記蓋起來。剛才聽到了哪些教學方法？各有哪些優缺點？」結果是，台下的老師學員個個啞口無言。明明剛剛都很認真聽，甚至有人用功抄錄筆記，但在想要回答問題的一瞬間，腦中卻有很大一部分是空白的！這樣真實的體驗，才讓大家感受到原來「聽到不等於知道」，唯有透過互動、開啟注意力開關，才有機會吸收台上老師的教學內容，轉化成自己的學習。這樣的真實學習體驗，比老師說得再多都還有用！

「原來剛才我們看起來很認真聽，但其實都沒有吸收啊……」台下的老師們反思著。

像這樣的實際體驗式活動，也是遊戲化教學的關鍵要素之一。當然，要從活動中有所省思，活動本身的構思是需要許多時間的。在教學的過程中，為了強化參與動機，學員的每個參與、互動、回答、討論，也都會有點數或籌碼進行強化。另外，詩雯老師還額外準備了特別的杯墊，做為成績最優小組的鼓勵。大家透過遊戲化教學的過程，學習怎麼做好遊戲化教學，這樣「劇中劇」的設計，真的是很不簡單，不愧是擁有豐富教學客戶溝通及同理心教學經驗的詩雯老師！

實證精神的遊戲化教學

下午登台的，是門諾醫院內科部李坤峰主任，他應用實證的精神——也就是綜合分析現有經驗與證據——教大家怎麼做好遊戲化教學。一開始，李坤峰主任先引述了前面提到的「2020 年美國心臟協會的心肺復甦和心血管急救指南」，讓大家知道遊戲化教學的益處大於缺點，「先求不傷，再講療效」，之後再教大家如何把知識內容轉換為互動教學手法，並且用他自己的腎臟科專業進行示範，例如「台灣 200 萬腎臟病患者只有 3.5% 自知患病」這樣的醫學資訊，除了單純講述外，也可以轉成以下的教學方法：

「台灣 200 萬腎臟病患者，只有不到 10 萬人知道自己患病，對或錯？」（是非題）

「台灣 200 萬腎臟病患者，請問有多少百分比自知患病？ A. 3.5%，B.13.5%，C.23.5% 」（選擇題）

「台灣 200 萬腎臟病患者，只有 3.5% 自知患病，最可能的原因有哪些？」（小組討論法）

一旦把教學內容轉成互動教學形式之後，再配合遊戲化互動手法，像是常見的 PBL 三要素，就可以用點數進行即時回饋、用獎勵強化動機；也可以加入排行榜，增加小組間競爭及相互投入。坤峰主任搭配過去豐富的教學經驗和許多社區衛教實務，讓台下老師們聽得非常投入、欲罷不能。譬如，他跟大家分享在社區衛教時，其中最有效的獎勵機制是 _____ 。這個空格裡的答案，就留待大家有機會去聽坤峰老師的課程來解疑吧！（本書前面的教學個案裡，也能看到類似答案哦！）

　　課程的最後，坤峰主任還引用了我的遊戲化研究論文（詳見本書附錄），讓大家用排序的方法，找出遊戲化教學最關鍵的前 12 大要素。台下老師們可以說是一邊體驗遊戲化教學，一邊也在學習遊戲化教學，最後還要展現遊戲化教學，像這樣學習、體驗、應用三者合一的課程，背後不曉得要花多少心力規劃設計啊！這也難怪，坤峰主任在上台前的最後一秒都還在調整授課投影片呢。

用輔助教具創造更好的教學成效

　　下一堂課，接棒上場的是蘇柔如專科護理師。課程從一個醫學教育的情境演練開始，配合每個不同角色的卡牌道具，每個人都清楚角色的任務要求，因此對個案的投入都非常精準。演練之後，大家立即能感受到：原來，簡單的教具真的可以大幅提升學習體驗！

　　之後，柔如老師再利用簡單資訊卡片配合壁報紙，現場示範了一個點滴注射的互動教學流程。這次的教學方法並不是討論，也不是問答，而是請大家用排排看的方式，排列出點滴注射的正確操作次序；柔如老師甚至配合人體解剖圖及器官名稱，讓學生標示不同位置的器官及血管名稱，答對馬上加分。整個過程有趣又好玩，還充滿了學習的記憶點。這樣的方法實際運用在醫學教育後，也大幅提升了學習的樂趣，並且讓學生記得更牢固了！

　　另外，像是把記憶型的資訊轉化成賓果式及找字謎式的遊戲，還有用簡單的印表機輸出，來產生排列知識用的卡片。在大家一邊吸收、還來不及抄完筆記時，老師這時下令，要大家立即應用所學到的教學技巧，馬上設計一個課程。大家現學現用，很快就有學員把母乳哺育、急診步驟、甚至是實證醫學證據評級等知識，設計成排排看的教學方法，還現場設計了簡單的教具配合教學使用。這些知識都非常專業，但學習起來卻很有趣，所以教學上的限制都是自己給自己的，

唯一真正的限制，就是老師自己的想像力啊！

用心的老師、才能造就用心的學生

　　一整天的課程下來，我看到台上的老師們用心教學，台下的老師們用心學習，目的就只有一個：讓實證醫學教育能夠更生動、更活潑、更有效，幫助未來的醫療從業人員，讓他們在遊戲化教學的過程中吸收實證醫學的重要知識，像是用實證 5A、用 PICO 形成有效問題、搜尋策略、證據評級、最後得到有效解決方案，並應用在醫療相關實務上。相信老師們所花的時間，未來也會反應在學生的學習成效上。

　　最棒的是：雖然課程內容極為專業，教學節奏也非常緊湊，但整天的課程卻充滿了笑聲！學員還常常會發出嘖嘖的讚嘆，以及給予老師如雷的掌聲。你的教室也是如此嗎？如果不是，也許可以多找一些「實證」的資料，試著將你的教學有效地遊戲化吧？說不定，只學到一、兩招也會非常有用哦！

---

[1] Cheng, A., Magid, D. J., Auerbach, M., Bhanji, F., Bigham, B. L., Blewer, A. L., Dainty, K. N., Diederich, E., Lin, Y., Leary, M., Mahgoub, M., Mancini, M. E., Navarro, K., & Donoghue, A. (2020). Part 6: Resuscitation Education Science: 2020 American Heart Association Guidelines for Cardiopulmonary Resuscitation and Emergency Cardiovascular Care. *Circulation*, *142*(16_suppl_2), S551-S579. https://doi.org/doi:10.1161/CIR.0000000000000903

長大後開始自己作菜，才發現小時候媽媽真的很厲害，費盡心思把我不喜歡的紅蘿蔔變成各式各樣不同的菜色，就為了讓我這難搞的小孩多吃一口。「紅蘿蔔很營養，為什麼不吃呢？」其他大人總是用斥責的語氣這麼問。

同樣地，不少老師總會覺得：「我教的東西很重要，為什麼學生不想聽呢？」《遊戲化教學的技術》就好像一本科學食譜，用科學的理論與實務經驗，教你怎麼樣把有營養的內容烹調得讓人看了就想吃，吃了停不下來，吃完還期待下一次。當然，不是用什麼複雜的分子料理方式，而是人人可以上手的簡單方式。希望各位老師在看完這本書後，也能將自己的教學內容昇華成讓學生們爭相參與學習的課程。

馬偕醫院胸腔內科主治醫師 郭冠志

如果你是教學醫院教職醫師，這本書你一定要看！

目前本人任職於成功「大學」附設「醫院」，顧名思義，不只要看病患，也肩負教育牙醫系學生的重任。但是，醫學院畢業的醫師從來沒有接受過系統化的教育理論及教學技巧的訓練，因此教學時總是土法煉鋼，或是從碎片化的課程學習拼湊摸索一些心得。

福哥從《上台的技術》寫到《教學的技術》、《線上教學的技術》，讓身為教職醫師的我學到系統化的教學及上台技巧。新書《遊戲化教學的技術》兼具實務與技巧，更結合學術與理論，讓教職醫師不只可以實際用在課堂上，還可以當作寫教學研究計畫及評鑑的超級工具書。

讓你教學、研究這兩件苦差事都有可以參考的系統化整理了！

成大牙醫學系助理教授 陳畊仲

這幾年因為上了福哥簡報課，讓我更有能力講出自己想講的內容；上了教學的技術，讓我知道怎麼設計一堂有趣的潛水課程。學習是進步重要的關鍵，我相信每一個人可能都有需要教別人的時候，怎麼將自己的課程設計得更有趣、更好玩，讓別人接受，這是需要練習和投入的。福哥的《遊戲化教學的技術》很適合想變強的各位教學者。

台灣潛水執行長、PADI 白金課程總監、百大經理人 SUPER MVP 陳琦恩

各界推薦與應用心得

不論你是學校老師、企業講師，還是像我這樣需要上台衛教的醫療人員，都可以從福哥最新的《遊戲化教學的技術》裡面，找到「外星人時光精神屋」當中最重要的一片拼圖——遊戲化的精髓。這本書，將會大大提升你上台及教學的功力！

腎臟專科物理治療師 陳德生

早年擔任內部講師時，我就不斷思考如何安排有趣又有料的訓練。有幸受福哥薰陶，在課程中見識到，精心設計的遊戲化教學如何締造出如同演唱會般的精彩課程，就一直很好奇這是怎麼做到的，

先前，我從《教學的技術》中學習到了教學手法及技巧，而這本《遊戲化教學的技術》，更讓我了解遊戲化教學的真正價值。拜讀後發現，大家可能會遇到的遊戲化教學問題，福哥都清清楚楚地提出解決之道，並提醒每個細節，看了實在大呼過癮。不但讓我們掌握到遊戲化教學的 know-how，還揭露遊戲化教學背後孕育著雄厚的 know-why，滿足讀者好奇心，也驗證了這些正確方法背後的科學根據。

我實在無法想像，這本兼顧實務與理論的書要花費福哥多少時間及心力，又得累積多少實務經驗。採訪數十位教師，結合這麼多專業的文獻，含金量超高，對我們的應用更不只在教學領域。我就借用了福哥這套方法，大量運用「遊戲化教學」來影響孩子，讓孩子透過遊戲化機制願意自動做家事，培養了孩子的自主習慣。

感謝福哥不只在遊戲化教學做到最好示範，更願意無私分享這麼值得收藏的經典好書。

佑鈞企管創辦人、企業職業講師 陶育均

我從事教職 20 餘年，大學求學時受現任國立中山大學校長鄭英耀啟蒙，投身創意教學的範疇。提升學生學習的動機與動力，正是創意教學的核心概念之一，而遊戲化教學可將遊戲的 PBL 三大元素與課程教學內容相互融合，讓學生在學習過程中充滿樂趣，讓學習更加有感，實乃創意教學的呈現。

「認識一個人，不是聽他說了什麼，而是看他做了什麼！」初識霸氣外露的福哥是在台中科技大學的講座上；會後，福哥紅著眼眶與我分享許

多他閱聽後的感觸。沒想到，一位千萬級講師的內心竟是如此細膩與柔軟，我完全能感受到福哥對教育的熱忱與全身心投入的程度。之後，福哥無私分享他的教學技巧與情境轉換的技術，更寫出一本本精彩絕倫的暢銷書。這一本遊戲化教學的新書，將是你能否打通教學任督二脈的關鍵。

一法通萬法通，很多人都誤解了遊戲化教學，以為用桌遊、數位動畫……等就是遊戲化教學，福哥將帶你進入真正遊戲化教學的宇宙。

誠如謝文憲（憲哥）所言：「一千個想法比不上一個行動！」若想讓學生或學員不只喜歡上你的課，更能在課堂上帶走滿滿收穫的話，你缺的就是一個行動：將這本書放進購物袋，並開始實踐它。

全國 SUPER 教師 曾明騰

教學十幾年來，我一直在使用遊戲化機制，但每當被問到其實質效果時，我總覺得自己的回答只有經驗，缺乏具說服力的理論支撐。

這本《遊戲化教學的技術》以人人都能吸收的白話文形式，紮實結合理論與大量實戰經驗，完整呈現遊戲化教學的深層精髓。老師們終於能夠踏踏實實地在教學現場應用遊戲化教學，同時禁得起任何角度的考驗。

七年來，我最少跟了福哥五場的教學課程，即使內容 80% 相同，每次課後都還是能著手改版自己手上的課程。有時，只是一個開場順序或演練設計的改變，就能讓整堂課的順暢度截然不同。教學行雲流水的關鍵，都隱藏在外部看來平凡無奇的細節中。現在能夠以文字形式永久保存福哥的一身武功，老師們絕對要視為教學職涯的葵花寶典。

雲飛語言中心創辦人 游皓雲

從事教學工作的這幾年，我認為，教學最困難之處在於如何讓學習過程既有效又有趣。如果無法燃起學習者的學習興致，就算內容再具啟發性也很難達成預期的效果。越是重要的觀念，就越需要讓大家感到有趣，而遊戲化就是一個重要的教學方向。

本書透過不同課程的案例分享，協助我掌握了不同情境下可以運用的遊戲化機制。感謝福哥結合學術與自身豐富經驗，出版了這本《遊戲化教學的技術》，讓我在精進教學過程找到一盞明燈。

商業思維學院院長 游舒帆

各界推薦與應用心得

這是真實的場景。當我走進早上八點第一堂課的大學教室時，學生只到了一半，而空中瀰漫著沉重的冷空氣。但就在我開始上課沒多久，這些剛甦醒的大學生竟然自動自發地搬桌子、圍成小組坐在一起討論，教室整個熱了起來，滿滿的學習活力！

這是怎麼辦到的？其實只是因為我加入了遊戲元素，讓他們進行小組競賽。

遊戲化是強大的催化劑，可以讓學生快速朝學習目標前進，然而這是需要經過設計的。福哥不藏私地寫出完整操作架構，讓我們可以好好依循；如果再加上自己的創意，就會成就每個老師獨特的教學氛圍，讓學生在學習的路上更加快樂且順遂。

馬偕醫院重症醫學科醫師 湯硯翔

遊戲和學習的關係一直密不可分，從野外動物的幼獸追逐撲跌，到原始部落孩童的打鬧嬉戲，表面看來的遊戲行為，事實上都是生存技能的學習。遊戲本身是學習的手段，是學習的情境，是學習的氛圍。透過賦予個體與群體互動、競爭、合作、獎勵……種種條件，不限時空環境，都能創造遊戲化學習場域與行為，實踐課程目標。

如果教學者可以認清「學習本身就是一場遊戲」，那「遊戲化教學」將更容易理解與實現。有了這分認知，擁有一本能對「遊戲化教學」從觀念正本清源、在理論基礎上深入簡出、在操作技術上有實例學習的好書是必要的。企訓名人講師、教育暢銷作家王永福老師這本《遊戲化教學的技術》，全書在 PBL 框架下，以 15 萬字的篇幅，像教練般精準地解析問題，給予指導，正是想擁有遊戲化教學能力的教學者必須擁有的重磅作品。

品學堂執行長、《閱讀理解》學習誌總編輯 黃國珍

認識福哥（王永福）後，翻轉了我的一個觀念：原來上課可以這麼有趣。一直以來，對我來說「上課」就是台上講台下聽，但台上即使講得很努力，台下也不見得聽得很理解；上完課後，也不知道學生是否真的學會了，或是老師真的教得好。上過福哥課程、讀過《教學的技術》後，才發現上課其實不是只有單向說，老師也可以讓學生在課程中參與、互動，並得知學生

的學習效果。這次《遊戲化教學的技術》更是將焦點放到了「遊戲化教學」這個概念上，以更進階的方式，提供老師在教學上更多的可能性。

城邦出版集團第一事業群總經理 黃淑貞

現代人專注力越來越差，這對學習造成很大的干擾，也是老師教學很大的挑戰。遊戲，則是老師喚回學生注意力有效的策略之一。

福哥是資深企管講師，把多年實戰教學經驗寫成《遊戲化教學的技術》，書中分享了 PBL 策略（點數、計分、排行榜），能有效喚回學員的專注力。

人是群居性動物，有「輸人不輸陣」的榮耀感。「遊戲化教學是把遊戲的元素應用在非遊戲環境中」，老師若能把授課專業主題內容透過 PBL 策略呈現，便可以有效提升學員的歸屬感、榮耀感，進而增進參與感；學習氣氛活化了，專注力回來了，教學效益也就提升了。

這本書有很多企管業界老師的實戰案例分享，也有許多學習理論基礎做支撐，是遊戲化教學實務與理論兼具的好書，推薦給每位老師閱讀活用。

人文企管講師、《遊戲人生》作者 楊田林

同時經歷過醫學與法學教育的我，深深感受到這兩門學科都非常「專業」，導致學生上課時，要嘛必須維持高度興趣，要嘛必須維持高度專注力，否則很難吸收體會。而如果把這兩門這麼專業的科目合在一起，「醫療法律」又會怎麼樣？該怎麼教臨床醫師？怎麼教醫學生、護生？甚至普羅大眾？

「醫療法律」攸關著不只是醫糾，而是醫病權益與病人安全。這麼重要的內容不該艱深，而是應該讓每個人都可以懂。運用福哥有效的教學方式，讓我不僅吸引學生的注意力，還有效增加學生的學習效果，感謝福哥！

高雄榮總急診部主治醫師、《老師沒教的40堂醫療必修課》作者、
第57屆廣播金鐘獎最佳教育節目、教育文化節目主持人雙入圍 楊坤仁

某父賣女為奴，其女不甘，淚流滿面，鄰人義憤，其父搥胸高呼：「天下無不是的父母！」

各界推薦與應用心得

現代社會還有多少今人死抱故人骨頭而非活用其智慧？還有多少為人師者堅定認為「業精於勤而荒於嬉」？

福哥陸續推出以「技術」為名的書籍，《遊戲化教學的技術》一書以理論和實務經驗說服讀者：「業，也能精於嬉！」

若有個主題讓人願意躬身入局，終日耽溺，背後一定有奶與蜜。如果持續耽溺可以習技，那拆解何以讓人耽溺，就能讓更多人加速習技！如果持續耽溺傷人傷己，那拆解何以不讓人耽溺，正好能解決社會問題。

醫師、《人生路引》作者 楊斯棓

作為培訓師，有幸認識非常多頂尖職人，王永福老師，就是頂尖職人之一。福哥深度鑽研教授課程的知識，博士班研究主題就是遊戲化教學。《遊戲化教學的技術》有完善理論基礎，輔以多位老師遊戲化教學個案實例拆解，搭配三大學習理論應用，讓讀者立即實踐，效果即刻展現。若你期待翻轉教學，趕緊入手王永福老師的《遊戲化教學的技術》！誠摯推薦！

振邦顧問有限公司創辦人、企管講師，《小學生高效學習原子習慣》
作者 趙胤丞

「老師的生活過得精彩，教學才會精彩」是福哥的勉勵，也是我在教學上的領悟。營養科學是從生活中落實專業的應用科學，也是醫學教育與素養教育的一環，身為老師必須要有中心思想。

我自己從業界（醫學中心資深營養師）到學界，認為不只是讓學生畢業後順利通過營養師國家考試而已，而是必須在教學中培養「工作素養與態度」、建立「解決複雜問題」的能力。教育與考試是完全不同高度的事，如果只是灌入知識，學生去補習班就好，線上課錄影也可以，老師的角色充其量只是個會說話的讀稿機。這幾年醫學教育的演進，更看重學生合作互助、與他人協作、解決問題的能力，老師必須有能力將書本上的背景知識與臨床實務貫穿彙集，這是我的教學優勢，也是我一貫的中心思想。

不論線上（經營課程社團）或線下（實體課程），不論正課或實驗課，我都使用遊戲化教學，因為這是最能貼近學生的方式，用他們熟悉的方式傳遞知識、理解我的想法，尤其福哥書裡提及的「氛圍出來，就會引發連

各界推薦與應用心得

鎖效應」，建立群體積極學習的課堂並增進對知識的掌握能力，遊戲化教學是非常實用的界面。

　　如同教育學者福祿貝爾說：「教育之道無他，唯愛與榜樣而已。」福哥是我的榜樣，也是教育的實踐者。

輔仁大學營養科學系教授 劉沁瑜

5

三大學習理論、
基模與學習成效

　　讀到這裡，老師們大致已經清楚遊戲化教學的操作細節，從什麼是遊戲化教學、課程目標及規則訂定，到遊戲化環境塑造，再到內外動機整合與 PBL 三大要素，以及如何透過競爭壓力與挑戰升級，來讓學習者進入學習心流的狀態。到此，遊戲化教學的技術，大家應該已經可以明確掌握。

　　只是，大家不曉得有沒有想過——為什麼這些游戲化教學的技術能發揮作用？背後有什麼理論支持嗎？甚至，在學好了遊戲化教學之後，還有哪些教學的修練，可以幫助老師們持續提升教學效果呢？

　　也許，是時候讓我們回到最基本的地方，也就是重回學習理論基礎，「蹲得越低，才能跳得越高」。

　　我們先來看看，「學習」是怎麼發生的？從三大學習理論，也就是：行為理論、認知理論、建構理論，各自是怎麼看待「學習」這件事情。不同的學習理論，關注的焦點有哪些不同？

　　更重要的是，這些學習理論又要如何與教學實務結合？我們將用一場對高中生的演講，仔細拆解其中的過程，並且說明不同的學習理論，如何在真實的教學現場中發揮作用。你會知道，原來我們熟悉的遊戲化元素，背後也有紮實的學習理論基礎。

　　最後，我們會進一步探討，在老師「教」了之後，學生是不是真的「學」到了？也就是「有效學習」與「基模」的概念。一門課在教了兩個月後，學生還會記得什麼呢？而這件事，跟教學又有什麼關係呢？

　　用實務印證理論，用理論輔佐實務，一直是我撰寫這本書的核心理念。本章將是一個兼具實務與理論、廣度與深度的章節，如果你準備好了，讓我們來看一看：在遊戲化之後，如何用學習理論，讓你的教學再升級吧。

5-1 從教學實務到學習理論

　　不曉得你有沒有想過：我們是怎麼學會「教學」的？

　　如果我的猜想沒錯，大部分人之所以學會教學，並不是受過了什麼專業的訓練，也不是研讀了多少教育理論。我們之所以學會教學，最早只是「有樣學樣」，也就是從過去教我們的老師身上學習而來；他們那時怎麼教，我們現在就怎麼教，那就成為我們教學最初的模樣。

　　當然，隨著自身的成長及學習，我們的教學方法也會有些許的調整或改變，但前提是我們真的有「成長」、「學習」及「調整」。如果我們沒有仔細思考過「教學」這件事，時日再久，只是重複使用過去會的方法，也不見得會學習成長，當然教學也不見得會改變。

　　說到這裡，你也許會認為：「我上台就會教了啊！為什麼需要思考教學這件事呢？」

　　這麼說並沒錯，這確實是老師教學的常態，比如「講述」，便是最簡單直覺，也是最多老師教學時採用的方法。但不知你有沒有想過，如果我們轉換一下教學對象，這個方法還有用嗎？誇張一點說，如果我們教的不是孩子，而是一隻「小狗」或「小貓」，那要怎麼教牠們學習呢？對牠們「講述」會有用嗎？

　　也許你心裡正在罵我：「人和貓狗怎麼能相提並論？」然而你可

知道，這樣的類比正是行為主義學習理論的基礎？

行為主義學習的研究

早在 1902 年，帕夫洛夫（Pavlov）就開啟了鈴聲和狗唾液分泌的研究，最後發現，只要在餵食之前先搖鈴，幾次之後狗就會連結「鈴聲」與「食物」，一聽到鈴聲便開始流口水——這稱為「古典制約行為反應」[1]。

於 1921 年桑代克（Thorndike）的實驗對象是貓。怎麼教會貓咪逃脫牢籠？他發現，只要貓咪自己多嘗試幾次，就會記下逃脫方法，但如果籠子外還有食物引誘，更會加快貓咪逃脫的速度；要是先讓貓咪餓久一點，再加上食物引誘，則脫逃籠子的動機和速度又會再提升一些。最後，桑代克因此提出了學習三定律：練習律、效果律、準備律[2]。

再後來，於 1938 年史金納（Skinner）試著教導動物更複雜的動作，每當動物表現出特定行為時馬上給予獎賞，例如鴿子走路時如果往右轉就馬上投入飼料，但其他動作就沒有食物。本來毫無這方面意識的鴿子，因為右轉過很多次都吃到飼料（真的是需要經過很多次，所以這種實驗極需耐心），鴿子往右轉的「動作」就會被飼料「獎勵」所強化，而且還能以此類推，學會更複雜的動作。這被稱為「操作制約反應」[3]。

不曉得大家有沒有發現，最早期的行為主義學習理論的研究，就是把教學對象換成「動物」，思考怎麼教動物才教得會，之後才把這些研究的成果，轉換成在我們人類的學習應用。從行為主義的研究中，最終可以歸納成一句話，就是「刺激與反應的連結」：帕夫洛夫是先給刺激（食物與鈴聲），再連結反應（流口水）；桑代克是則是改變刺激（有無食物、肚子餓不餓、練習幾次），再觀察反應（脫逃

時間）；而史金納則倒過來，先看到反應（右轉），再投入刺激（飼料獎勵），之後再持續強化，透過這樣的過程，增加預期的反應！不管刺激、反應之間的關係是誰先誰後，這個「刺激與反應」的連結，可以說是行為理論最主要的核心。

當然，有時我們人類不一定需要親自參與「刺激與反應」，單單是觀察別人的行為，以及其行為產生的後果，也能從中學習，這就是由心理學家班杜拉（Bandura）於 1965 年所提出的「社會學習理論」（Social Learning Theory）[4]。他讓兒童觀察成人如何與充氣不倒翁人偶互動，發現如果成人刻意攻擊不倒翁，則兒童接下來攻擊不倒翁的行為也會增加，也就是孩子透過觀察大人的行為而產生學習。後續的進一步研究，更提出觀察學習的四個階段：注意、保持、再生、動機，這些關鍵會強化模仿學習。

實務與理論的交互作用

了解行為理論核心後，下一個重點是：怎麼在教學實務上應用這些理論呢？

如果行為主義學習理論重視的是「刺激」與「反應」的連結——不管是自身接受還是觀察別人的反應，那我們是不是可以思考：有什麼是我們在教學時，可以投入的刺激呢？教學之後，我們又可以期待學生會有什麼反應？另外，為了強化連結，過程中的增強物——如同實驗中的食物獎勵或懲罰——又應該如何加入，才能增強反應呢？

為了讓理論與實務可以串連，相輔相成，接下來我們會舉一個實際的教學案例，一場對高中生的演講，讓大家先看看實務現場我們是怎麼做的，然後再來分析整個教學過程中，我們如何應用行為理論

基礎的教學技巧，也許大家交互驗證，就能更了解實務與理論的連結哦。

[1] Pavlov, I. P. (1902). *The work of the digestive glands*. Griffith Institute.

[2] Thorndike, E. L. (1921). *The psychology of learning* (Vol. 2). Teachers College, Columbia University.

[3] Skinner, B. F. (1938). *The behavior of organisms: An experimental analysis*. Appleton-Century.

[4] Bandura, A. (1965). Influence of models' reinforcement contingencies on the acquisition of imitative responses. *Journal of personality and social psychology*, *1*(6), 589.

5-2　一場以理論為基礎並展現實務的演講

　　這次的教學現場是一間高中的講堂，我受到仙女老師余懷瑾的邀請，要對一群高中生演講。時間剛好是學測一階放榜的隔天，聽說很多孩子心情都受到影響。平常專教企業內訓及中高階主管的我，應該如何轉化教學方法，才能讓這群高中生也能受到影響與啟發？甚至在大家心情低潮時，還能因為這場演講而安心？

　　先快轉到演講結束時，有學生說：「早上還帶著沒乾的眼淚走進視聽教室，最後卻是帶著滿足的微笑走出去。」甚至有孩子在課後 FB 公開的心得中寫下：「……您的這一句話給了我很大的動力與啟發，能有機會聽到您的演講是一輩子的福氣！」這些都是公開留在 FB 的心得，而且學生也快畢業了，心得與成績都無關。大家有沒有想過，像這樣的學習應該如何創造嗎？

　　讓我們還原現場，然後逐步拆解，並且對照理論，來說明教學實務與背後的理論支持，而理論基礎又如何強化實務教學。在這一小節，我們先談來教學，下一小節，我們再來解析理論。

換位思考，預期成果

　　回到這一場對高中生們的演講前，如同我每一場課程或演講規劃，總是會先想像一下：

如果我是坐在台下的學生，我在想什麼？聽完會有什麼收穫？

切換成這樣的角度，我想像回到高中時候，台上有一個中年大叔要來對我們演講，我心裡可能會想：「這是誰？講的內容值得聽嗎？」、「他是不是來說教的？」、「他的經驗能套用在我身上嗎？對我會有什麼幫助？」、「他分享的東西我做得到嗎？還是只有少數人才有機會達成？」

這樣的思考，對於整個課程的目標及方向確認會很有幫助。因為只要稍微想一下就知道，我們平常對上市公司演講或上課的內容……大部分都不能用！因為這些主題都離高中生太遠，他們才剛考完學測，連大學上哪一間都不知道，職場或社會經驗還太遙遠。當然硬要分享也可以，最多只會讓大家覺得你「很厲害」，對他們來講卻沒有什麼實質上的幫助。因此我必須想一想我和他們的共同點，以及影響我從五專（前三年也算是高中）走到現在的一些重要觀念，並且不要用「說教」的方式，而是讓他們在演講過程中共同參與我人生中的一些抉擇點，看看我在那時做出了什麼選擇，後來對我的人生造成哪些影響。透過親身參與和模擬討論，他們才會有更真實、更貼近的感受。

最後，我應該還要留下一些重要的日常技巧，讓他們能運用到真實生活中，而不是聽完演講就結束了！

如同我們先前談過的，在設計課程或演講時，要先有清楚的教學目標，對結果要有預期。要先思考：如果我們希望學生們最後能記得一些事情，那會是什麼？先有了這些想法後，我才開始花時間設計兩個小時的演講……。

強力開場，吸引注意

不論是高中生還是企業人士，課程一開始——也許是三分鐘以內——就要馬上抓住大家的注意力！不然接下來一分心，甚至開始分神玩手機時，那就很難抓回來了。而且不只要抓住注意力，還要建立自己在學生心中的可信度，以及課程的價值感，讓大家覺得：「今天的課程／演講，看起來很值得聽的樣子……。」

在這場高中生演講開場時，首先我展示了幾張他們的老師——仙女老師先前邀請過的講者照片，包含沁瑜老師、慶坪醫師、大為醫師、皓雲老師、心怡治療長……等，除了喚醒大家先前的印象，並說明這幾位講者老師有兩個共同點：第一，他們都是仙女老師的朋友；第二，他們剛好都上過我的訓練課程，等於我是「老師的老師」（請上述老師們多包涵啊！這麼說只是為了在學生面前製造效果）。一聽我這麼說，果然學生們的眼睛就都亮起來了，「真的假的，是老師的老師吧！」

接下來我請大家猜「畫面上這幾位老師——包含我，哪一個高中時的成績最差？」答案當然是我！30歲前，和上述幾位老師比起來，我成績最差、學歷最低、工作也最基層！事實上我連高中都沒讀過，讀的是私立建國工專，當然也沒讀過大學！在工作10年後才又回學校重啟學習。有圖有真相，我也展示了五專、工地主任、保險業務員時期的照片，讓學生拿來和現在的我比對比對（應該還是有點反差吧？我指的是身材，哈！）。學生們覺得更有趣了，「也差太多！」還有學生真的說：「福哥之前也太瘦了！」我笑著回：「是怎樣啦，現在也很瘦啊！只比那時多了30公斤！」聽我這麼一說，同學們也都笑開了。

這樣一開場後，不只聚焦了注意力，轉換了氣氛。大家也開始

好奇：「老師的老師果然超強！高中時成績最差，怎麼從魯蛇轉變的啊？」

你說，學生在這樣開場後，是不是已經做好了學習的準備了呢？

參與決策，建構學習

年輕時，我們總是帶著一些叛逆，聽到大人說的話心想：「這些我都懂啦，不要再碎碎唸了。」現在，換成我們苦口婆心，但對著年輕人講課還是很容易像說教。不管別人是否覺得理所當然，但我可不想花時間來高中，卻被看成嘮叨的大叔啊！

所以我心想：「如果不要只是嘮叨，那該怎麼做呢？」接著想：「嗯……用嘴巴說過的話可能會忘記，那如果讓學生面對選擇呢？幫年輕的我來做決定？像模擬人生一樣？這樣應該會印象更深刻吧！」有了這個想法後，我把自己年輕時幾個重要的抉擇關卡都做成 3 選 1 的選擇題，像是我在五專土木工程科一年級時對電腦很有興趣，曾經認真思考該不該轉系，選項有「當然要轉」、「不轉，才不會浪費一年」、「雙主修」。題目丟出來後，台下的高中生們你一言我一語，討論得好熱烈！有人說「當然要轉」（我雖然現在已經知道，問題是年輕時不知道啊！），有人選擇「雙主修」（最好是我年輕時有那麼認真讀書！）。最後，我公佈了我當時的選擇——「不轉，才不會浪費一年」。學生們都覺得我好傻、好天真（噫？我不是老師的老師嗎？），但也因此讓同學們更能了解，每個人年輕時想法都有些侷限。不用說教，學生自己就能有深刻的感受！

類似的人生抉擇，包含了年輕的我「怎麼選第一份工作」、「是否換工作」、「媽媽的意見是什麼」等等。我先不說出答案，而是邀請學生們一起參與決策，最後公佈結果後，學生們不管選得對不對、與我的答案是不是一致，每一個選擇都是一種學習！而且，因為是小

組討論後一起做出決策，共同學習面對人生，學生們都超投入、超開心！

濃縮經驗，整理重點

為了讓學生更能帶走一些東西，我不只邀請大家參與決策，同時也分享了我的生命經驗，每次都濃縮成「一句話」，讓孩子們能更聚焦重要學習。

比如我分享了，雖然五專時捨不得浪費一年，沒有轉去讀資訊相關科系，但是卻一路自學電腦、架網站、寫電腦書，還在接近40歲時，又回學校讀了資訊管理博士的學位。當學生們正覺得驚訝時，我說出一句話：「**你可以不愛上學，但不要停止學習。**」

我希望，孩子們不管考上什麼學校、選了什麼科系（我知道他們學測剛放榜），都不要讓這些外在的東西限制了自己的學習！這句話，也成為很多孩子們印象最深的一句話之一。

其他像是搭配職涯選擇的情境，我會說「你應該勇敢，但不要衝動」，以及「讓家人放心，走自己的路」，都是在分享了經驗、展示了真實照片之後，聚焦濃縮的幾個關鍵概念。從孩子們聽講後的「心得與收穫」來看，我知道，他們確實帶走了一些東西：

「『你可以不愛上學，但是不要停止學習』，是這場演講裡我最喜歡的，也是我體會最深刻的一句話。」（戴同學）

「老實說，我其實沒有心情好好專心去聽這場得來不易的演講。但神奇的是，當我聽見福哥幽默的開場白之後，我漸漸地擺脫原本不愉快的心情，一步步跟著福哥進入他分享的三個動人故事中……。」（杜同學）

「聽了福哥的演講，讓我更有方向去面對自己未來大學的選

擇。」（張同學）

「令我印象深刻的是『選擇要勇敢，但是不要衝動』。」（項同學）

「在福哥開始演講後，營造出來的氣氛，瞬間就讓我融入其中，忘記之前的不愉快。」（王同學）

「這場演講不同於其他總是很正經的演講，在歡笑中還能學到受用一生的道理。」（葉同學）

課前課後，實做練習

雖然演講效果很好，但我也知道，有時學生就是會「在教室裡充滿感動，回到家中卻一動也不動」，所以為了確定學生們能透過這場演講真的帶走一些東西，我和仙女老師合作，針對課前課後都設計了不同的學習。例如擬出「50 個人生夢想」的練習，因為如果只是在教室裡說說，大家的體會不會有多深刻，所以我請仙女老師把它做成學習單，要求學生在演講前就要練習寫。學生的心得是：

「看起來輕鬆的學習單竟然花了我快兩個小時的時間，以為可以輕易寫完的，但在寫到第 36 個就已經想不出來。當下的我腦袋簡直是打了結。」（李同學）

「在寫 50 個夢想時，我想起了想去德國讀書的願望……，看著還剩一半的空白，深吸了口氣，『試試看，寫下吧！』我告訴自己。」（劉同學）

在演講結束後，看著同學們留下滿滿的心得，我知道我也許做對了一些事情。當然，要謝謝仙女老師的邀請，她讓同學們在課前做了許多功課，還請同學們製作貼心的邀請海報、甚至還有手寫卡片。

重點都不在於這些外在形式，而是透過讓學生參與整個演講的設計規劃，創造更好的學習準備，也為整體學習帶來更好的效果。

　　看完了這場對高中生演講的細節，大家有沒有注意到：我們在過程中，是如何應用不同的學習理論來設計整場演講呢？實務與理論，又該如何更有效的結合？像這樣的演講，真的能應用三大學習理論，也就是：行為理論、認知理論、建構理論，來創造更好的學習效果嗎？我們接著看下去。

5-3 行為理論基礎：
刺激與反應的連結

上節簡單分享了一場對高中生的演講。

因為要重新回憶場景，所以再讀了一遍同學們寫的心得，也因此看到仙女老師身障卻勇敢的女兒安安，在演講後用平實的文句寫下來：「我們的成功自己決定，沒有人可以幫我們決定一切」，以及「我還發現福哥跟我們家媽媽一樣，會先分組、選組長、選一個負責計分的學生，他們幾乎都用一樣的模式。」（哈哈，被你發現了！）。學生們的心得讓我覺得，先前的用心都值得了！

但重要的是：不曉得你是否有發現，整個演講的過程中，我們是應用了哪些學習理論，又怎麼跟演講實務連結呢？你有注意到如何開場嗎？怎麼引領學生進入學習的情境？面對剛放榜而心情不好、狀態不佳的學生，演講中做的這些事情為什麼會有效？又怎麼用學習理論來解釋呢？

接下來，我們就從實務現場切回到理論探討。

如同先前提過的，行為理論的核心在刺激與反應的連結，過程中，透過不同的增強機制來建立或強化連結。除了個體自我的經驗，學習者也能從觀察他人的過程中獲得學習。因此，如果從應用基礎的行為理論進行教學拆解，以下幾個核心也許是重要關鍵。

一、上課前先構思最終成果

應用行為主義學習理論的第一個關鍵是：先構思好最終的成果！也就是先想清楚，你期望學生在課後有哪些表現。

回想一下行為主義大師們的動物實驗，例如桑代克期望貓咪可以逃出牢籠，所以讓貓咪多次嘗試（練習律）、挨餓（準備律），並提供食物獎賞（效果律），最終貓咪學習到如何開鎖，而達到逃脫的結果。再如史金納，先預期要訓練動物做哪些動作，當動作逐步展現時，立刻回饋獎賞並逐步強化，最後才能從簡單到複雜，訓練鴿子做出完整的動作。

「先想好成果」聽起來一點也不難，但每次教學時，老師們是不是真的都有先想好預期的結果呢？而你想的結果，真的是學生最需要的結果，或只是你想要的呢？

就以那場我對高中生的演講為例，大家可以幫我想想，我們對演講的預期結果應該是什麼呢？「跟學生分享職涯的經歷」是結果嗎？這對學生有什麼幫助呢？或是，讓學生覺得我從五專生出發，最後變成企業講師很厲害？這能算是「結果」嗎？

若能不斷思考這個看似簡單的問題，「這次教學的預期結果是什麼？」我們也許會得到不同的啟發。因為我們將發現，也許最重要的結果不是讓學生聽了一些故事，或記得了一些東西，然後離開不久後忘記。我們更期待的是：學生因此而受到影響，甚至有些許改變。先想好結果，才去思考如何施加刺激，並增強反應與刺激的連結，這也許才是應用行為主義學習理論最重要的核心！

所以在演講的規劃上，我從學生的角度出發，思考他們在意的問題，包括「這對我有什麼重要？」、「學了之後有什麼用？」、「我能帶走哪些東西？」等等，這才確定了將從我的個人經驗出發，透過

模擬選擇的方法，設法轉化成學生能帶著走的能力。接著也才知道要怎麼設計教學方法，給學生們刺激投入及增加強化。

二、分層解構刺激強化

完成一個好的教學，並不一定需要應用理論！只要從經驗中不斷改進，就有機會讓教學成效越來越好！

但是，分析一個好的教學就真的必須依靠理論了。因為藉由理論，我們才能夠拆解出每一個不同教學方法的要素，拆得越仔細，越能看到每個教學要素對整體課程的影響，以及要素之間的相互關係。「用實務驗證理論，用理論精進實務」，正是我這幾年最大的心得與成長。

從行為理論來看，在學習的過程中，「刺激」是一個核心變項。在教學現場，老師的「講述」當然是刺激最基礎的來源。想像一下，這場對高中生的演講，是不是也能以單純講述來完成？答案是「當然可以！」只不過，純粹用講述做為刺激的主要來源，還要精彩吸睛，其實是很不簡單的。尤其我面對的是高中生，注意力還蠻容易發散的，所以如果只是講述，應該很有難度吧！

因此，我一開始就思考著如何強化刺激，也為此找了許多照片做為投影片。當我說到「五專要不要轉系」時，投影片上就出現我讀五專時的照片，引發同學「好瘦」的印象與熱烈反應，這樣增加影像的教學展現，可以吸引注意力，並強化對現場的學習刺激。

此外，老師們還可以思考，除了講述及投影片外，還有哪些教學刺激是可以強化的呢？也許再加上音樂？也許適當地用一些影片？現場的燈光呢？而跟別人的討論、或現場的氣氛，是不是也是刺激的一環呢？透過這樣的逐層拆解，有助於理解，任何一場精彩的課程、演講或簡報，都可以透過理論一層一層地分析拆解。若能懂得如何拆

解，未來再把過程反過來，就有機會一層一層地組合，建構出屬於你
自己的精彩教學。

三、社會學習觀察模仿

班杜拉的「社會學習理論」告訴我們，學生可以透過觀察其他人
的經驗而進行學習，這也成為我們在分享經驗時的重要理論基礎——
希望學生吸取其他人的經驗，藉以發展出更好的想法。但「社會學習
理論」同時也指出，學習者在進行模仿時，被模仿者（或說楷模，
Model）與學習者類似或是受敬重的，才會促進注意、保持、再生、
動機等這四階段進程的產生。

因此，在對高中生的演講裡，我特別安排了自我介紹的部分，並
且是專屬於這些學生的！因為不管我在企業訓練界的知名度有多高，
這對高中生來講都不重要。

所以，一開始我才先從他們的老師——仙女老師——邀過的講者
來進行連結，提到我剛好是這些老師的教學或簡報教練，這當然馬上
就拉高了學生們的注意力，因為這些老師們先前都來過，他們也都認
識；從這時起，他們心中就會重新評價這個「老師的老師」好像很厲
害啊。接下來我再提到：我是所有受邀講者裡高中階段學校最差的，
以前甚至從來沒想過要上大學，怎麼會從那時候的「魯蛇」，一變而
成為企業講師與資管博士呢？

開場時講到這裡，學生的興趣一下子就大幅提升了，會非常好奇
我接下來要講的內容。這也符合「社會學習理論」吸引模仿的原則；
因此，設計一個「好的開場」，是行為主義促進觀察學習的重要元素
之一。要塑造出和學習者接近、但又受到尊重的形象，才能誘發學生
們的注意，並誘發學習。

四、遊戲化元素增強意願

談到刺激與反應，你應該可以馬上聯想到：這不就是遊戲化元素的作用機制嗎？

沒錯！遊戲化的三大元素 PBL ──點數、獎勵、排行榜，背後有很大一部分是以行為理論做為基礎！所以，在高中演講的一開始我就提到：「今天帶來一些獎勵，有我的簽名書及小積木，任何互動都會拿到積分。」目的就是透過獎勵機制誘發參與（還記得遊戲化教學的重要原則，一開始建立遊戲規則嗎）。而在演講開始後，只要學生有參與互動、舉手、回答，不管答案對錯，我都會立即加分鼓勵。當「回答、加分、獎勵」這個制約行為建立後，現場的氛圍立刻大大改變！

我經常強調，「學生都是熱愛學習的，只是缺少了一個打開學習熱情的開關」，而好的遊戲化機制，就是有效開啟參與意願的開關。前面的章節也提到，「外在激勵」與「內在動機」的相互配合不僅不會傷害學習動機，還會大幅度提升整個參與的程度。

看到這裡的讀者早就已經了解遊戲化教學的威力了，不過還是要提醒，越有威力的方法越是要謹慎使用。遊戲化教學的目的是要提升參與動機，不是為了讓學生玩到忘了學習！因此，必須一直抓好學習目標，思考每一個刺激點對於最終期待的學習目標有沒有幫助。

大家一定還記得，我們在前面提過的遊戲化教學原則一：與教學目標結合。請記住這三句話：「不要只是為了遊戲化而遊戲化」，「不要只是為了有反應而遊戲化」，「不要只是為了好玩而遊戲化」。也就是說，不要把遊戲化變成操弄的工具，而是要轉化為激勵學習的方法。

用對了，哪個理論都有用

三大學習理論裡，「行為理論」算是較早就已經發展成熟的理論。不管是古典制約、操作制約，甚至中後期的「社會學習理論」，都已至少超過 50 年，甚至有百年以上的研究基礎。儘管如此，在教學現場中，許多老師對行為理論的實務操作，似乎僅集中在少部分的領域，例如口頭獎勵、考試排名、分段精熟，或是懲罰機制！而在一百年前桑代克就指出，懲罰只能減少行為，對促進新學習沒有助益。

深入行為理論後你會發現，在教學過程中，許多地方都可以利用行為理論基礎加以發揮。像是前面提過的，先找出目標，再運用不同教學手法刺激強化，或是建立觀察學習的模仿典範，以及完整地規劃遊戲化教學，都是利用行為理論基礎應用於教學過程的，效果也都非常好！以這場高中演講為例，在學生們剛公佈學測成績、心情七上八下的狀態下，身為講者的我還是可以牢牢抓住學生們的注意力，激勵他們投入和參與。

因此，從來不是哪個理論比較有用，而是身為教學者的你怎麼用。只要能夠深入理解，並找出更多的教學連結點，光是應用行為理論就可以做出許多有趣的變化！

當然，若要有更加完整的教學，也會需要其他理論的輔助。下一節我們就來看看，怎麼在教學過程中應用認知理論，擴展不同的學習層面。

5-4 認知理論基礎：
學習的內在歷程

在前兩節裡，我們嘗試用三大學習理論中的行為理論，來解構一場對高中生們的演講，主要的元素都聚焦在「刺激與反應」的核心觀點。也許有人會認為：這好像把人的學習當成動物來看待。嚴格說起來也沒錯，因為行為理論的研究基礎大多是透過動物研究來完成的。

但人之所以為人，一定和動物有很多不同的地方。例如人在學習時，不只會對刺激產生反應，同時也會思考：「這個對我有用嗎？」除了行為理論對「刺激與反應」的研究外，許多學者開始思考，「學習的過程中，學習者是怎麼吸收資訊的？」學術的說法叫「內在歷程」。像這樣關注「學習過程心理的內在歷程」，是「認知主義」學習理論的核心。

一次教得太多，學生只會記得更少

相對於行為理論的可觀察性（刺激反應總是比較容易從外在觀察），認知理論在意的心理變化及內在歷程就比較不容易觀察到。不過，認知理論大師皮亞傑（Piaget）還是透過觀察自己子女的成長過程，提出了「認知學習論」（Cognitive Learning Theory）[1]，同時他也受到康德思想的啟發，提出了基模與學習的概念。

後續還有奧蘇貝爾（Ausubel）於 1960 年提出「意義學習論」

（Meaningful Learning Theory）[2]，認為學習者必須發現知識的意義才能夠有效學習。其中重要的關鍵，是新知識與舊知識的連結，因此強調「先備知識」的概念，在學習過程中透過結構性講解及條理分明，幫助學習者同化知識。

學者布魯納（Bruner）則於 1961 年提出「發現學習論」（Discovery Learning Theory）[3]，認為學習者在過程中的主動探索，進而發現其中的知識脈絡或結構，才能開啟學習。而教師的任務，就是幫助學生掌握知識的編碼及系統，提供引導及方向，讓學生更能有效學習。

後來，隨著電腦科學的發展，在 1956 年米勒（Miller）提出了「訊息處理論」（Information Processing Theory）[4]的概念，研究了人類的短期記憶有一個「神奇數字 7」正負 2（Magic 7±2）的瓶頸，指出短期能記憶的資訊介於七個上下，太多時會記不住，並建議把記憶的內容分成區塊，以打破或擴大這個記憶限制。而後 1968 年艾金森與希夫林（Atkinson & Shiffrin）則參考了電腦的架構，提出訊息處理理論模型[5]，把人類認知學習的過程拆解為感官記憶、短期記憶、長期記憶等不同區塊；蓋聶（Gagne）則進一步應用訊息處理理論，把學習分為九個不同階段[6]，包含學習開始時的注意、期望、回溯，學習過程中的呈現、指導、誘發，學習結束後的回饋、評估、固化。這些做法，都是想順應學習者的心理內在歷程，讓他們在學習、記憶或提取時能更有效率，學得更好。

實務教學者為什麼要熟習理論？

在《教學的技術》一書中，我已經針對三大學習理論及教學應用，寫過一整章的內容。因此，本書只是濃縮整理相關重點，協助不熟悉學習理論的讀者快速入門。

若對學習理論的研究很有興趣，除了可以參考《教學的技術》第

9 章外，或是參考本章節後面提供的下載連結，更可以找「教育心理學」的教科書，或是各種學習理論的研究論文來閱讀。當然，也可下載我的博士論文《從學習者認知基模變化，看企業講師教學的秘密》，裡面有更學術的文獻回顧及討論。

說到論文，我更建議大家閱讀大師的論文原稿，這會比閱讀不斷轉傳或引用的資訊有更多的理解。先前我找了皮亞傑《兒童的語言與思考》原著來讀，才發現一般以為 1926 年才是「認知發展論」的開始，其實他在 1923 年就已提出，只是直到 1926 年才譯成英文。另外，我也在看了米勒關於「神奇數字 7」的論文之後才知道，一開始關於 7 這個短期記憶侷限的研究，是以記憶不同聲音頻率來進行的，之後再變為英語的單音節，然後擴增複雜度，最後才提出記憶區塊的概念。

透過閱讀原始文獻及相關研究，會得到許多樂趣及深入學習。請不要害怕看不懂原文，現在有許多網路工具如 Google 翻譯或瀏覽器的全頁翻譯功能，都可以打破這些語文障礙。

先等一下，老師們可能會想：「實務教學者為什麼要看這些理論呢？真的有用嗎？懂了這些理論，就真的會教得更好嗎？」

先前我已經提過「用實務驗證理論，用理論精進實務」的想法，而從認知理論大師蓋聶的經驗，更能佐證理論與實務的相互作用。蓋聶先受過嚴謹的行為主義心理學訓練，然後擔任美國空軍的訓練顧問（類似企業講師的角色），之後才又回到普林斯頓大學教書。記得我第一次看到蓋聶提出的「教學九階段」時，覺得他的理論好接地氣，根本就是許多講師平常在用的方法啊！由此可知，雖然沒學過理論也可以把課教得好，但是，如果可以用理論補強實務，用實務驗證理論，是不是更能如虎添翼呢？

快速複習了認知理論後，接著我們還是要回到教學個案中，看看怎麼運用認知理論的教學方法，來設計一場精彩的教學。

[1] Piaget, J. (1926). *The language and thought of the child.* England: Oxford.

[2] Ausubel, D. P. (1960). The use of advance organizers in the learning and retention of meaningful verbal material. *Journal of educational psychology, 51*, 267-272.

[3] Bruner, J. S. (1961). The act of discovery. *Harvard educational review, 31*, 21-32.

[4] Miller, G. A. (1956). The magical number seven, plus or minus two: Some limits on our capacity for processing information. *Psychological review, 63*, 81-97.

[5] Atkinson, R. C., & Shiffrin, R. M. (1968). Human Memory: A proposed system and its control processes. *The Psychology of Learning and Motivation, 2*, 89-195.

[6] Gagne, R. M. (1968). Learning hierarchies. *Educational Psychologist, 6*, 63-84.

延伸閱讀

- 《教學的技術》補充說明專業版電子書免費下載：https://afu.tw/5332

5-5　認知學習理論與教學實務應用

　　快速複習了認知學習理論後，可以發現：認知理論專注如何「順應人類學習的內在過程」，所以核心會放在動機與注意力（打開吸收資訊的開關）、結構化或流程化（強化吸收效率），而且必須考慮新舊知識的整合，才能幫助學習者同化知識，並轉化為自身的學習基模。

　　但在教學實務上，我們又是怎麼操作的呢？

換位思考，動機先行

　　再次回到我對高中生的那場演講。

　　雖然我們在行為理論應用談過了刺激與強化，也提到了投影片是一種刺激來源，但我想的並不是「如何做出漂亮的投影片」，而是站在高中生的立場去想：「這對我會有什麼幫助？」因為當我們先從高中生的角度去思考動機，才會找到他們真正想聽的內容。

　　像這樣先換位思考，想一想聽眾的動機，思考什麼是他們想聽的內容，是最簡單卻最重要的事，也是認知理論的基礎。因為如果沒有考慮到聽眾的動機，只是講我想講的內容，例如教他們怎麼做企業簡報，雖然我很熟悉，卻不一定是高中生們想聽的！

　　缺乏動機時，即使有好的授課技巧，也不會有良好的學習成效。

先找到相符的學習動機，再去設計課程內容，就是由認知學習理論出發的課程設計方法。

掌握注意力，創造互動

確認動機後，接下來要掌握的就是注意力，因為有了注意力，學生才能注意到資訊，也才會有機會讓學習進入短期記憶及長期記憶，這也是認知理論學習重點，而開場階段就是聚焦注意力的關鍵時刻之一。

在那場演講裡，大家一定有注意到我利用自我介紹的方法，快速抓住學生的注意力，但我也知道，這些注意力很快就會消失，因此我接著利用遊戲化教學的方法，安排了許多問答與互動。互動可以是簡單問答，例如「猜一下我為什麼選擇土木工程科」；也可以是分享一個情境後，請學生們選擇，例如「請問我應該轉系嗎？」、「請問我應該聽從媽媽的建議嗎？」或是進一步討論，「從這個故事裡，你有什麼學習或心得？」再透過行為理論的遊戲化方法激勵，就能主動引發參與，並持續抓住學生的注意力。

聽起來不難，是吧？但難的從來不是方法，而是觀念的轉換。

其實，所謂的互動，換個說法就是老師先忍住不說，讓學生自己探索答案。例如問答，老師明明知道答案，卻要學生來回答；例如小組討論，老師其實也可以直接講內容，卻要學生們集思廣益。這不只是在創造互動，更是認知主義「發現學習」的一環。因為如果老師只是純粹講述，不僅學生的注意力不容易維持，也沒有創造出讓學生探索的環境。

所以，下一次教學時，老師們也可以想一想：「現在使用的教學方法，是順應學生們認知與學習的機制嗎？」也許僅是這樣的觀念轉變，就有機會讓你的教學變得更有效。

結構化重點，故事輔助

　　結構化重整知識，方便學習者整合吸收，也是認知主義學習理論的一環。所以首先我把整場演講區隔為三大段落——學習、選擇、堅持，相對於零散的內容，以「區塊」（Chunk）分割的做法會更方便記憶及吸收。雖然我們提過認知理論大師米勒提出了「神奇數字 7」的研究，但後續研究學者柯文（N. Cowan）則進一步發現，工作記憶的侷限為 4 ± 1 個區塊[1]，這也是我們為什麼總是建議大家在簡報或教學時，要試著把內容分割為 3～5 個，背後仍是有認知主義研究成果支持的。

　　在把整場演講區隔為三大段落後，接下來當然不只是講道理，而是透過一個又一個的案例和故事來跟學生們分享。故事或案例會有更豐富的情境脈絡，也會賦予學習者更多的意義，可以增加學習者的情節記憶，幫助學生有更好的學習；因此，我特別挑選與學生背景類似的故事，像是我在五專階段要不要轉換科系，以及剛畢業時的工作選擇，還有媽媽的意見對我決策的影響等，讓學生可以透過故事比較自己已有的經驗，也更容易建立自己的認知基模。

　　當然，如果只講述故事或案例，有時又會太過鬆散，因此在每一大段故事或案例後，我也會濃縮個人經驗，用一句話整合成記憶重點，例如「**你可以不愛上學，但不要停止學習**」、「**應該要勇敢，但不要衝動**」、「**不斷嘗試、發現天賦**」……等。同時兼顧情境意義與重點結構化，也是在應用認知學習理論教學時可以考慮的。

人不是電腦，教學也不是「複製與貼上」

　　如果深入研究認知主義學習理論，還會發現很多教學方法，像是帕維奧（Paivio）於 1971 年提出的「雙通道」（Dual-channel）理論[2]

就認為，視覺與語文使用的是不同的記憶通道，這也提供了投影片視覺化對於學習輔助的理論基礎。

另外，斯威勒（Sweller）的「認知負荷理論」（Cognitive Load Theory）[3] 也討論到教學時應考慮記憶及認知的侷限，並設計出更好的教學方法來幫助學習。

這些理論和研究都在告訴我們：人不是電腦，教學也不像「複製與貼上」一樣，能夠把老師大腦裡的知識直接「選取、複製、貼上」一份到學生的腦中。認知主義告訴我們，教學方法是有意義的，考慮到動機、注意力、情境案例、結構化以及記憶區塊，並設計出不同的教學方法，才能夠幫助學生有效吸收、長期學習。

當然，從理論到應用還是需要不少摸索嘗試，上述對高中生的演講規劃，我們已經用「行為理論」與「認知理論」，對實務及理論連結做了一番拆解，希望有助於大家理解從理論到實務、從實務到理論的過程。

到此，三大學習理論我們講完兩個了，還有一個近年來受到最多矚目的「建構理論」，又該怎麼與實務教學進行結合呢？請接著看下去。

---

[1] Cowan, N. (2001). The magical number 4 in short-term memory: A reconsideration of mental storage capacity. *Behavioral and brain sciences*, *24*(1), 87-114.

[2] Paivio, A. (1971/1979). *Imagery and verbal processes*. Hillsdale, NJ: Erlbaum Associates. (Originally published 1971).

[3] Sweller, J. (1988). Cognitive load during problem solving: Effects on learning. *Cognitive science*, *12*, 257-285. https://doi.org/10.1016/0364-0213(88)90023-7

5-6　建構主義基礎：透過參與、體驗與思考的知識轉化

　　說在前面的是，除了行為理論、認知理論、建構理論這三大理論，還有沒有別的學習理論？

　　當然有，像是「人本理論」、「連結理論」，甚至也有學者認為班杜拉的「社會學習理論」應該獨立討論，而不應歸屬於行為理論學派。不過，學者馬塞特（Masethe）等人[1] 在回顧了 200 篇以上的學習理論相關論文後，發現有三分之二以上應用的是行為、認知、建構這三大核心學習理論的架構，其他三分之一則是混和三大學習理論，或是以不同的名詞稱呼[2]。

　　也就是說，只要掌握了這三大學習理論，就已經足以了解大部分學習發生的過程，也因此本書才只聚焦討論三大學習理論。

透過親身參與，將客觀知識轉換為自己的認知

　　談「建構主義學習理論」（Constructivism Learning Theory）之前，先說說一個發生在我們家孩子身上的事情。

　　前一陣子，我和太太帶著兩個女兒去了一趟宜蘭童玩節，出發之前，孩子問我「什麼是童玩節」，因為我們夫妻倆自己也沒去過，只能口頭上簡單解釋說：「這是一個在宜蘭專門辦給小朋友的活動，有很多好玩的水上設施，還有很多為小朋友設計的遊戲……」（行為理

論的講述刺激）。孩子聽了就說：「那是不是像大游泳池？」他們正用自己已有的認知基模，來對「童玩節」這個新的認知刺激進行比較。

我心想，也許直接播放影片會比說的更快一些，就讓她們看了好朋友坤仁醫師一家拍攝的童玩節體驗影片（認知理論的案例強化），看過之後，兩個女兒果然心裡更有清楚的概念。

你覺得，這樣孩子們就真的知道「什麼是童玩節」了嗎？說「知道」也沒錯，但是這樣的知道，卻不是真正的「知道」，因為當我們拿起地圖，要跟孩子們一起前往童玩節的場地時，不要說孩子，連我們大人對地圖上的標示也沒有感覺。雖然地圖清楚標示了入口和方向，但是我只知道大概要往哪一邊，對接下來的路線及走哪一條路都很陌生。

當然，後來經過探索，我們也找到了路，跟孩子一起在童玩節開心玩兩天。之後再拿起地圖看，雖然標示和路線並沒有改變，但在我們心裡都鮮明了起來——因為我們透過親身的體驗，「建構」了童玩節的經驗和畫面。我請孩子們拿著地圖，學習帶我們到下一個遊戲點，就連年紀還小的她們，看地圖時也更有感覺了，能夠結合已有的經驗，探索新的未知地點。

像這樣透過親身參與，將原本客觀的知識轉換為自己認知的一部分，就是建構理論的學習過程。

建構主義的大師觀點

雖然建構理論與學習的研究，在三大學習理論中發展相對較晚，但建構學習理論——或稱建構主義——的歷史源遠流長，一直影響著人類社會，回顧它的發展，有很多我們可以思考的論點。

蘇格拉底

蘇格拉底被認為是最早的建構主義者，他認為，最有效的教育方法不是直接告訴人們答案，而是提問。譬如當學生問「什麼是道德」時，蘇格拉底會反問學生：「誠實是不是一種道德？」、「對敵人說謊是不是一種道德？」、「為了激勵我方的士兵而說謊是不是一種道德？」透過這樣的不斷質問，讓學生思考，並一步一步催生出學生心中的智慧。所以，蘇格拉底式的詰問法也被稱為「知識催生法」（俗稱「產婆術」）。

時至今日，許多名校──如哈佛、史丹佛──的法學院及商學院等，都還大量採用蘇格拉底式教學法，以個案討論為主；做法是，學生事先閱讀個案資料及相關知識，老師則在課堂上透過抽問及不斷追問持續建構個案知識。如果你上網搜尋哈佛大學桑德爾（Michael Sandel）教授的「正義：一場思辨之旅」（英文版觀看人數超過 3000 萬，中文版也有接近 200 萬），就會看到桑德爾教授透過個案及詰問的教學方法，讓學生了解像是道德、正義、平等、權利……等這些深度議題的討論，感受「透過問題建構知識」的過程。

皮亞傑

教育學家皮亞傑除了被認為是認知理論大師外，也同時被視為建構主義的開創者。他提出「基模」是人類基本的認知結構，當個體遇到新經驗或不熟悉的外在刺激時，就會引發認知失衡，並透過原有的認知基模進行比對。如果這個刺激類似原有基模，就會擴大或調整原有基模，他稱之為「同化」；如果與原有基模不同，則會建立一個新的基模以吸收新的經驗，他稱之為「調適」。

因此皮亞傑認為，學習的過程就是基模的不斷建構及累積，知識便因學習者主動參與建構而產生。

維果斯基

　　維果斯基（Vygotsky）提出「社會建構」理論[3]，認為學習的過程不僅是個人接受資訊並加以處理，還受到社會和環境很大的影響。因此在教學過程中，教師應該創造良好的互動環境，透過學生與教師、群體或環境的互動，進一步建構學習的歷程。

　　從社會建構理論的觀點來看，我們經常運用的小組討論，就是「合作學習」非常重要的關鍵。

　　維果斯基另外一個重要的貢獻，是提出「近端發展區」（Zone of Proximal Development，簡稱 ZPD）理論。他認為學生在學習時，應該安排適度的學習難度，也就是「有點難又要不會太難」，可以在教師或教學的輔助下克服，才是最能夠發展的學習區域。過程中的輔助，又被稱為「鷹架支持」（Scaffolding），也就是提供一些暫時性的支援。實務上，像是老師給學生的 SOP、操作流程或是參考資料，都可以算是學習支持的一部分。等到學生練習熟悉後，即使撤除這些「學習鷹架」，學生也有能力可自主達成學習目標。

從主動教學的角色，變成被動提供支持

　　在這一系列談「學習理論與教學應用」的章節裡，可以發現：不管是行為理論、認知理論或是建構理論，基本上都不難，只要能抓住理論的核心，很快就能掌握不同學習理論的差異。我個人覺得，比較難的反而都在：如何從理論理解到實務應用？如何再以實務應用結合理論精進？

　　以「建構主義學習理論」而言，核心觀念就是「學習者必須主動參與知識建構的過程，才能真正擁有知識」。因此老師必須從主動教學的角色，變成被動提供支持的角色，創造讓學生參與、討論的環境，透過小組討論、個案演練、實務參訪、參與發表等不同方法，讓學習

者親自接觸知識或技能，並透過自己原有的認知轉換吸收後，成為自己的知識。

當學習者還不熟悉時，教學者可以利用 ZPD（近端發展區）的概念，協助學習者建立支持鷹架，等到學生熟悉後再「拆除」支持鷹架，讓學生可以透過自身實力完成新知識或新技能的發展，這也是建構學習理論的另一個核心。而所謂的「鷹架」，有可能是過程中提示的 SOP 操作流程、也有可能是老師的口頭或動作輔助，先幫助學生在協助下完成，之後再慢慢撤除協助。這樣的過程，就是所謂的「鷹架」支持。

談到這裡，理論的部分算是告一段落。那麼，實際進到教室時我們該怎麼做呢？做起來會是什麼樣子？

有的老師表示：「我也知道學生要主動參與，才能建構出屬於自己的知識，問題是……學生就不主動啊！」也有老師對我說：「討論常常流於表象，沒辦法聚焦，也總是繞在外圍，要花很久的時間才能導引到正確的方向。」更有老師相當挫折：「我給了支持性的鷹架，問題是學生們總是很依賴，一旦撤掉鷹架……他們就動也不動了。」

所以，最大的問題從來不是你有多了解理論，而是怎麼從理論到實務，設計出實際可用的教學方法，既能讓老師流暢操作，又能讓學生有效學習，這才是理論學習的最大挑戰。不然，學了再多的學習理論，如果沒有辦法在教室裡面實際運用，或是改善教學品質，那似乎也浪費了前人學者們對學習的探究及知識的累積。

知識不是客觀存在，而是主動參與建構才能獲得

強調親身參與、親自動手，是建構主義學習理論的核心之一。因為建構主義最重要的關鍵，就是認為知識不是客觀存在，而是主動參與建構才能獲得。從這個角度來看，老師是「無法教導」知識的，學

生只能透過參與自己形成知識。

看到這裡，你會不會正在想：「那就讓學習者自己閱讀、自己探索就好了啊？為什麼還需要老師呢？」

自己探索當然也是知識建構的方法之一，像是很多電腦高手都不是科班出身，而是透過自己摸索學習而來；我們在出社會後所累積的經驗和知識，經常也是透過一個一個的案例建立起來。透過自我探索所建立的學習非常紮實，缺點是很可能缺乏效率，而且會花掉大量探索的時間。

「不要重新造輪子，但要讓學生會用輪子。」這是我對建構學習的核心想法。

現在已經知道「知識需要學生主動參與建構」，實務上到底該怎麼應用呢？

讓學生從被動聽講到主動參與

首先，建構主義認為：要創造主動參與，知識才能轉化。意思是，不管講述得多精彩、投影片製作得多精美、結構性多麼完整……，只要學生沒有主動參與，也就沒有「建構」出自己的知識。

從這個角度看，回到我對高中生的演講現場。如果我只是對學生講述自己的經驗，談我學生時代遇過的問題，或是彙整出社會後的一些體驗，即使我講述得再好，但我的知識還是我的知識，似乎無法轉移到學生的身上。

因此，我在演講時刻意安排了一些段落，停下來讓學生思考，像是：「發現自己對電腦很有興趣時，該不該轉系呢？」同時我也對學生說：「如果我只是告訴大家我的答案，大家聽了也一定覺得『這麼簡單？怎麼會想不出來？』所以我們一起來練習看看——如果是你的話，你的答案是什麼？」

　　透過類似個案討論的方法，我讓學生思考幾個可能的選項，在學生選擇了不同的選項後，我再一一從當事人的角度，給予他們即時回饋。

　　這也不是單純的選擇題，而是在選擇之後，給學生們追問刺激思考。譬如說，對那些認為「應該轉系」的學生，我的回應是：「這樣不是會浪費一年的時間嗎？而且土木科的發展也不見得不好啊？」如果學生選擇「雙主修土木與電腦」，我會開玩笑地反問：「你覺得我年輕時有那麼認真嗎？如果有的話……還會考上排名倒數的學校嗎？」不管選項是什麼，我都會進一步追問，目的是讓學生思考這個選項可能產生的後果，也就是讓他們變成年輕時的我，體會做出選擇的艱難。這樣的主動參與，才可能有真正的學習。

　　像這樣的建構教學方法，當然會比平常花更多的時間。因此會有不少老師接著問：「如果因此而造成課程內容教不完，怎麼辦？」

　　同樣的，從建構主義的觀點來看，也許會反問大家的是：「如果只是教完課程，學生就能擁有知識了嗎？」更不用說，先前的許多教學案例也一再告訴我們，只要仔細規劃好課程，還是可以在課程進度與教學方法之間取得很好的平衡。

善用小組機制與遊戲化激勵

　　「學生主動參與知識建構」，這句話說起來容易，做起來當然不簡單。如果只是單純地採用問答，像是蘇格拉底式的提問法，可能同一個時間只能問到少數幾個學生，大部分學生還是被動聽講。也因此，小組教學機制會是建構教學的一種進階方法。

　　透過小組教學，學生可以和同儕一起討論問題、解決問題；過程中的探索，就是知識建構的一部分。像是在那場對高中生的演講，我們把學生分為 3 ～ 4 人的小組，每個問題都讓他們先經過一輪小組討

論，之後再點代表起來回答。這樣做，可以確保每個學生都與自己的小組成員有過互動討論，然後再參與全班的討論。這樣就不至於像問答型教學那樣，僅有少數學生能與老師互動。

至於參與討論的動機和學生的主動性方面，前面的章節和教學個案都已經說明了遊戲化教學的方法，也提到了對教學參與有非常好的激勵效果，但這對一群剛得知學測成績的高中生，甚至帶著一些不安及情緒的他們，真的有效嗎？從現場的反應來看，每一個問題一提出，都會有許多孩子高舉著手希望能被點到發言，參與得非常積極、踴躍、主動，這也許和大家對高中生的印象不同，卻證明了我常說的：「每個學生都熱愛學習，只是需要一個觸發參與學習的理由。」而遊戲化的元素，就是教學現場最好的觸媒之一。

從讓學生聽講到要他們實做

回到這場演講的初始動機：我希望以自己過去的學習及成長經驗，引導孩子們不要被學校或學位所限，可以持續熱愛學習，找到自己的天賦及未來努力的方向。但我的經驗畢竟只是我的經驗，我年輕時的夢想也只是我的夢想，再怎麼精彩也不會變成孩子們的夢想，所以最重要的是給他們留下工具，讓他們不只聽到一場演講，而是擁有一個終身受用的方法。

我想到的工具，就是「50 個夢想」！

簡單地說，每一年我都會寫下「接下來的人生想要實現的 50 個夢想」。因為一次就要寫 50 個，所以除了傳統的「五子登科」——房子、車子、妻子、孩子、銀子——之外，說實在的，要寫滿 50 個真的很不簡單！

光想是沒用的，回去學生也不一定會做！所以我請仙女老師幫忙，要孩子們在演講前就完成他們自己的「50 個夢想」，先讓他們

動手做一次，才能把這個工具轉化成自己的。

從孩子們的心得中，可以看到他們的感受：

活動前一天晚上，我還在想著我的 50 個夢想，看起來輕鬆的學習單，竟然花了我快兩個小時的時間，原本以為輕易就能完成，但寫到第 36 個就已經想不出來……

以後當別人問我這是什麼時，我就能自信地說：「是高中時一位叫福哥的講師教我們，不會不知道未來的自己該做什麼的方法！」

實現夢想才是一種能力，這 50 個夢想將會成為我人生中的燈塔，指引我生命的方向。

在寫 50 個夢想時，我想起了想去德國讀書的願望……，看著還剩一半的空白，深吸了口氣，「試試看，寫下吧。」我告訴自己。

當學生自己「操作」一次後，再看到我的「50 個夢想」版本，印象更加深刻，有學生說：「在演講尾聲看到福哥的夢想，以及那貼滿著夢想的『夢想牆』，十分敬佩。」如果同樣的內容沒有自己的操作體驗，相信學生們的感受一定不會那麼深刻。

當然，為了確保學生們事前都有練習，我也刻意設計了一個有壓力的檢驗機制——請學生把寫下來的「50 個夢想」帶來演講現場，甚至還請老師跟學生們說「會請大家展示作品哦……」，所以當天學生們也都把「50 個夢想」帶來了。不過這只是一個激勵和正向壓力的機制，為了保護個人隱私，當場我並沒有唸出任何學生的個人夢想，因為無風險的學習環境，還是非常重要的。而夢想，也不需要跟

別人比較啊！關於人生的 50 個夢想，詳細說明及方法，也可參閱我的另一本書《工作與生活的技術》，裡面有教大家怎麼實現夢想，以及讓工作及生活更有效率的方法，可以幫助大家擁有更精彩的人生哦。本章稍後也會有關於工作與生活的技術重點文章的下載連結，提供給大家進一步的參考。

應用理論而不被理論所限

以上從建構主義的觀點，拆解了整場演講如何把學習的任務交給學生們，讓學生透過團隊機制與老師建立互動，也透過學習單讓他們先操作後學習。雖然主要是從建構主義的角度來拆解，但是其中也混合了不同學習理論的元素，像是行為理論基礎的遊戲化激勵，或是認知理論基礎的互動及結構化元素。

其實這才是從理論學習到實務應用最重要的關鍵——不被個別理論所限，而是混合使用不同的學習理論基礎，設計出一個更完整、更有效的學習歷程！

如果只是單獨應用「建構理論」，學生的探索可能會花掉過多的時間。所以，能不能在「認知理論」的基礎下提供學生 SOP，以減少摸索的時間呢？這同樣也符合建構理論的「近端發展區」及「鷹架」原則。如果學生學習動機不夠強烈，對於探索未知或學習的主動性不足，是不是也可以利用「行為主義」為主的遊戲化元素加以激勵呢？

雖然我是逐一分析不同學習理論下的教學設計，但是，最終這些元素整合在一起，構成了一場影響學生們的演講。像這樣應用了不同理論而不被理論所限，才能呈現最佳的教學實務。希望從這個教學個案出發，藉由分析教學技巧背後的理論基礎，能提供給老師們一些發展課程或教學方法時的參考。

1　Masethe, M. A., Masethe, H. D., & Odunaike, S. A. (2017). *Scoping Review of Learning Theories in the 21ᵗʰ Century*. In World Congress on Engineering and Computer Science, San Francisco, CA.

2　王永福（2022）。從學習者認知基模變化，看企業講師教學的秘密。（未出版之博士論文）。國立雲林科技大學，雲林縣。

3　Vygotsky, L. S. (1978). *Mind in Society: The Development of Higher Psychological Processes*. Harvard University Press.

延伸閱讀

● 「工作與生活的技術」部落格重點文章：https://afu.tw/5335

5-7 基模：學得更好、記得更牢，才是「有效的學習」

複習完三大學習理論後，相信大家對於什麼是「學習」，以及學習是如何發生的，已經有了更深的理解。老師們應該已經了解，如何應用三大學習理論的不同教學方法，來影響學生們的學習。

但是，不曉得大家有沒有想過，從學生的角度來看：學了之後，就有用嗎？在我們學習一件事後，我們究竟發生了什麼改變？我們怎麼知道，這個學習是有沒有效的呢？到底什麼又叫「有效的學習」？

如果我們能了解「學習」，也許才能更了解「教學」。因為知道學習對我們可能帶來的變化，也才更知道如何設計不同的教學刺激，去塑造我們期待的變化。這才是我們要進一步探討，什麼是「有效學習」的目的。

什麼是「有效的學習」？

先不講理論，從我們直覺來看，如果學了之後能記住，未來需要時用得上，應該就可以稱為「有效的學習」了。畢竟如果只是學，卻什麼都沒記住，需要使用時腦中也沒有任何印象，這樣的學習當然稱不上有多大成效。

直覺只能說是一般人「通俗的想法」，讓我們再切換到學術研究領域，來看看從理論的觀點，是怎麼看待「學習」及「有效學習」。

不過大家也別害怕理論，我會盡可能通俗地說明，並舉一些貼近的例子，讓不是那麼熟悉理論的老師們，也能很快的理解。

根據認知理論的定義，「有效的學習」是指「基模的建立或改變」。

在認知心理學中，「基模」（Schema）是認知結構或記憶包裝的單位[1,2]，讓人可以用來解釋外在事物[3]或因應環境變化的改變[4]。譬如小孩第一次看見狗時，會從大人的教導知道「狗」這個名詞，心中也會建立「四隻腳」、「有毛」等等對狗辨識的「基模」。之後當他第一次看到貓這個動物時，從他已有的基模中，可能也認為「這是一隻狗」，要經過大人的修正後，他才會調適基模，修正原本對「狗」的基模（狗狗和貓咪雖然都有四隻腳，但臉長得不一樣），並且建立「貓」的基模（貓咪會喵喵叫，狗狗會搖尾巴）。

在 1923 年心理學家皮亞傑透過對兒童成長的觀察，提出了基模與認知發展的想法[1]。隨著我們不斷成長，基模會逐漸累積[5]，或隨著時間經過而淡化或變化[2]。從這個角度來說，專家與新手最大的差異，就是在特定領域基模數量與完整度的不同[6,7,8]。

因此，所謂「有效的學習」，就是建立解決問題的基模[8]；教學的重點，就是把知識或技巧，建構成學生的新基模，或修正學生舊有的基模[9]。當學生能同化這些基模成為自己的一部分，就代表學習的發生[9,10]。

在看過上述這些學術名詞及研究後，讓我們再切換到實務的教學現場——基模的變化既然是在學生的心中，看不到也摸不著，我們要怎麼知道學生的基模有發生改變呢？這就要談一談我的博士論文研究（同樣地，我會盡可能說得淺顯易懂，別擔心）。

兩個月之後的記憶——說說「基模」

身為老師及訓練顧問，我一直很好奇一件事：「我們教的課，真的對學生有用嗎？」當然，有沒有用可能很難評估，因為每個人的標準都不同，學以致用的場合也不一樣。那如果我們退而求其次，問自己下一個問題：「我們教的課，學生們記得住嗎？」比如說，如果在上完課兩個月後再回去問學生，你認為學生還能記得多少？

因為不管我們用再多或再好的教學技巧，目的就是最後希望學生有學習成效。而這個成效，也許就是上述的「基模」建立或變化。所以理論上，在教了一門課後，他的「基模」，或者說是「概念」、「想法」、「行為」等……應該有些改變，至少會和上課前不一樣。了解教學會帶來什麼改變，就是我們必須了解「基模」這個概念的原因。

「所以，在教了一門課兩個月後，學生還會記得什麼呢？」先說結論，答案也許會出乎你的意料：兩個月後，學生記得的真的不多！他們只會記得一些關鍵重點，很多細節都忘記了。不過，記住的大多是有參與或討論過的部分，也會記得一些老師提出的案例。另外，老師教過的口訣或 SOP，往往能存入學生的長期記憶，經過兩個月後還能答得出來，甚至對工作或生活的行為產生一些影響或改變。這些答案，是我經過實際的研究訪談後得到的。

身為教學者，如果我們真的想了解什麼樣的教學法有效，首先就要先知道學生是不是真的有學到，他的基模是不是因為參與課程而改變了；之後才進一步去了解：哪些教學方法或技巧影響了他的改變？而且這些改變不能只是曇花一現，而是基模進入長期記憶中[11]，才能算是學習已經發生[12]。

能「記得」才算有效的學習

讓我們再從理論研究切回實務場景。之前我曾經參加某一個教育訓練，下課後大家放鬆聊天時，我問身邊的醫師朋友：「你覺得課上得如何？」朋友說：「很棒啊！滿滿乾貨，超強的！」我點點頭，笑著追問：「那麼，你可以跟我說一下你學到什麼嗎？對哪些內容很有印象？」有趣的是，朋友抓了好幾下腦袋，仔細想過，說出口的卻是：「呃……嗯……我要回教室看一下講義才能回答……。」也就是說，我的這位朋友「感覺」課程很精彩，但腦中卻什麼印象也沒留下。

這能算是有效的學習嗎？而且別忘了，我的朋友是醫師，記憶及學習能力都在水準之上，這還是剛下課時，就問他上一節的學習，結果卻什麼都不記得了！如果經過一天？一個月？兩個月？你猜他還會記得什麼呢？

只有記得，並且能在一陣子之後回想起來，才算是有效的學習。當然，記住只是低標，能在遇到問題時應用，甚至用以解決問題才是高標；要是連記都記不住，就連低標也達不到了。當教學真的能為學生帶來改變，我們才能進一步了解：要怎麼教（教學方法），才能帶來最有效的改變（基模轉化學習）。

企業訓練學員的60次訪談

有了上述觀念後，因為基模看不見也摸不著，想要確認基模有沒有改變，最簡單的方式就是直接問學生！

我們可以在上課前問他一個和課程主題有關的問題，下課後再問他同一個問題。理論上，如果基模沒有改變，他的回答就不會改變；如果基模改變，他的回答當然也會因此而改變。

當然，想法只是想法，必須透過實際訪談加以驗證，甚至再進一

步用學術理論分析其中的變化。那時剛好我同時有兩個身分：一方面是企業講師，另一方面則是雲科大的博士生。和恩師方國定教授討論這個想法後，老師也鼓勵我用這個主題開啟我的博士論文研究。

回到我們提出的問題：「如果在上完課兩個月後再回去問學生，你認為學生還能記得什麼？」實證研究的結果是：不多！學生只記得關鍵的幾個部分，很多細節都會遺忘。以「專業簡報力——簡報技巧」的課程來看，透過研究我訪問了五家企業 15 個學生，在經過兩個月後，學員記憶最深刻的是「便利貼發想法」，排名第二的是「投影片技巧」，其他像「開場技巧」、「簡報觀念」等，也是學員在兩個月後都還會印象深刻，甚至已經有具體的行為改變。

「以終為始」的教學設定

看起來，我上了一整天的課，好像帶給大家不少收穫？學員的基模有許多改變？

但從一整天的課程來看，教學過程中的很多細節，其實都已經消失在學員的記憶深處了！由於這門課我已經教了超過 10 年，甚至還寫了《上台的技術》這本書，對課程中的每個細節都非常清楚，如果比較「自己教過的」和「學生還記得的」，真的就會發現在經過兩個月後，學生只會記得重點，或是印象最深刻的部分。至於許多在課程中的提醒、叮嚀、碎碎唸……兩個月後都消失了！

你可能會想：「上完一門課，兩個月後忘記了一大半不是很正常的事嗎？」、「學生還能記得一些，老師就該偷笑了！」這麼說當然也沒錯！但老師們是不是可以從這個角度來思考：「現在我教的這些內容，兩個月後他們還記得住嗎？」或是：「課程中的哪些東西，是我真心希望學生兩個月後都還能記得的？」

一旦這麼思考，我們就又會回到學習目標的設定了。也就是我們

在談 ADDIE 時常說的「先清楚你的教學目標」；先抓出：這門課最核心的目的是什麼？當你假設學生上完課後會忘記超過一半甚至更多的內容，那麼，你希望留下的是什麼？重點是哪些？先把教學目標抓出來，以終為始，然後才去規劃如何透過不同的教學方法加深印象、強化重點。

學習會淡化，記憶會遺忘，怎麼教才會有效？

有些道理很簡單，但我們真的太習以為常，然後就感受不到這件事的重要性！比如在教學的過程，知道學生的「學習會淡化、記憶會遺忘，最終只有重點會被留下」，這似乎是再正常也不過了。

如果仔細想過這件事，身為老師的我們便可以進一步思考：「我們應該怎麼教，才能讓學生們記得更多？記得更牢？」從這個角度來看，如果我們上課時只是單純講述，那麼學生兩個月之後，應該很多東西都記不住吧？或者，我們是不是可以請學生自己學習，然後一上課就先進行前測，之後再進行教學，這樣會記得更多嗎？或是，我們是不是一個教學段落就應該安排一段複習，讓學生因為多次重複而能記得更牢？針對技巧性或實作性的課程，我們是不是應該邊教邊練習，才能確保這些技巧真的讓學生吸收了，並且用得出來？小組討論對吸收有幫助嗎？甚至利用遊戲化教學的方法來吸引注意力，對學習成果有幫助嗎？當老師們心中知道教的東西是會被遺忘，也對關鍵成果是有預期的，也許就會開始找出更好、更有效的教學方法。

教學技巧與學習理論QBQ

看完了學習理論，不曉得大家有沒有再進一步想過，不同的教學理論之間要怎麼整合在一起呢？而不同教學理論與教學技巧之間，有沒有一個共同的架構？怎麼樣搭配運用這些不同的學習理論，才能讓

教學更有效？

　　也許透過下一章，我們可以把教學技巧、學習理論、有效學習……這一切都整合起來，由淺而深、由廣而精，有一個統合實務與理論的架構。這就是：三角學習理論。

1. Piaget, J. (1926). *The language and thought of the child*. England: Oxford.
2. Bartlett, F. C. (1932). *Remembering: A study in experimental and social psychology*. Cambridge University Press.
3. Skemp, R. R. (1987). *The Psychology of Learning Mathematics*. Lawrence Erlbaum Associates.
4. Rumelhart, D. E. (1980). Schemata: The building blocks of cognition. In R. J. Spiro, B. C. Bruce, & W. F. Brewer (Eds.), *Theoretical Issues in Reading Comprehension* (pp. 33-58). Lawrence Erlbaum Associates.
5. Anderson, R. C., & Pearson, P. D. (1984). A schema-theoretic view of basic processes in reading comprehension. In P. D. Pearson (Ed.), *Handbook of reading research* (pp. 255-291). Lawrence Erlbaum Associates.
6. Chiesi, H. L., Spilich, G. J., & Voss, J. F. (1979). Acquisition of domain-related information in relation to high and low domain knowledge. *Journal of Verbal Learning and Verbal Behavior*, *18*, 257-274. https://doi.org/10.1016/S0022-5371(79)90146-4
7. G.Chase, W., & A.Simon, H. (1973). The mind's eye in chess. In W. G. Chase (Ed.), *Visual Idormation Processing* (pp. 215-281). Academic Press, Inc.
8. Sweller, J. (1988). Cognitive load during problem solving: Effects on learning. *Cognitive science, 12*, 257-285. https://doi.org/10.1016/0364-0213(88)90023-7
9. Derry, S. J. (1996). Cognitive schema theory in the constructivist debate. *Educational Psychologist*, *31*, 163-174.
10. DiSessa, A. A. (1993). Toward an epistemology of physics. *Cognition and instruction*, *10*(2-3), 105-225.
11. Slavin, R. E. (2012). *Educational psychology : theory and practice* (10 ed.). Pearson/Allyn and Bacon.
12. Cooper, G. (1998). R*esearch into cognitive load theory and instructional design at UNSW*. Retrieved from http://education.arts.unsw.edu.au/staff/sweller/clt/index.html

延伸閱讀

- 《上台的技術》重點章節電子書免費下載：https://afu.tw/5362

各界推薦與應用心得

為遊戲化而遊戲化！這是我自己在講授講師培訓課程時，常看見新手講師容易犯的問題，也導致許多學生反而「痛恨」遊戲化、分組等等的授課手法！其實這是因為不明白「遊戲化」的根本核心──PBL 三大要素的運用！

福哥這本新書透徹剖析了遊戲化背後的理論、核心原理，並且透過不同教學情境和範例，解說許多講師操作遊戲化時常見問題，輕鬆閱讀、易於學習，絕對是想成為教師和在運課上想更為精進者必看的一部「經典」！

天長互動創意有限公司執行長、講師培訓＆簡報技巧企業內訓講師 劉滄碩

在打開這本書前，請你問自己：「我是想把課講完就好？還是想把課教好？」如果是前者，那別浪費這本書的價值了；如果是後者，恭喜你，你會得到前所未有的成長！

福哥是「遊戲化教學」的專家，他將這套系統落實在企業培訓，並且攻讀博士研究理論。讀完這本書後，我深深讚嘆，在福哥的課堂裡，每一個讓學員沉浸的環節，全都是遊戲化元素的巧妙布局：分組方式、點數設計、排行榜呈現、獎勵刺激。我只能說，會玩遊戲的人很多，但能把遊戲昇華成教學境界的高手極少！福哥正是這位高手，而你手上這本書，將引領你一睹教學的上層境界！

Super 教師、爆文教練 歐陽立中

每個孩童都高舉雙手，手上拿著籌碼幣。雖然戴著口罩，但依舊可以看得出來，口罩底下隱藏著開心的笑容。

在上了福哥「教學的技術」線上課程後，我自己也在網路上買了籌碼來象徵點數，用在每一次防火宣導上。除了透過「點數」以外，諸如分組、海報、上台發表、計時、三明治回饋……，都獲得很棒的成效。底下聽眾沒有人在低頭滑手機、左顧右盼，反而是始終盯著台上講師。

最開心的是，我也把這套教學法分享給女朋友（英文補習班老師），後來她也上了福哥的「教學的技術」線上課程，前陣子跟我借了籌碼，用在她自己的教學上。

女朋友使用的遊戲化方式是，如果學童在上課過程中主動舉手，或是做了什麼好事、成績進步，她就會給他們籌碼當作鼓勵。在課程結束後，

再請他們繳回手上的籌碼,她就能用來記錄分數。只要約定時間一到,比如每週或每個月統計,分數前幾名就會有獎品。

女朋友傳來兩張照片,對我說:「每個學童手上都高舉籌碼,每次來上課都非常期待又開心。」其中一張照片上的小女孩,手上拿著籌碼跑來跟女朋友說謝謝。

感謝福哥的《上台的技術》和《教學的技術》,一直在默默影響他人。更開心他推出《遊戲化教學的技術》,這本書除了可以影響老師,也會直接影響無數的學生。

屏東縣消防局消防隊員 蔡函原

在大陸上課,客戶經常被我的課堂驚艷,為什麼學員在勞累工作一天後,到了晚上七點至十點,還能精神奕奕上我的課,重點是能把學到的技能用上,產生成效。反觀其他課程,台下學員聊天、打瞌睡、滑手機的比比皆是,台上的講師也講得意興闌珊。他們看到了我的遊戲化教學,不是在玩,是透過遊戲設計激發學員動機,讓學員想參與,讓學員好吸收。客戶問我:「蔡老師,您是怎麼練就遊戲化教學的?」因為,我們有福哥,照著福哥書上的教導一步一步做,能夠讓學員學習力破表,講師成就感爆棚。

電話行銷顧問、企業講師 蔡湘鈴

這是所有從事教學的人,都應放在案頭上的一本書。

遊戲化已是教學潮流之一,到博客來搜尋遊戲化,已有很多重量級的書,為何還需要這本?對我來說,最重要的是:無私享眉角,遍及各行業,解答引證據,白話說論文。

一般講遊戲化教學的書,通常都分享了如何遊戲化的眉角,但有些困難與教學上的疑問,是執行一段時間後才會產生的,如果沒有老師從旁指導,很容易不斷卡關無法前進。福哥不僅分享眉角,更分享一些執行後會遇到的問題如何解決。

好的老師能夠教出好的學生,無私的老師能夠教出傑出的老師。福哥教出了很多傑出的老師,所以在本書裡面,不只有福哥擅長的領域,也有很多其他傑出老師的經驗。像我就從如何帶老人遊戲化的分享中,學到了原來老人會特別注重規則的公平性,以及有一些狀況不要做。

各界推薦與應用心得

學院派的老師，會以嚴謹的理論來回答問題。厲害的老師，會以豐富的實戰經驗來回答問題。福哥能夠兩者兼具，不但以豐富的實戰經驗當例子，也能夠從海量的學術理論裡找到關鍵論文來回答，更棒的是，還能以淺顯易懂的白話來說明。

所以，不論是想從事教學，或是已經教學很久、精擅於教育理論或各行各業的知識傳遞者，都值得收藏這本書。

振興醫院急診主治醫師、急診教學負責人 蔡賢龍

遊戲化教學並不是指在教學中教師單純帶領一個遊戲，就是「遊戲化教學」了。而是必須將需要教學的內容解構成足夠簡單的流程，透過機制高度激發人類心理內在動機與外在動機，在不知不覺中讓學習者開心、有興趣挑戰越來越深的內容，並在學習過程後產出知識、技能、態度的有效改變。

解構、再設計本身，就是一個非常難的技術。在這本書，福哥維持著過去《教學的技術》一書的高水準演出，更毫不保留地傳授他在遊戲化教學這個領域深厚的經驗，並分享了許多老師的示範，是入門遊戲化教學此領域相當值得推薦的書籍。

《打造超人大腦》《打造超人思維》《打造超人學習》作者 鄭伊廷

在企業人才培訓領域從業多年，我曾戲稱，在企業開課就像「天底下有一種冷，是長輩覺得你冷」。主管期待加強員工能力，員工卻覺得自己不需要；在抗拒心理下，不少學員的學習動機薄弱，講師與主管如何期待課程結束後學員能將所學應用在工作上？

遊戲化教學就是一個解方。

福哥在本書中旁徵博引眾多動機與心理學研究結果，打破一般教學者的迷思，還加入許多教學現場的真實案例，實證與理論互相結合，是精進教學技巧的絕佳好書。

言果學習創辦人 鄭均祥

身處資訊唾手可得的年代中，不管是學校教育或職場訓練，學員學習動機日益低落，教師無不感嘆深陷教學苦海之中。對於想方設法試圖激發

各界推薦與應用心得

學員學習興趣的老師們而言，這本《遊戲化教學的技術》無疑是一盞指引眾師登岸的明燈。

台中教育大學國際企業學系助理教授（編註：福哥 EMBA 指導教授與恩師）　賴志松

　　我使用這一套遊戲化的教學法，至今剛好滿 7 年。當初只是抱著好奇的心，參加福哥專為職業講師開設的訓練課程，沒想到學會這套教學法之後，就再也回不去傳統的講述法了。從那時起，我在醫學院的教學課程、演講活動，以及對一般民眾的衛教演講，都是用遊戲化教學的方式來上課，再也沒有看過課堂上有任何一個學生打瞌睡。

　　學生開心學習，才能學得多；老師開心上課，才能常保教學熱忱——這就是遊戲化教學的奧義。

骨質疏鬆症學會秘書長、成大醫院骨科醫師　戴大為

　　聽到「遊戲」你會想起什麼？學習過教育心理學的人，都很熟悉維果斯基的「近端發展區理論」，除了這個耳熟能詳的理論外，維果斯基另一個常提出的便是遊戲對於孩童發展的重要性。「兒童在遊戲中滿足了某種需求」，兒童透過遊戲開啟了想像力，而在想像的過程中，兒童創造了真實的經驗與感受；也因為滿足需求的傾向，所以發展出新能力來突破遊戲的困境或挑戰，讓新能力取代了原有的能力。

　　隨著年齡增長，學齡兒童和青少年的學習是沒有行動的遊戲，這不是說老師們設計遊戲給學生，而是透過遊戲元素促進學生了解（學科）規則，進而掌握規則所發展出來的知識與態度等概念。正確地理解遊戲元素與學習者的關係，將更有助於選擇合適的情境，安排出有邏輯的脈絡，進而能夠產生真實經驗，實踐素養的學習。透過永福老師的這本書，能幫助你理解背後的心理機制與原理，讓遊戲元素成為促進學生學習的一種可能。

社團法人螢光教育協會創辦人　藍偉瑩

　　老師的天職是教學，然而面對現代的學生，許多老師卻有著滿滿的挫折感和無力感。在大學任教常常必須面對不同的教學場合和對象，日間部、進修部、在職班、外籍班，甚至到企業教學與輔導。運用福哥「教學的技

各界推薦與應用心得

術」，讓我在不同的教學現場都能夠快速帶動課堂互動氣氛，吸引同學們主動投入，尤其是「遊戲化教學的技術」。福哥毫不藏私地與所有的老師分享職業講師的教學密技，實在是所有老師的一大福音。

本書裡，福哥不僅教給大家「招式」，更公開了「心法」，讓老師們可以在各種教學現場活用。「一個人走得快，但是一群人走得遠」，只要多影響一位老師，就會有許多的學生受惠，這是福哥無私的理念。推薦所有的老師們都來學習福哥的「教學的技術」和「遊戲化教學的技術」，保證讓老師們滿血復活，重拾教學的熱忱與成就感。

健行科技大學行銷與流通管理系副教授兼系主任 魏俊卿

當老師問學生「你們有什麼想法」時，試想有兩種教室現場：一個是一片沉寂、鴉雀無聲的尷尬氣氛；另一個是學生爭先恐後、舉手搶答的熱情畫面。若是親臨教學現場，你比較喜歡哪種課室氛圍呢？這本《遊戲化教學的技術》，可以讓你的教學現場氛圍毫無疑慮地屬於後者。然而，這一切是如何做到的呢？

本書累積了福哥在業界實際操作課程的經驗，加上他博士論文紮實的專業理論訓練，依照嚴謹的理路脈絡，詳實拆解業界授課中的關鍵步驟，具體呈現其授課心法。例如，看似簡單的時間掌控，不是用「計時器」處理就好了嗎？事實卻不然，許多操作上的細節，外表看來無縫接軌，一個遊戲接著另外一個，過程卻是精心規劃、按秒控課。加上課後不斷立即修正和調整，都是為了讓下次遊戲化教學更加順利有效。如果你也想一探究竟，看看如何用遊戲化教學的技術讓學生爭先恐後搶著回答你的問題，這本《遊戲化教學的技術》就是必備的武功秘笈，就等你來練功！

台中科技大學國際長、應用英語系教授 嚴嘉琪

遊戲化教學一直是學習行業內備受關注的話題，但大家常搞不清楚定義與如何應用。非常開心看到福哥在完成博士論文後，繼續將其學術論文獨創的研究（三角學習理論），結合他多年的實務經驗與多元化的教學應用場景案例，撰寫本書和大家分享。

我相信，這絕對是一本值得推薦給學校老師、職業講師與企業人資夥

各界推薦與應用心得

伴的好書，讓大家除了 PBL 之外，可以更進一步掌握遊戲化教學的箇中訣竅。就讓我們一起透過遊戲化教學，來創造學生更好的學習成效吧！

ATD 大中華區資深講師　蘇文華

「好老師的價值，不是台上講了什麼，而是能讓學員帶走什麼。」這是幾年前上過福哥「教學的技術」課程後，我一直謹記在心的話。

開始運用遊戲化教學在職場教學時，有人說我們只是在玩遊戲。然而，經過不斷反覆練習，加上課程回饋及學員課前、課後的成效差異被看見，當初有意見的聲音逐漸消失，甚至邀請我們指導他們教學如何遊戲化。如果你有教學的需求，也讀過《教學的技術》，那這次你更不能錯過《遊戲化教學的技術》，因為它能讓你更了解教學的精髓。

門諾醫院專科護理師教學組組長　蘇柔如

6

理論融合——
三角學習理論

　　本書帶領大家從遊戲化教學出發，創造出一個吸引學生全心投入、欲罷不能的學習環境；然後再超越遊戲化教學，從更大的角度看待教學技巧，並且探討實務背後的學習理論基礎，找出有效學習的本質。

　　但是，不管是教學實務、教學理論或是遊戲化的這些不同教學技巧，我們是不是能夠用一個整合性的架構，把這一切融合在一起呢？在教學的過程中，有沒有一個更好的方法可以指引我們，讓我們能用理論引領實務、用實務驗證理論？

　　這就是本章的重點，也就是「三角學習理論」（Triangle Learning Theory，簡稱 TLT）[1]。

　　透過理論及案例的說明，老師們將會發現，應用三角學習理論的三角循環，可以發揮最大化的教學成效。不同的教學技巧不再是一個個零散的點綴，而是整體教學循環的一部分，在教學過程中，三種學習理論基礎的教學技巧，不斷輪轉又各自發揮，最後整合成最好的學習。本章也介紹實際教學案例，跟大家分享如何利用三角學習理論，來設計一個精彩的 Train the Trainer ——講師技巧培訓——的課程，一一拆解實務，再分三階段對應回三角學習理論。

　　最終回到本書一開始的核心：「一定有一個更好的教學方法」，透過三角學習理論，用實務來驗證理論，用理論來強化實務，每位老師會發現，這一切都是可以做得到的！

---

[1] 王永福（2022）。從學習者認知基模變化，看企業講師教學的秘密。（未出版之博士論文）。國立雲林科技大學，雲林縣。

6-1　遊戲化之後，教學再升級

　　身為老師或教學者，在課堂中融入遊戲化教學，當然是很好的階段式成長。因為從傳統的教學方法走向互動式教學形式，再加入遊戲化激勵，這不只會大幅度地改變你的課程結構，也會極大程度地改變教室裡的學習氛圍。

　　如果你能在教學時應用遊戲化的關鍵元素，包含機制（如結合課程目標、團隊競爭、無風險體驗……），遊戲化三大要素（PBL：點數、獎勵、排行榜），教室裡的風景就會開始改變。你會看到學生變得專注、熱愛參與和學習，學生會覺得上課很開心、很快樂、很有收穫，甚至進入學習心流狀態，忘了時間的流動……。

　　然後呢？下一步的教學成長在哪裡？

突破成長困境，努力學習研究

　　上面這段話，描繪的其實是我幾年前的困境。曾經有一段日子，感覺自己像是站在教學技巧的半山腰，持續地摸索著，如何再攀上更高的山峰。

　　那時，我已經擔任職業講師超過十年，歷練過企業內訓、大學課堂，以及頂尖上市企業的教學現場，課程總是得到很高的評價，甚至達到課後滿意度全滿分的「完全課程」。2014年底出版《上台的技

術》後，書很快登上暢銷排行榜，並獲得知名雜誌《商業周刊》專訪報導，之後各大企業的訓練邀約更如雪片般飛來，那時在台積電最多一年教了快 20 梯、也教了鴻海的簡報技巧和內部講師訓練、外商公司如 Google、Nike、GUCCI、聯合利華、西門子、諾華……等世界級知名公司，也紛紛邀我擔任公司的訓練顧問或講師。算一算，國內百大企業中，有一半以上的訓練教室都曾留下過我的足跡……；這時的我，對於教室接下來會發生的每一件事，學員會有的下一個反應，甚至連每一句話講出來台下會不會笑，都已經瞭若指掌、胸有成竹。

但是，有一天我還是問了自己：「再來呢？我應該怎麼樣持續成長呢？」

深入基礎，尋找最佳教學模式

身為教學者，我們越常上台教課，可能越感受不到自己是「怎麼教」的，因為一切已經太「自動化」，似乎我們拿到課本教材就知道怎麼說。可是我們到底做了什麼？而為什麼要這麼做？背後的道理何在？我們可能都忘記了這些事。

我們也許更少想過：當我們在台上「教學」時，學生會有什麼樣的感受？這些教學技巧，對他們在學習上真的有幫助嗎？譬如當我們應用本書談到的遊戲化教學時，不管是分組團隊、三大元素 PBL、競爭與競賽……等這些元素，學生心裡有什麼想法呢？如果只是單純講述，學生真的會覺得無聊嗎？當我們給學生計時壓力或表現要求時，學生們覺得這對他們有幫助嗎？還是壓力太大？身為老師，我們是否了解過「使用者」——也就是我們的學生，對我們教學真正的感受？

因為對教學的好奇，我一面擔任職業講師，一面再回到學校攻讀博士，也因此開始接觸到不同的理論研究。雖然打開我另一個視野，但身為第一線的教學者，我總是希望自己能成為一座橋梁，把這一切

整合起來，包含教學實務、學習理論、學生感受、以及有效學習，最終歸納成一套核心架構。讓未來的老師們，能有一個改善教學的參考依據，也讓未來的研究者們能更了解實務與理論的結合點。

用五年時光摸索三角學習理論

　　這樣又經過了超過十年的時間，終於完成了企業講師教學技巧的研究，並提出了「三角學習理論」，取得博士學位。整個修業的過程中還出版了三本教學書籍，分別是《上台的技術》《教學的技術》《線上教學的技術》，之後又撰寫了兩篇「遊戲化教學」的期刊論文，其中一篇已刊登於 SCI（科技期刊引用文獻資料庫）國際期刊上。

　　所以，從更高的角度來看，本書前半部一系列「遊戲化教學的技術」，其實是整個「有效教學」的一環，但並不是全部。因為要做到「有效教學」，除了遊戲化之外，還有許許多多不同的可能性。

　　而本書的後半部，包含上一章學習理論與基模，以及這一章的三角學習理論，則是希望帶著大家深入基礎，試著從不同的角度，來拆解教學的每個細節，並用三角學習理論貫穿全部，整合有效教學的不同方法。

　　因為不是每個人都有時間去閱讀厚厚的研究論文，所以我才透過比較淺顯的文字，去轉化學術研究的成果，並且配合實務案例進行說明，讓大家可以更快理解，在未來教學時有一些立即可用的架構及方法。當然，如果大家對學術研究有興趣，也歡迎大家直接去查閱論文：《從學習者認知基模變化，看企業講師教學的秘密》，裡面會清楚地交待每一個研究細節，像是如何以縱貫性研究方法進行訪談，並以三角驗證確認研究信效度，之後再以紮根理論的編碼方法，分析近 30 萬字的訪談稿後，得到不同主軸，再整理成命題，最終匯整基模變化、教學方法、學習理論，提出有效教學之三角學習理論。其中包含相關

研究動機、文獻探討、研究方法論（沒錯，寫的是不僅是研究方法，而是研究方法論⋯⋯這個真的寫好久！）、研究分析、理論建構，以及學員訪談資料逐字稿，相信會給大家更深入的理解，文末也會提供論文電子全文下載連結。甚至即使不看研究內容（因為接近 500 頁真的很多⋯⋯），單單只看企業學員在訓練前、後、一個月後、二個月後的深入訪談資料，了解學員心裡在想什麼⋯⋯也許大家都會有收穫！這可是過去很少公開的訓練「秘密」，就留給大家有興趣時仔細研究。

如果您準備好了，讓我們先切入使用者的角度，來看看學生是如何看待教學，也來盤點一下，在教學的過程中，我們可以用哪些技巧，來讓教學更有效吧。

延伸閱讀

- 臺灣博碩士論文加值系統，〈從學習者認知基模變化，看企業講師教學的秘密〉電子全文下載連結

6-2 怎麼樣教才會更有效？

在精進教學技巧的學習上，也許我們可以先仔細盤點我們的教學細節，看看在教學的過程中，究竟發生了什麼事？我們做的哪些事情，是有用的、是可以幫助學習的？而哪些事情，又可能是無效的，對學習沒有影響的。當我們越清楚這些教學細節，我們才越有機會能逐步修正，朝向更好的地方前進。

而想了解這些事情，也許就要回到最開始的地方──也就是「學生」！

回到最開始的地方：學生

訪談學生，是了解教學是否有效最簡單，但也最困難的方法。怎麼說呢？

首先，從學生的回應，老師能夠得到最直接的回饋。畢竟，教學過程中，學生有最直接的感受，不管老師在教學過程中做了多少事，學生的反應才是最終的成果。因此，直接訪問學生，是了解教學最簡單的一種方法。

但這個方法「最困難」的原因在於──到底怎麼定義「有效」？因為我們想了解的不是只有教學方法，而是「有效的教學方法」，教學方法當然不是越多越好，而是要對學生的學習真正產生影響的方

法，我們才會稱為「有效」。但什麼是有效？是成績、表現，還是記憶、印象？不同的課程，可能有不同的有效標準。還有時間也是一個變數，隨著時間的經過，課後的反應也會受到時間影響而淡化，「剛上完課」與「上完課一個月後」，有時差異可能很大。也許學生透過死背，在考試中拿到高分，但一個月後就都忘光了，這樣的學習是有效的嗎？或是一門課後高度滿意的課程，但學生只是覺得開心，認知或技巧卻沒有任何改變，這樣的課程有「學習成效」嗎？從學生的角度，老師應該怎麼教，才能讓學習更有效呢？

從「做得到」到「我知道」

有趣的是，雖然我「做得到」讓學生有學習，但我卻不一定能說「我知道」該怎麼做，因為這些教學技巧哪些有效、哪些無效，我並不完全清楚。譬如說：跟學生們互動問答，真的對他們的學習有幫助嗎？讓學生做小組討論，真的會讓他們對討論的主題印象深刻嗎？還是這只是浪費時間？或是像是示範與演練，在上完課一個月後，還能讓學生們記住嗎？諸如此類的種種問題，最多只能說我有一個模糊的理解，但沒辦法精準地說清楚、講明白。

所以，我決定想辦法讓自己更明白，搞清楚教學的過程究竟發生了什麼事。

這也就是我開始研究的初始，我想要從學生的角度來看看台上的老師，讓學生自己來說，他們感受到教室裡發生了什麼事？這些不同的教學技巧，又對他們產生什麼樣的影響？而所謂的「有效教學」，我們就要藉助上一章關於「基模」的解釋，也就是如果教學技巧可以讓學生在上課之後，產生認知基模的長期改變，這個我們才稱為「有效的教學技巧」。

更白話地說，學生在上課前不會，透過上課後學會了，並且這個

印象一直持續 1～2 個月，學生所學的內容都還在，這時我們再回頭去看，是老師當初做對了什麼事，用了什麼教學技巧，才能讓學生留下這麼深的印象。這些造成長期改變的教學技巧，就是我們想找到的「有效教學技巧」。

有了上述這些基礎觀念後，就能了解接下來關於教學技巧的研究結果。以下是從 15 位企業學員，總共 60 次、合計 30 萬字的課前課後訪談中，經過研究淬取出的「有效教學技巧」，共有 24 種。為了方便說明，我再把這 24 種技巧區分為六大類，並在引號中直接引述學員在訪談中的原話，還有我自己的補充。大家也可以從這些整理中，看到學員對不同教學技巧的感受，也許我們可以發掘許多以前知道、甚至以前不知道的事。

一、教學傳達

以下這四個方法——講述、結構化、教學呈現、強力開場——都與教學傳達有關，也就是老師傳遞給學生資訊的方法，這也是教學時的基礎要求。

1. 講述：講述當然是教學傳達的基礎，只是從學員的意見來看，「傳統教學就是單方向地講」，「假如說上課整天都在聽，那也很容易不專心」，「很容易無法聚焦」。所以看起來從學生的角度，只是聽講真的很容易就無聊失焦了。

2. 結構化：把教學的內容分段切割，整理得更有邏輯順序。有學生認為「這樣的結構化會幫助記憶」，像是在教學時把簡報開場區隔成 3P，也就是目的（Purpose）、過程（Process）、好處（Payoff）。也有學員認為「三個段落，3P 那個部分，我覺得那是一個很好的方式」，或是在教便利貼方法把流程區隔為：發想、分類、排序、重點

切割等四個流程，學員也覺得「可以用公式去套」，都是把知識或技巧轉成結構化的應用。

3. 教學呈現：利用教材、教具或投影片吸引學員的目光。學員覺得「印象深刻的⋯⋯是用圖片來吸引人」、「PPT，或者是教學過程的引導」，當然整個呈現的方式不能只是花俏或漂亮，而是要做到言之有物。

4. 強力開場：在最短的時間建立老師與學員的信任關係，從學員的角度也覺得很重要。譬如學員認為：「一開始先做一個自我介紹」、「開場的時候，就覺得跟一般的講師開場不太一樣」、「吸引學員的注意力」，因此，如果可以在一開始簡單地建立與學員的連結，並且很快抓住大家的注意力，這對學習也是很有幫助的。

二、印象強化

除了教學傳達的基礎方法，我們也可以在教學時舉一些例子、故事，或是播放影片，讓學生留下更強的印象，我們把它整理為以下第二大類的範疇。

1. 案例：如果只是講道理或理論，其實是很難消化的，「拋幾個實際的案例」，並與生硬的理論進行連結，學生覺得「案例，先有一個印象」，這可以藉以強化。另一種方法是：用案例研究（Case Study）做為教學討論的主題，先提供案例，然後讓學生思考解決方案，這也是案例的不同應用。

2. 故事：學生覺得「運用故事⋯⋯才能夠打動人心」、「故事很實用，因為大家會比較有興趣」，由此可知，「用故事性的方式去帶入」，也是老師可以運用的技巧之一，會讓學生更專注於課程學習中。

3. 影片：在教學時，有時再多的形容，學員可能還是無法想像，

這時「先放一下影片，然後講解」、「知道呈現出來的效果是這樣，你就會很有感覺」，影片可以「幫學員節省那個想像空間，馬上進入狀況」，這也是一個很好的教學方法。當然，影片運用於教學上，可能就需要有更多的事前規劃。

三、建構教學

在學習理論的不同派別中，「建構理論」認為，知識不能只是被動接受，而是要經過學習者消化吸收，才會轉化為學生自己的。因此老師在上課時，安排讓學生實務操作及演練，這就是建構式教學的一種。特別是企業訓練的環境，更強調知識技巧的轉化吸收，希望上課後能馬上應用，並發揮成效。因此，「演練」就成為教學過程中非常重要的環節！

不過，要做好演練，不能只是叫學生「開始動手做」，還得與其他方法相互搭配，才能有最好的練習成效。接下來是圍繞著演練的四種教學方式，我稱之為建構教學類別的教學技巧。

1. 示範：演練前要先示範！這是許多教學者操作演練時，經常會疏忽的地方。學員重視的是「老師有示範」、「從頭到尾演練給我看」、「有很多示範」、「一直在示範，更容易了解」，可見示範對學生而言很重要。當然，示範做得好不好，也考驗教學者對於教學主題或技巧的功力。前面提到的「影片」教學，其實也可以做為示範的一環。

2. 演練：馬上教、馬上練，趁印象深刻時吸收，「直接練習……會加深當場的印象」、「每一個人都有機會去台上講，會讓我們更投入學習，更想要表現最好的一面」、「有完整的參與，和你憑空想像是有差別的」。一個好的演練也需要仔細規劃，例如應用前面提到

的「結構化」，把演練的流程區分為不同步驟，並且做好示範，如果可以的話，再搭配分組教學及遊戲化的競賽方式。在完整的安排下，演練才會到位！

3. 觀摩：不管是老師的「示範」或學生的「演練」，都在提供其他學生一次「觀摩」的機會。「細看別人的表現，就會想到自己是不是也會這樣子」、「從他的身上，我可以自省」，觀摩別人的表現，當然也是學習的一環，而塑造「示範」、「演練」及「觀摩」的機會，正是建構教學的重點。

4. 即時回饋：在演練之後，不管是表現好或表現還可以更好，老師都應該試著「當場給一些反饋」，因為「被老師點出來一個很重要的點需要改善……覺得很有幫助」，像這樣的回饋如果即時且正確，會在學生心裡留下很深刻的印象，即使課後一個月，學生也會說：「點出來我這個缺點，我覺得印象是蠻深刻的，其實現在對當下那個情景我還有感覺……」，這也顯示出即時回饋的重要性。

不曉得大家有沒有發現，上面說的三大類共 11 種教學技巧，有許多都很基本，似乎沒有什麼特別的花招，就是按部就班地把課教好。不過，如果你仔細地盤點，可能會發現，雖然這些教學技巧都很基本，但在教學的過程中卻不一定能完全展現！譬如可能在「教學傳達」時，只有使用講述，卻沒有把知識區隔成結構化；或是在「印象強化」時，也許有些例子，卻很少使用影片；又或者在建構教學時，有規劃演練，卻沒有做好示範與即時回饋。這些教學的細節，才是讓課程變得更有效的關鍵因素。

接下來，我們要談的是讓教學更精彩的另外兩大類，一是大家已經熟悉的遊戲化，但另一類也許會超出一般的想像，它是「節奏與壓力」。

四、遊戲化元素

前面幾章我們已經仔細拆解「遊戲化教學」的關鍵元素與機制，但因為是從老師及專家的角度出發，所以拆解得比較細微。現在如果從學生角度來看，他們在課堂中能感受到的遊戲化元素，有以下幾個：

1. 分組教學：我們經常強調分組與個人的差別，這也是讓教學變得更精彩的關鍵。學生的看法是：「有小組分組的話……就要更認真一點」、「看到大家很踴躍，我也會踴躍」。當然影響的不只是氣氛，還包含演練的操作，學生認為：「分組最好的地方就是可以集思廣益」、「各個小組帶開實際操作，我覺得這個部分很重要」、「小組先個別演練，之後再上台演練，很棒」。因此，熟悉分組教學對老師來說是很重要的技能。

2. 互動：如果大家教的是「正常的」學生，他們會累，也會分神，因此如何透過不同互動技巧的安排，讓學生集中注意力、投入課程，就是教學的一大挑戰。學生也覺得：「有互動……跟傳統的單向式教學相比，本來就會有一個明顯的差異」。互動的方法很多，「比如說拋問題讓學生舉手回答」、「集合到前面，然後讓大家提出意見」、「經常提問，很多很多的互動」，但如何讓學生更有意願參與互動，遊戲化元素將會發揮很大的作用。

3. 點數：身為老師有時不免會懷疑，像點數等這些遊戲化的元素真的有用嗎？真的會激勵學員參與嗎？從學生們的意見，就能看到肯定的答案，像是：「發籌碼，讓大家踴躍發言」、「替小組爭取一些分數，也就是有參與」，甚至有學生表示：「我就跟大家說，我要拿到 10 萬分」，而且「籌碼也是蠻好玩的」。從這些訪談意見，都可以

看到點數在教學過程中發揮的影響，進而促進學生主動參與教學互動。

4. 獎勵：先前我們討論過外在激勵與內在動機，並且提及外在與內在相輔相成，會發揮最大的效果。學生也認為：「搶答、拿到書，我覺得這是非常有用的方式」、「獎勵機制還是有它的效果，就是你會看到大家很踴躍」、「要求自己說，我一定要拿到那本書，最後也真的如願了」，而在這些激勵作用下，「內容變成我自己的東西，自然而然地去呈現出來」，看起來，獎勵真能誘發學生更努力地參與學習啊！

5. 競爭與競賽：先前我們提及競爭是遊戲化的關鍵要素，學員也認為：「互相競爭，各組都會想要突顯自己的小組，不想表現得太差」、「有一點競賽的感覺，卻不是說一定要爭個你死我活」。因為競爭，大家會努力求取更好的表現，但卻在機制的設計下，不是為自己，而是讓大家「覺得是為了團隊榮譽來打拚的」，也有學生表示：「如果組員都很賣力地搶答，自己也會被帶動起來。」因此在課程中設計競爭與競賽，也會讓學生變得更投入。

從學生角度來看遊戲化教學的這五個重點，其實和教師的觀點沒有太大差異。小組教學仍然是遊戲化的基礎，點數與獎勵能有效增加互動，讓學生更專注地投入課程。另外，如何塑造良性競爭氛圍，讓大家為了團隊榮譽前進，也是很重要的關鍵。

但也因為是從學生的角度來觀察，所以很多操作的細節，例如 PBL 中的「排行榜」，似乎都在訪談意見中消失了！不過這應該是好事，表示在教學過程中，我們並沒過度強調排名，讓團隊競爭太過激烈。

五、壓力與要求

　　大家可能很難想像，從學員自己的意見中，竟然會覺得適度的壓力與要求，是讓他們學習更有效的方法之一。雖然我們先前在提及遊戲化要素時，已經談到了時間壓力這個元素，但是在「壓力與要求」的類別，還有更多的細節，讓我們來看看學員怎麼說。

　　1. 高標準要求：雖然因為遊戲化教學的元素及高互動性，上課的過程變歡樂的，但是過程中，對學習的要求並沒有放鬆。學生就表示，「我總是想方設法達到福哥要求的成果」、「上台從頭到尾講一遍，我覺得是非常有挑戰的一件事情」。雖然要求高，但透過良好的教學規劃，學生應該還是會有能力做得到，如同學生說的「蠻刺激的，但是後來其實還是順利地完成了」，要求帶來成長，這也是強化學生能力的過程。前面我們談到自我決定論（SDT）時，也提及能力感會強化學習者的內在動機，但是如何在高標準要求與無風險之間取得平衡，也是老師們進階要思考的重點。

　　2. 學習壓力：這有點像胡蘿蔔與棍子，有歡樂的遊戲化教學，同時也有學習壓力的要求。如同學員說的「很有壓力，但是也激發出同學的潛能」、「帶著一點點小壓力，你會印象比較深刻」。當然，過程中學員也會有掙扎，像是學員說「人就是矛盾的，想要多學習，然後又會怕自己怯場」；當然，施壓的過程也需要安排，「負擔不會一下子變很重」。如何在壓力下取得平衡，需要老師們仔細規劃，而最終的重點，還是要幫助學員有效學習。

　　3. 時間限制：先前我們已經提過時間壓力這件事，而從學員的角度，也可以看到時間壓力發揮的作用，「因為有時間的壓力，所以專注力會很高」、「時間的壓力，就是不停不停地擠出你的實力」，所

以時間壓力只是表象，重要的還是專注力與產出啊！

4. 節奏明快：由於時間都在精準掌握中，整個課程的節奏會很明快，學員認為「按照老師的這個節奏走，其實一直都蠻緊湊」、「從開始到結束……，時間都抓得很準」。節奏也不僅是時間，而是教學法的切換，像是：「小組討論……馬上就要去演練」、「老師穿插的方式，比如說才講一個觀念，馬上就有實例」，重點是學生認為「流程上很緊湊，會加深我的印象」，這才是掌握課程節奏的目的。

以上所述，就是前五大類不同的教學技巧。最後，我們再來看看每個老師都擁有，但卻人人不同的：教學風格類別。到底每個老師的教學風格是從何而來，對學生又會產生什麼影響呢？

六、教學風格

跟教學風格相關的，有以下四種教學展現。

1. 個人特質：每個老師都有不同的個人特質，各有特色，無所謂好壞。但在教學的過程中，無論是「老師講課的態度與熱情」，還是「講課時語氣的抑揚頓挫」，都會傳達出「老師獨特的魅力」，並且吸引學生的注意力。

2. 肢體語言：肢體語言是一種輔助，學生們也認為「講到一個很激動或者是很重要東西的時候……，譬如說手勢，一定會有加強的動作」、「語氣的部分，讓我們覺得有 Power……，容易把注意力放在老師身上」。但要強調的是：肢體語言僅是輔助，作用是強化及吸引注意力，並無法取代教學內容！常被提及的「55-37-8 法則」，僅適用於當內容說明與肢體表現不一致時，人們傾向更相信肢體語言及語氣，但並不是指說內容說明不重要哦，這也是許多人經常會搞混的地

方，後面也會有相關補充資料供大家參考。有好的內容，再加上肢體語言的輔助，才會有最好的效果。

3. 教學經驗：在上課的過程中，不僅是老師在評估學生，學生也相對地在評估老師，這個狀況在成人教育或企業訓練中尤其普遍。「老師是真材實料的，不是唬爛的」、「老師的實戰經驗真的很好」。特別是在示範及演練時，「老師隨便選一個題目……這樣子也做得到，那這個方法就是真的，可信度蠻高的」，這樣的教學經驗不只能讓學員信服，也會吸引學生相信老師的教學內容，並加強學習意願。

4. 以身作則：我們都知道言教不如身教，只是有時會不小心忽略掉。在我們的教學過程中，學生也會注意老師是否有做到自己說的內容，「課堂上已經在呈現這個東西……就已經在做身教了」、「老師製作的投影片，本身就是一個形式的範例」。更重要的是，因為老師以身作則，學生才會覺得「我應該也做得到」，相信值得自己去嘗試。因此，老師的以身作則更能帶動學生的學習動機。

上面的四個教學方法，都是老師在無形中建立個人教學風格。再次強調，沒有最好的教學風格——有些人熱情奔放，有些人冷靜專業……都是好事！只要適合你自己，能夠吸引學生投入，讓學習更有成效，就是好的個人風格。

不同的做法，創造不同的變化

透過學生有效學習的角度，我們一一盤點了總共六大類、合計24種教學技巧，我把它命名為「有效教學的技巧清單」，目的是想讓老師可以從中盤點一下，哪些技巧是你已經熟悉的，哪些技巧也許下一次可以在教學時試試看。這些方法都是從實務出發，過去十多年也在高壓力、高挑戰的企業訓練、以及不同的校園教學中，被不同的

老師們驗證是有效的，也許當你越能熟悉應用不同的教學技巧，也越有機會可以在教室裡創造出不同的變化，在此也提供這些可能性給大家參考。

當然，身為老師，教學沒有標準答案！有的只是彼此交流、相互分享，以及共同成長。這也是為什麼我會在擁有頂尖企業的訓練經驗後，再回到學校進修，交互驗證理論與實務，並從老師端與學生端來回觀察，仔細拆解自己及許多好老師的訓練教室，把很少被公開的訓練 Know-How 進行系統化整理，並公開分享給大家。

老師們也可以思考，如何轉化這些技巧，並應用到不同的教學現場，也許你的教室，也可以讓學生學得更好、更有效，也讓學習變得更有趣哦。

延伸閱讀

- 〈肢體語言研究的誤用：談 7/38/55 法則與簡報技巧〉，參見：https://afu.tw/324

6-3　最關鍵的五個教學技巧：
從Telling ain't Training談起

看了上一節有效教學的六大類 24 種教學技巧，不曉得老師們會不會認為：「有必要這麼麻煩嗎？」還是會想：「這麼多種技巧，要從哪一個開始學啊？」

剛好前一陣子在閱讀教學書籍時，看到一本 *Telling ain't Training*，這個書名我覺得很有意思，也有很道理。如同我們持續談到的：當我們體認到人的記憶會淡忘、只會記得最重要的關鍵學習時，就會明白，只是講述（Telling）當然不是訓練（Training）或教學的好方法。那麼，到底怎麼樣做才會讓訓練變得更有效，讓學生學了之後印象更深刻，甚至未來需要時能派上用場呢？

如果仔細拆解我與許多老師們的課程，可以發現在教學時，我們經常使用結構化、案例、示範、演練、分組教學這五種最重要的教學技巧，也因此，才讓學習者產生更好的教學成效。接下來，我們看一個實際的教學案例示範。

五大技巧——時間管理課程案例示範

先前我們已經分別介紹過結構化、案例、示範、演練、分組教學這五種教學技巧，也許最關鍵的，是如何在一門課程中同時融入這些技巧。

接下來，我們就用「時間管理」這門課程，看看怎麼把五大技巧融入課程當中。

一、結構化：

我們可以把整個課程切割成三大部分，例如「觀念」、「方法」和「工具」，然後在介紹每個細節時找出其中的重要結構或 SOP，讓大家更方便記憶。例如教大家時間管理矩陣，可以把工作任務依「重要度」與「緊急度」區隔為「重要／緊急」、「重要／不緊急」、「不重要／緊急」、「不重要／不緊急」，之後再進行分類區隔。或像以目標設定的 SMART 原則來區分：明確的（Specific）、可衡量的（Measurable）、可達成的（Achievable）、相關的（Relevant）、有時限的（Time-bound）。像這樣把內容區隔成 3 ～ 5 個內容，或易記的縮寫名詞，就是幫助記憶和理解的結構化教學應用。

二、案例：

如果結構化是骨架，那麼案例就是肌肉。在講完上述時間管理方法的一些結構後，必須找一個案例來填補內容；譬如說，我會以我在 2020 年設定的五個目標為例——完成學位、推出線上課程、出版一本書、合氣道黑帶、鐵人 113，讓大家看看是否符合 SMART 原則。用案例來對比結構，學生才會有感覺。我也會用日常的行事曆安排，教大家如何應用「重要／緊急」矩陣，用實際的任務來展現什麼是「重要／緊急」，什麼又是「不重要／緊急」。搭配上這些實務的案例，可以進一步讓學生更了解教過的知識結構。

上述這兩個教學技巧——結構化及案例——如果在教學時夠做到，算是已經很不錯了。有經驗的老師會發現，這兩種教學方法都可

以配合講述的做法來達成；但如同 Telling ain't Training 這句話，單純只用講述（Telling）並不容易達成訓練（Training）的目標，所以，接著可以繼續使用以下兩個方法：示範及演練。

三、示範：

案例與示範最大的差別是：案例大多只是用講述方式進行，而示範會有更多的實作或模擬。當然，示範也能與案例結合，最好是用真實或貼近現場學員的案例來示範，效果會更好。

譬如，在教導時間管理矩陣時，我會用自身或任意找一個學員的案例來進行示範：先用便利貼寫下每天／每週固定會做的工作（這個好用工具又出現了，3M 真的應該找我代言啊），像是 2020 年時的標準一週，會有寫論文、寫文章、檢視線上課程影片、寫回饋、運動鍛練、練武術等，平常還會有接送孩子、準備早餐、自己午餐、一家人晚餐……；像這樣，然後分別丟進「重要／緊急」矩陣的四大象限，區隔出哪些是重要又緊急的工作（像是在期限內回饋課程意見）、哪些是重要卻不緊急的工作（像是寫書、寫文章），用實際案例示範如何區隔工作，再安排到每日的便利貼中。透過這樣示範的過程，學生會更清楚理解老師想表達的意思或技巧。

四、演練：

演練，是驗收學員是否真實吸收的絕佳方法！

老師必須先抓出課程最終預期的成果，才會知道如何從結果回推，來設計整個教學過程，讓學員能夠完成演練，也可以馬上驗收教學成效。演練不僅可以用在技巧型課程，也同樣適用知識型課程。就以知識型課程來說，老師可以讓學生說出知識或感想，或設計一個情境讓學生可以應用知識。像是我們提過的教學個案：明騰老師要學生

用手邊的工具去實驗密度，或是仙女老師要學生幫范仲淹寫一份選舉公報，或是沁瑜老師要學生幫患者設計營養菜單……，都是很有趣的演練設計。技巧型教學更不用說，比如簡報技巧要能上台簡報、時間管理要學習如何安排行程、心智圖技巧要能畫出心智圖……。上完課後，學生不僅能學到一些解決問題的技巧，並且可以在實務上運用，本來就是技巧型演練教學的目標不是嗎？

聽起來很簡單？那我想反問大家：「所以，你的課程有設計與課程目標結合的演練嗎？」

先不講沒有設計演練的情況，想問大家的是：「如果真的設計了演練，你確定學生們都能正確完成嗎？」老師們會發現，當有演練可以當成檢核點時，很多教學的過程就會開始發生變化。因為有經驗的老師們都知道，光只是老師說，學生也許都點頭表示知道，但是一旦要叫學生做，這時就狀況百出了！有時也許方法錯、步驟忘、或甚至剛才點頭表示聽懂的……其實根本沒聽懂。所以，演練不只是在教室現場驗證教學成果的好方法，甚至也因為有了演練的設計，老師才可以回頭檢視自己的每個教學環節，不斷問自己：「該怎麼教，才能讓演練如預期發生？」譬如說如果教完「時間管理矩陣」，學生應該就能把自己日常的任務，做出正確的區隔。如果他還無法安排出更好的日常行程，即使懂了再多概念，也不能說這樣有成功達到教學目標。

有了「演練」的設計後，就會知道：原來從「結構化」、「案例」到「示範」……，每一個不同的教學環節，目的都是在幫助學生做到相對正確的「演練」。也因為有了演練，才能在教室裡就發現教學是否真的有效。

當然，建議老師也不要只是最後排個大演練，這樣不僅演練難度太高，學生也不容易達成期望的目標。更好的方法是：同樣依照結構化分割的方法，在教學的過程中切割成幾段小演練，邊教邊練習，最

後才組合成大演練，而每次演練前也該有參考的 SOP 或口訣，並且由老師先行示範，這樣才能讓演練更順利地進行。

五、分組教學：

　　一旦需要設計演練，分組教學就變得非常關鍵了，因為只有這樣做才可以確保組內分工——有人負責上台，有人負責支援。小組之間的競爭氛圍，也會變成演練品質提升的關鍵。因為「輸人不輸陣」，同儕間的無形壓力，會讓整個演練的成效再往上提升一個等級。更不用說，我們先前提過的遊戲化教學，小組團隊及競爭也是其中的重要關鍵。

　　以時間管理課程中的排程演練為例，同一個任務不同小組可能會有不一樣的重要性判斷，也就會產生不一樣的排程結果。另外，我們也會請小組依據自身經驗，列出日常的工作項目來進行小組演練。像這樣的練習，都可以創造學習的多樣性，並且讓小組討論與個人的學習更貼切。過程中老師也可以給小組間個別指導，讓組員之間相互學習，小組之間相互觀摩。因此，流暢掌握的分組教學操作，會是教學過程中一個非常重要的關鍵。

　　當然，分組教學還有許多細節，像是小組人數、分組方法、甚至座位安排，這個我們先前的文章及《教學的技術》一書中都已多次提及；未來在教學時，也請大家嘗試著導入小組教學的方法，相信對學習氛圍及成效都會有很大的改善。

有效教學的背後，其實有一個共通的架構或方法？

　　我們從六大類 24 種教學技巧中，挑選出最有效的五個教學技巧：結構化、案例、示範、演練、分組教學，挑選的標準並不是因為個人偏好，而是來自於學員的訓練後訪談及學習成效研究。當然，這也符

合我平常的教學經驗。老師們可以從這五個最有效的教學技巧開始著手，嘗試整合進自己的教學過程，也許就會看到學生的學習成效有很大的改善。之後，再慢慢地把其他教學技巧一一納入自己的教學工具箱，也許就可以組合出千變萬化、各有特色的不同教學方法。

雖然教學方法很多，但如果大家還記得上一章我們談過的學習理論，會發現這五種教學技巧背後同樣包含了三大學習理論基礎：行為理論（示範）、認知理論（結構化、案例）、建構理論（演練、分組教學）。有沒有可能，雖然表面上我們看到了許多技巧，但往更核心的地方探討時，在這些有效教學的背後，是不是有一個共通的架構或方法呢？

下一節的三角學習理論，將會把所有的一切整合在一起，帶領大家解開這個秘密。

6-4　簡介「三角學習理論」

在上一章閱讀學習理論時，不曉得大家心裡會不會想：「三大學習論，也就是行為理論、認知理論、建構理論，到底哪一個比較適合我的課堂呢？」

也許你可能也會想：「理論是理論，實務是實務，要怎麼把理論應用到實務上呢？」

而在本章一開始，我們整理了六大類共 24 種「有效教學的技巧清單」，之後又挑出最重要的五大技巧。不曉得你會不會好奇，這些不同的教學技巧，要怎麼跟理論連結，各自又要在什麼時機使用呢？

也許，該是時候，讓我們把一切整合在一起了！這就是「三角學習理論」！

應用「三角學習理論 TLT」，老師們就知道，學習理論沒有哪個比較好，相輔相成才更好！老師們也可以馬上理解，原來不同的教學技巧，背後對映哪些支持的理論基礎。更重要的是：老師們還能應用它，去檢查教學過程有沒有缺少了哪一部分，只要補足這個黃金三角，就能讓你的教學變得更有效，讓學生的學習成效變得更好，把所學的東西記得更長更久！

真的假的，有這麼好用？

行為理論、認知理論、建構理論組合而成的金三角

什麼是「三角學習理論 TLT」？簡單說，就是有效教學的整個過程中必須融合三個學習理論：行為理論、認知理論、建構理論，才會讓學生完整吸收知識，並且記得更牢！

舉個實例，在上完我的「專業簡報力」課程後，許多人都對「便利貼發想法」印象深刻，甚至多年之後都還記得，並且持續使用！為什麼呢？是因為它真的有用？還是我們的教法有什麼特殊之處呢？換個方式來看，如果我從頭到尾只講便利貼法多好用，學生會記得這麼久嗎？或者如果你只看過我示範便利貼法的影片，印象也會這麼深刻嗎？

所以，雖然從結果來看，教學效果是好的，但是我們也應該逆向拆解一下，把每個教學細節拆開來看，看看我們在過程中，究竟做了什麼？讓學生們真的記得住、學得會呢？

接下來我們就來逐步解析課堂上「便利貼法」的教學過程，這是以前都沒有公開的 Know-How，大家可以好好學哦！我也會在說明教學技巧時，用括號補充說明，這些技巧背後有哪些學習理論基礎的支持。

以下是便利貼法教學步驟詳解：

教學的方法是先「講述」什麼是便利貼法（屬於行為理論），然後把它區隔為四個步驟（結構化，屬於認知理論），接下來舉一個案例（案例類比，屬於認知理論），然後現場示範（社會學習理論的一部分，也屬於行為理論），到這裡為止，都屬於便利貼法「前段」的教學過程。

先停一下，不曉得大家有沒有發現，在上述整個過程中，我的教學方法一直交互地在「行為理論」和「認知理論」之間來回切換，混

合運用不同的教學技巧。

呃……好像少了一個角？「建構理論」基礎的教學方法好像沒出現？

沒錯，除了「行為理論」和「認知理論」，還應該應用「建構理論」，整個學習才會完整！

因此，示範完之後，我就會請學員以「小組討論」的方式，自己「實作練習」（小組討論與實作，都屬於建構理論），到此完成第一輪的學習三角循環。接下來我們還會開啟第二輪，請學員上台發表（建構理論），大家從觀摩中學習（行為理論），我也會幫大家結構化地拆解觀察重點（建構理論），整個演練過程，又循環了一次學習三角循環。這樣一來，整個便利貼法的教學過程，便多次交互應用了「行為理論」、「認知理論」、「建構理論」三大學習理論基礎的教學方法，學員的學習才會完整、印象深刻，並且能長期記住，這也是在學員訪談中，大家印象最深刻的學習之一。

在大量的學員訪談分析及研究後（學術名詞為紮根理論的開放編碼、主軸編碼、選擇編碼、以及主軸矩陣分析）。可以發現，在教學時切換融合三大學習理論的教學方法，可以讓學員留下最深的印象（學術名詞：建立長期認知基模）。最後，在融合實務經驗、學員訪談、教學技巧與學習理論基礎後，我提出了有效學習的「三角學習理論」。

三角學習理論因為融合了許多教學方法，因此還可以分成三個階段，從第一階段「教學融合」，到第二階段「刺激強化」，再到第三階段「典範要求」，由簡單到複雜，可以組合出二十幾種不同的教學技巧……。

TLT的實務應用案例

三角學習理論在教學現場還能怎麼應用？再舉個實務應用的例子

做為參考。

前些日子我去一間國際知名企業（富比士 500 大）擔任內部講師教練，針對這些內部講師們設計的課程，我就用 TLT 來檢核與分析整個教學。譬如說 A 老師從頭到尾用「講述」，從上面的理論架構來查核，可以發現整個過程只有應用到「行為理論」教學刺激，沒有用到其他理論的教學方法，所以整個效果成效很差，學員評價也不高。然後……就被我要求「請重做」了。

B 老師好一點，教學的過程有「講述」內容，也有舉一個「案例」，算是名嘴型的教法，雖然聽起來會有趣，但是最終聽完後，學員還是不曉得怎麼用。從 TLT 的理論來看，可以看到 B 老師混合了「行為理論」與「認知理論」，卻沒有應用到「建構理論」，因此知識或技巧還是屬於老師自己的，沒有來到學生身上。雖然學員評價還不錯，但是卻無法達成學習成效。因此，教學內容還有改進的空間。

C 老師就想得比較仔細了。他知道除了「講述」內容，然後舉「案例」吸引學生外，還思考怎麼讓學生把知識內化成自己的一部分。因此，他在講完內容和案例後，會要求學生進行「實做」（建構理論），並且把操作的過程切成五大步驟（結構化，屬於認知理論），自己先做一次示範（行為理論），再讓學生以「小組討論」的方式（屬於建構理論）完成實做練習，過程中再給予「即時回饋」（行為理論）……。如果大家把 C 老師的教學方法與 TLT 理論對照，可以看到整個教學過程中，C 老師的教學不停地在三個學習理論中輪轉切換，並且流動順暢，最終也取得了很好的教學成效。

知其然，更知其所以然

事實上，關於三角學習理論的概念架構，幾年前我已寫在部落格文章中，後來也收錄在《教學的技術》一書以及線上課程中。

　　但經過這幾年的研究後，我從實務的經驗出發，再到深入的理論探討，從「知其然」到「知其所以然」。從實務濃縮理論，以理論深化實務，在知其所以然之後，再回看這些教學方法及教學設計，我彷彿戴上了一個透鏡，更能穿透表象看到本質，並且快速做出指導與回應。

　　也許這樣的研究成果，能幫助教學者未來在教學現場有更好的應用。由於本書的目的是幫助老師們快速入門，因此跳過所有研究細節，僅分享實際應用的方法。如果對理論推導及研究細節更有興趣，歡迎大家直接查閱原始論文〈從學習者認知基模變化，看企業講師教學的秘密〉。

　　透過上述的說明，也想讓老師們知道，沒有哪一個是最好的學習理論，真正良好的教學設計，是能結合學習理論的黃金三角，混合不同的教學方法，讓學生不只知道、學到，並且做得到！也請應用這樣簡單的分析結構來省察自己的教學，看看哪些地方自己做得很好，哪些地方還可以做得更好吧！

6-5 三角學習理論的第一階段：
教學融合的方法

　　因為怕大家被理論搞昏頭，我們還是再切回實務教學現場，看看TLT 理論怎麼與教學結合吧。

　　不久之前的某一天，應天下雜誌基金會的邀請，我到新竹清華大學擔任「厚學計畫」的講者。這是由台積電文教基金會、天下雜誌教育基金會和清大柯華葳閱讀研究中心三方共同合作，為偏鄉教師打造的一個計畫，目的是透過對老師的培養及支持，提升偏鄉孩子的讀寫能力。

　　我講授的主題，當然是最熟悉的《教學的技術》，因為我相信，當偏鄉老師也擁有了更好的教學技術，就可以改變教室及學習的環境，讓教學變得更有效，學生也可以學習得更好。

　　由於這次的教學對象是老師，一方面可以想見，台下老師都有很強烈的學習動機，因此會在暑假時間報名進修，從各地遠道而來上課；另一方面也有個挑戰，老師們每天都在教課，我應該怎麼「教老師們教學」，才有機會改變老師們原本的教學習慣？

　　從結果來看，當天的課程有達到預期的目標。老師們非常投入，參與度高，甚至在短短兩個小時內，就知道了理論、方法、技巧，還操作了演練，再從演練之中觀察，又做了許多不同的學習以及反思。相信有參與的老師們，應該都帶了滿滿的教學知識，還帶了許多我加

碼送的禮物滿載而歸。

　　不曉得大家會不會好奇，像這樣一場精彩的課程或演講應該怎麼設計？有沒有一個參考的架構可以依循？也許可以透過以這個「教學的技術──厚學計畫」課程為例，套用「三角學習理論」第一階段──教學融合，同步拆解教學設計架構的每個細節，從而抓到思考與設計教學的訣竅。

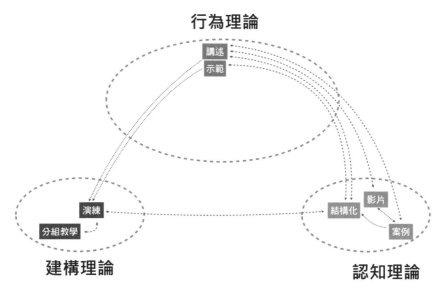

圖一　三角學習理論第一階段：教學融合

單一教學方法的問題

　　如果只用傳統的講述法來教這門課，我應該會秀出很多資料及投影片，然後一一與台下老師們分享「教學技術的重要性」、「要運用教學技術之前，應該先知道背後的理論基礎」、「根據相關研究顯示，老師教學職能的發展是⋯⋯」，從頭到尾講下去。也許在我充分的準備下，老師還會覺得我講的內容「很有水準」，不過聽完後，卻很難

帶著走，也不見得學得會、用得上。

事實上，為了讓老師們充分感受純講述的「威力」，我在一開始真的花三分鐘做了一個標準講述型的示範。果然，還沒講完就看到有些老師的眼神開始渙散了⋯⋯才短短三分鐘吧！

顯而易見，如果我們希望創造更好的學習成效，就必須認真思考，如何在教學過程中融合不同的教學方法、運用不同的學習理論基礎──這正是三角學習理論的核心。

三角學習理論的教學融合

那怎麼教，效果才會好呢？我們先拆解一下那天的講座吧。

一開始當然是「講述」接下來的學習目標，並簡單介紹一下教學及理論；接下來馬上就安排一個實際的「案例」，在現場做主題式的教學「示範」，並請大家參與學習，之後我們請老師們進行「分組討論」，試著反思剛才的示範案例中的觀察⋯⋯。

不曉得大家有沒有發現，把這一段課程中出現的教學方法，去對比三角學習理論，就會看到從「講述」（行為理論）、到「案例」（認知理論）、到「示範」再到「討論」（建構理論），這樣一小段課程，已經完成一個三角循環。

當然，課程還沒結束。接著我進行第二段教學，繼續「講述」今天的重點技巧，再幫大家拆解其中的「結構化」重點。為了更好的呈現，還用影片呈現教學的場景，讓台下老師們能夠與教學實務做更好的連結。

等一下，在你繼續往下看之前，先考你一下。請你把第二段的教學內容，應用三角學習理論比對一下，看一看這一段教學還缺少了哪一塊呢？幫大家盤點一下：這一段的教學應用了「結構化」和「影片」（認知理論），也有「講述」（行為理論），那麼，缺少的就是──

建構理論的教學方法！

所以，在重點教學一小段落後，我們馬上安排了一個「演練」（建構理論），讓老師們上台表現。這樣就又完整地走完了三角循環，讓學習有更好的效果。

那麼理論的三角循環一定要從行為理論（也就是講述）開始嗎？這不一定哦！再舉第三段教學為例，我們先請老師們進行回饋的「演練」（建構理論），刻意讓大家做出錯誤的回饋方式後，我才又開始「講述」（行為理論）什麼才是正確的回饋，並以「結構化」（認知理論）的方式，教大家三明治回饋法的重點……。

比對三角學習理論，第三段我們是從「演練」（建構理論），接到「講述」（行為理論），再以「結構化」（認知理論）收尾。又完成了一次三角循環。

每一個教學方法的背後，都有相關理論為基礎

外行看熱鬧，內行看門道，透過上述三角學習理論第一階段──教學融合的架構，可以很清楚地看到，原來每一個精彩的課程／演講／教學都有跡可循，有方法可以參考；而每一個方法的背後，也都有相關理論為基礎。

其實在教學過程中相互連結不同的學習理論基礎，過去已經有許多研究提及，並且也認為這樣會有更好的學習成效[1,2,3,4,5]。但是要如何混合使用？不同研究又各自有不同的看法。有人覺得應該以教學過程區隔，一開始先講述，中段則結構切割，後段才導入案例討論[2]；有人則認為不同的知識適合不同的學習理論形式，像是單純的介紹型知識用行為主義及認知主義形式教學，而較高深的知識則適合用建構主義方法教學[1]。

「三角學習理論」看起來不難，但卻是在我研讀了許多學術研

究及論文後，結合教學實務與學術理論提出的架構，甚至最後再回過頭把研究成果通俗化，配合實務教學案例，改寫成本書的內容。因為我衷心期望，理論不只是鎖在學術的高塔中，而是真正能再次回歸實務，用理論輔佐實務、用實務來驗證理論，才是我投入這麼多時間一邊教學、一邊研究、一邊寫作的真正目的啊！

　　三角學習理論有三個階段，上面的說明只應用了第一階段的教學融合。接下來還可以怎麼做，才能繼續深化課程，讓教學更能激發學員的互動參與，並專注其中呢？請看三角學習理論第二階段：刺激強化。

---

[1] Ertmer, P. A., & Newby, T. J. (2013). Behaviorism, cognitivism, constructivism: Comparing critical features from an instructional design perspective. *Performance Improvement Quarterly*, 26, 43-71.

[2] Nagowah, L., & Nagowah, S. (2009). A Reflection on the Dominant Learning Theories: Behaviourism, Cognitivism and Constructivism. *International Journal of Learning*, 16, 279-285.

[3] Palalas, A. A., & Fahlman, D. W. (2016, April). *From Blended Training to Workplace Learning*. In 1st International Association for Blended Learning Conference, Kavala, Greece.

[4] Sink, D. L. (2014). Design Models and Learning Theories for Adults. In E. Biech (Ed.), *ASTD Handbook: The Definitive Reference for Training & Development* (2 ed., pp. 181-199). Association for Talent Development.

[5] Warin, B., Kolski, C., & Sagar, M. (2011). Framework for the evolution of acquiring knowledge modules to integrate the acquisition of high-level cognitive skills and professional competencies: Principles and case studies. *Computers and Education, 57*, 1595-1614.

6-6　三角學習理論的第二階段：刺激強化的方法

　　上一節分享了教師厚學計劃的真實課程案例，並以三角學習理論來拆解細節，說明教學方法是怎麼在不同學習理論基礎之間輪轉，創造出更有學習成效、更精彩的課程。

　　延續這個主題，當我們應用了三角學習理論第一階段的教學融合後，已經開始結合不同的教學技巧，例如用案例來讓講述更精彩，並且設計了分組教學、演練及示範，也將教學的內容做了結構化重點整理。但細心的老師可能注意到，雖然這樣的教學可能很精彩，但學生可能仍然會相對安靜、聽話照做（如果狀況好的話），整個過程也許不會有太多的主動回應。

　　雖然我們在課程中已經安排了分組教學及演練，但在缺乏任何觸發元素的情況下，學生應該只會按表操課，不會有太多主動積極的參與。其實這不難想像，甚至是許多老師常見的問題，也就是雖然加入互動教學設計、演練或小組討論，但是學生卻沒有太大的反應，甚至有點被動。

　　因此，我們需要應用三角學習理論的第二階段：刺激強化。

什麼是教學的「刺激強化」？

　　一個很明顯的事實是：我們教的是人，是人就會累、會疲憊、會

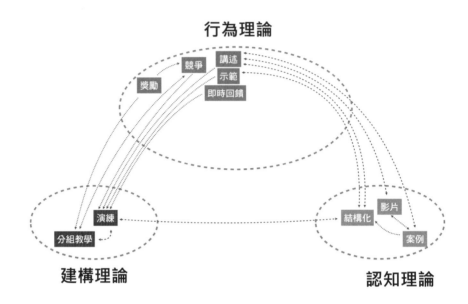

行為理論

競爭　講述
獎勵　示範
　　即時回饋

演練

分組教學

建構理論

結構化　影片

案例

認知理論

圖二　三角學習理論第二階段：刺激強化

分心，只要學生一直坐在教室裡，隨著時間過去，專注度就會逐漸下降。另外，大部分的學生年紀成長、上過越來越多的課程後，對課程的參與度也會逐漸下降。可能的原因很多：也許是過去的學習經驗，教學形式偏向講述，也許曾經遇到來自老師或同儕的壓力（說錯怕被罵、怕被笑）……，都會讓學生對課程的參與慢慢變得保守（反正有聽課就沒白來）。這時如果老師改變了方法，就希望學生有更多參與及互動，往往不會馬上得到學生的回應。

　　舉個實例來說，在一般的班級，如果老師問學生：「大家對這個問題有什麼看法？有沒有人想要舉手表達一下？」看到的可能都是沉默的表情。或是如果老師問：「有沒有哪一個小組想要自願先上台？」可能大家面面相覷，心裡想「最好是不要叫到我」。這可能也是很多老師，很常在教室看到的樣貌。

　　因為過去訪問過許多不同的老師，看過許多不同的教室，自己的

孩子也歷經了幼稚園到小學的成長階段，所以我很清楚，上述這兩個情境，如果是在幼稚園或小學低年級時，教室可能會舉滿了手，非常踴躍，也真的有很多意見想發表；但在國、高中或大學裡，就很少有學生肯舉手了。以此類推，隨著學生的年齡增加，互動就越來越低。你可以猜一下，同樣的問題，如果我們問成年的學員：「有沒有人想要舉手表達意見？」、「有沒有哪一組想要先上台？」你會看到什麼樣的畫面呢？

超過想像的熱烈參與

這也是我在當天「厚學計畫」進行示範教學現場做的實驗。一開始，我按照過去教學的方法，講述內容再整理重點，並且也進行了分組，可是當我向台下提出第一個問題：「請問有人想回應剛才的觀察嗎？」那一刻，我望著台下的老師、台下的老師望著我，空氣突然彷彿凝結起來……是的，安靜得「連一根針掉在地上都聽得到」。即使提了一個互動性的問題，但在缺乏任何刺激因素的狀況下，安靜才是台下正常的反應！

當然，有技巧的老師，可能這個時候會指派聽眾回答，讓互動得以開始。但是這種「指派回答」的方法並不能引發持續的互動，學生也不會主動參與，反而會害怕被點到發言。

面對這種狀況時，你會怎麼做？

方法其實很簡單，就是透過本書早已談過的「遊戲化教學」。台下老師們之所以全無反應，其實是我刻意塑造出來的結果。我請大家記得這個時刻的感受，記住空氣中沉悶的感覺，因為……接下來我們要開始**翻轉**了！

用加分機制激發學員的投入

接下來我馬上進入第二個教學示範，應用我們先前提到的遊戲化教學關鍵機制及要素（還記得吧？），先簡單說明一下接下來的規則，在教學中加入遊戲化 PBL 元素，開始運作小組「競爭」機制，並說明參與者能得到的「獎勵」。等到一切設定好後，接著便開始導入互動教學技術，譬如問答法、選擇法、小組討論法等，只要有任何參與都會到點數的「即時回饋」，透過加分機制來激發學員的投入。

一旦加入遊戲化教學的元素後，現場氣氛就完全改變了！老師們馬上從先前的沉悶安靜，轉變成大家踴躍舉手，深怕自己的意見沒有被聽見、被看見！有些老師高舉雙手還不夠，甚至站起來揮動雙手。

如同我一直強調的：遊戲化是動機強化的火種！表面上給予點數或獎勵，似乎利用的是外在動機，但這只是表面因素。在這個教學現場，參與的學習者都是非常有經驗的老師，來上課並不是為了分數或獎勵，「遊戲化，只是讓大家有一個投入的理由」，當刺激強化而改變學習氛圍後，主動參與就變成一種常態，也因為參與互動，學習者自然更專注投入，當然學習就會有更好的成效。

從學習理論的觀點，也可以解釋這些刺激投入背後為什麼會有效。

獎勵機制及點數即時回饋，也就是「刺激與反應的連結」，都屬於行為理論基礎的一環 [1,2,3]，透過這些外在刺激，可以持續增強動機 [4]，強化學生的行為 [5]；另外，過程中產生的大量互動會調動學習者的注意力 [1]，讓學習者更能吸收訊息 [6]，進而幫助學習 [4]，是認知理論學習的應用。

當然，因為有了競爭機制及競賽激勵，也會促使演練及分組教學更有成效，增強建構理論學習的效果。這樣的刺激強化，是不是又再

次增強了「行為─認知─建構」三種不同理論基礎的學習呢？

從基礎入門，一步一步增強自己的教學

特別書寫三角學習理論這個篇章，是想讓大家對教學有更寬廣的理解。

我認為「遊戲化」對教學會產生很大的改變，也有很好的效果；但遊戲化只是整個教學的一小部分，從三角學習理論的完整架構來看，遊戲化是在有教學的基礎上融合，也就是在教師有了清楚的講述、配合案例及結構化說明，並開始規劃分組教學、演練及示範等，才能開始引入「遊戲化」及「互動」的元素，進行教學刺激的強化。

如同我不斷強調的「不能只是為了遊戲化而遊戲化」、「遊戲化要結合教學目標」，教學是一個整體，遊戲化也許能強化互動，但老師們還是可以考慮從基礎入門，一步一步增強自己的教學。

當課程融合了不同教學技巧，也應用遊戲化及互動進行刺激強化後，相信課程已經非常精彩了！那麼，接下來你還可以做些什麼呢？下一節要談三角學習理論的第三階段「典範與要求」。

---

[1] Eggen, P., & Kauchak., D. (2007). *Educational psychology : windows on classrooms* (7 ed.). Prentice Hall.

[2] Nagowah, L., & Nagowah, S. (2009). A Reflection on the Dominant Learning Theories: Behaviourism, Cognitivism and Constructivism. *International Journal of Learning*, 16, 279-285.

[3] Weegar, M. A., & Pacis, D. (2012, January). *A Comparison of two theories of learning-behaviorism and constructivism as applied to face-to-face and online learning.* E-leader conference, Manila, Philippines.

[4] Slavin, R. E. (2012). *Educational psychology : theory and practice* (10 ed.). Pearson/Allyn and Bacon.

[5] Sternberg, R. J., & Willams, W. M. (2009). *Educational Psychology*. Pearson/Allyn and Bacon.

[6] Warin, B., Kolski, C., & Sagar, M. (2011). Framework for the evolution of acquiring knowledge modules to integrate the acquisition of high-level cognitive skills and professional competencies: Principles and case studies. *Computers and Education, 57*, 1595-1614.

6-7 三角學習理論的第三階段： 典範與要求

　　三角學習理論主張：教學的過程中，輪流使用不同學習理論基礎的教學方法，會創造更好的學習成效。因此，我解釋了怎麼融合講述與示範（行為理論）、結構化、案例與影片（認知理論）、演練與分組教學（建構理論）。這些不同教學方法的相互作用，不僅能讓教學更生動，更重要的，是讓學生能有更好的學習成效，這就是三角學習理論的第一階段：教學融合的方法。

　　接下來為了激發學員的參與動機，掌握學習者的注意力，於是我們應用三角學習理論第二階段「刺激強化」的方法，開始導入遊戲化教學元素，像是競爭、獎勵，利用點數或口語鼓勵的即時回饋，並創造出大量互動，抓住學習者的注意力，也促使學員主動思考及組織知識，並使學員更加投入分組討論及演練的過程。在第二階段刺激強化的過程裡，我們又再度讓三種不同學習理論基礎的教學方法輪轉出現。

　　如果你已經熟悉前兩階段的三角學習理論了，那麼，最後一個階段的應用就是「典範與要求」。

知道和做到，是距離很遙遠的兩件事

　　回到先前在「厚學計畫」的教學現場。面對台下30位參與課程

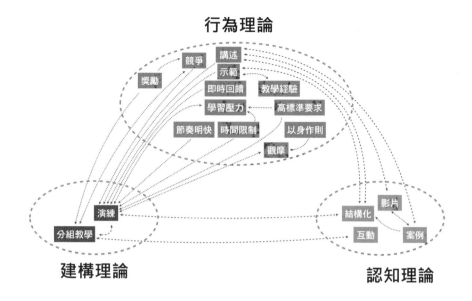

圖三　三角學習理論第三階段：典範與要求

的偏鄉老師學員，我和大家分享了許多教學的技術，現場有許多互動，大家也都非常熱烈參與……；那麼，課程這樣進行下去就好了嗎？是不是輕輕鬆鬆、熱熱鬧鬧就可以了呢？

當然不是！我很清楚「知道和做到，是距離很遙遠的兩件事」！而要在現場不只是知道，而是馬上就能讓學生「做到」，靠的不僅是教導，還有對學生的要求，以及對大家能力的信任。

因此，教完一個段落後，我馬上設計了下一個小組討論的題目；但是，這回不是由我站在台上引導，而是開口邀請：「有沒有老師願意上台，由你帶領大家進行小組討論？並且展現正確的小組討論技巧？」

請注意，這不是隨便演一下就好！對於每個技巧都有要求重點：必須清楚說明題目、指定大家用粗筆寫在大紙上、要巡場計時、要指定發表，最後還要做一個總結！這些重點雖然剛剛都已經講過，

但是要在現場精準重現，考驗的可不只是台下老師們的學習能力，更是考驗我剛才的教學過程。畢竟，如果接下來大家做得不好，有沒有可能是我在教學時說得不夠清楚呢？

現場的狀態是，當我一說「請問哪一位老師想上台示範」，只見左前方的恩如老師便快速地舉起手，然後大方走上台來，接過我的麥克風，開始帶領大家進行小組討論！而且，每個動作都達到要求，非常到位！

小組討論結束後，現場其他老師馬上對恩如老師的表現進行回饋，稱讚恩如老師的精彩表現「實在太厲害了」。後來才知道，原來在國小任教的恩如老師早已熟讀我寫的《教學的技術》和《上台的技術》這兩本書，並應用在實務中。課程結束後，他還特別拿這兩本出來讓我簽名，看著書上貼滿了標籤、整整齊齊劃出了許多重點，真是讓人感動。

歡樂與壓力並陳，激發學員潛能

這樣的場景，應該讓你對「典範與要求」有了更具體的理解吧？

如果你來過我的教學現場，應該就感受過兩種衝突的氛圍：歡樂與壓力同時存在著！現場的氣氛非常歡樂，大家都很積極參與且投入，常常笑聲不斷，但在課程演練時，因為我的要求很高，也總是讓學員為了能有更好的表現而備感壓力。

有意思的是：適度的壓力，其實會提升學習者的表現。這一點，也可以從我先前訪問學員獲得的反饋中得到佐證：

「很有壓力，但是也激發出大家的潛能。」

「帶著一點點壓力……會印象比較深刻。」

「因為有難度，某種程度也加深了印象。」

　　由此可見，因為我在課程中安排了演練、競賽，以及小組之間同儕表現的比較，整個過程是有些壓力的。進一步分析壓力的來源又可以發現，「時間限制」、「節奏明快」，以及老師的「高標準要求」，都是壓力的來源。有些學員後來就說：

「想方設法，達到福哥希望的成果。」

「必須在不看任何報告的情況下就上台講出一遍，我覺得是非常有挑戰的一件事情。」

「蠻刺激的，但是後來還是順利地完成了。」

「有一點競賽的感覺，但是又不會讓大家爭個你死我活。」

　　另外，學員也會因為「時間限制」及「節奏明快」，而在壓力下更加專注，像是：

「因為有時間的壓力，所以你的專注力會很高。」

「很快地，一分鐘、兩分鐘……就要完成。」

教學者的自我要求，學員都感受得到

　　隨著課程的進行，老師與學員之間的信任感逐漸建立，這時我對課程及學習的要求也會逐漸提高。

　　當然，要求之所以會有效，學員與老師的關係是關鍵，但也因為受到大量互動甚至遊戲化的刺激，學習的氣氛其實是良好而歡樂的，這時施加的學習壓力，才不會讓整個課程過於沉悶或壓力太大。學員很清楚，大家追求的是自我學習及團隊榮譽，並且知道不必害怕犯錯或被責罵──也就是所謂的「正向壓力」。這一點，拿捏掌握上就真

的要依賴老師的「教學經驗」了。

壓力與要求其實是雙向的，對學員有要求，老師自己也要以身作則，也就是課堂的準備及展現都要提高標準。再以「厚學計畫」為例，我自己就花了許多時間設計課程，也在教學時精準展現出每一個技巧，如同現場學員的觀察心得：

「福哥不僅整體如此安排，每一個小段落也都按照這個流程進行；在細節安排上，福哥也展現出深厚的功力。」

「教學技巧已經練到不同層次——小組討論要先做什麼？一秒按下音樂鍵……這些都不會佔據福哥的思考空間，所以他可以 100% 和台下學員互動。」

也就是說，老師對自己的要求，學員也都感受得到。當課程中展現出教學經驗及自我要求，配合教學強化刺激及遊戲化等元素，這時再加入學習壓力，就會產生加乘融合的效果，最終強化整體的學習成效，讓學生投入其中，不僅印象深刻，也能建立長期的認知基模。

技巧很多，逐漸吸收

花了許多篇幅，才總算介紹完三角學習理論三階段的不同教學方法，但方法一多，不曉得老師心裡會不會擔心：「這麼多教學方法……會不會教得手忙腳亂啊？」

一開始還不熟悉不同的教學方法，融合時多少會出現問題。

這就是為什麼，我會把三角學習理論分為三個階段，而且，不同階段的教學方法可以分次導入使用。譬如說：如果老師一開始只熟悉講述法，就可以先試著加入案例，或將知識結構化分類，或是使用影片等媒體素材輔助。這種同時應用行為理論和認知理論兩種學習理論

基礎的教學方法，會比單一使用講述有更好的教學效果。

運用得更熟悉後，這時便可以再試著加入建構理論基礎的小組討論，讓學生在聽完案例或看完影片後先自行討論一下，再由老師進行講述或結構化解答。這樣引入建構理論基礎的學習，也比較能讓學習者自行吸收知識，進一步深化學習。

又譬如說，有的老師可能會想：「課程一定要遊戲化嗎？」如同大家現在已經知道的，遊戲化只是三角學習理論第二階段「刺激強化」行為理論的一部分，教學者也可以直接從認知理論環節的「互動」著手，也就是思考如何用不同的教學方法創造互動，像是提問、選擇、討論、心得分享……；這些不同的互動形式當然也可以帶領現場參與，強化整個學習成效。

不過，由於不同的教室可能會有不同的參與氛圍，如果老師在發問或設計互動時，得到的都是比較被動的回應，或甚至台下一片安靜沉默、被點到的學員都有些抗拒……，就不妨思考應用遊戲化機制。也許在不同學習理論基礎的教學方法刺激下，學生就會有更良好的回應。

只要肯開始，永遠不會太晚

實務操作上，老師們不妨先以單一教學段落嘗試設計，先針對一個知識點，思考如何應用三角學習理論不同的教學方法，讓一個段落中可以輪轉走過「行為─認知─建構」等教學手法，熟悉了這個段落後，再擴展到下一個段落；最後就會由小而大，變成整個課程中一環套著一環，每一個不同學習階段都有不同學習理論的教學方法在輪轉，讓整個學習過程變得更豐富、更精彩，甚至創造出學習的心流──學員們全心投入，忘了時間的流動。

因此，不需要因為無法一鼓作氣掌握各種理論、方法而有所焦

慮。應用上，你大可個別拆開、分段吸收、逐漸導入一個個教學方法，在熟悉了很多個教學方法，也看到每一個教學方法產生的不同效果之後，自然就能慢慢地擴展教學的可能性。

我常說：「一定有一個更好的教學方法，只是我們還沒有找到！」只要肯開始就永遠不會太晚，這個過程，不僅能讓學生成長，老師們自己也會擁有最大的收穫啊！

結語

　　在結束之前，不曉得老師們會不會覺得，當一個好老師也太辛苦了吧！有這麼多的課程要準備、這麼多的學生要照顧，還要學習許多教學技術，現在不只是遊戲化教學，也有一堆理論要研讀，最後又多一個新的三角學習理論……。這麼多的東西要學習，到底要從哪裡開始啊？

　　老師們請別擔心，我的建議是「技巧很多，逐漸吸收」。一次用一個方法，一次改變一個小小的環節。如果一開始不順，那絕對是正常的。但是根據書上許多老師們的例子，以及福哥對大家的提醒：「一定有一個更好的教學方法，只是我們還沒找到而已。」相信大家會慢慢找到方向，試出適合課堂的方法；最終，改變你的教室、改變你的學生，也改變你自己。

　　最後的這一小段就不再談教學了，我想要分享一句話給大家：「生命精彩，教學才會精彩。」

　　因為，除了教學之外，其實我們生活裡還有很多事情，包括學生、家人、朋友，還有——你自己！老師們有好好照顧自己嗎？有讓自己的日子過得更開心、充實嗎？在繁忙的教學工作之外，你的生活是否也精彩呢？

　　以我自己為例，除了工作、教學、寫作、研究等日常事務，平常我會固定進行運動訓練，為每一年的鐵人三項比賽做好準備。天氣涼爽時，就安排每個月一次與家人朋友，去山上露營，一年也會有 1～2 次的潛水行程，在海裡面吐泡泡放空；若有更長的假期，全家人一起出門旅行。日常工作到一個段落，也會拿起我心愛的薩克斯風，自

愉愉人一下；週末有空時，下廚煮一些孩子喜歡的菜，一家人開開心心地吃晚餐。其他像是武術修練、電腦研究、日常閱讀……在工作之外，我真的有好多感興趣的事情，包括持續好幾年的早起，清晨完全不受干擾地獨處，然後泡一杯濃濃的 3x Espresso，或是什麼都不做，就只是獨自地靜坐……。

我很用心地工作、教學、寫作，很用心地生活，同時，也很用心地照顧我自己。

因為，唯有身為老師的我們，生活精彩、身心安頓、生命充實，才有機會由內而外散發出熱情，最終，讓我們的學生受到影響。

老師們，辛苦了！希望有一天，我們能在不同的地方，與更精彩的你相遇！我們教學相長，繼續前行。謝謝你，我愛你，愛每個為教學認真付出的你！

〈附錄〉
遊戲化教學關鍵要素──德爾菲法研究

本研究原文：The Key Elements of Gamification in Corporate Training – The Delphi Method，收錄於 SCI 期刊 Entertainment Computing，採創用 CC BY 4.0 授權公開，為了方便國內對教學遊戲化有興趣的研究者及教學者閱讀、引用、後續研究以及實務應用，特別將原始中文版論文公開。

正式格式及內容，仍以期刊登載之英文版為主。文章最後以 APA 第 7 版格式列出本篇論文的參考文獻，歡迎參閱並繼續深入研究。

若需引用本篇英文版論文，請註明出處（APA 格式）：Wang, Y. F., Hsu, Y. F., & Fang, K. (2021). The Key Elements of Gamification in Corporate Training – The Delphi Method. Entertainment Computing, 40, 100463. https://doi.org/10.1016/j.entcom.2021.100463

作者：

國立雲林科技大學 資訊管理系／王永福
佳里奇美醫院 復健科／許雅芳
國立雲林科技大學 資訊管理系／方國定

摘要：

「遊戲化教學」，也就是將遊戲化應用於訓練過程或教學方法。近年來已經成為學校教育及企業訓練的熱門議題。然而，相關的遊戲化關鍵要素尚待釐清。因此，本研究目標為找出企業培訓時，有效進行遊戲化的核心關鍵要素。

　　本研究以德爾菲研究法（Delphi Method），邀請 14 位上市企業遊戲化教學的訓練專家參與三輪研究，評選出遊戲化教學關鍵成功元素。最終評選出 12 項遊戲化教學關鍵成功要素，並匯整成遊戲化教學六大設計原則：結合教學目標、即時回饋、小組競爭、規則清楚、挑戰目標、無失敗風險，以及兩種有效的遊戲化機制：計分點數及排行榜。

　　將遊戲化教學與課程目標結合，並且兼顧遊戲機制及設計原則的平衡，為企業教育訓練應用遊戲化時的重要概念。本研究也進行質化訪談，以更豐富及差異性的視角，提供不同的教育訓練專家們如何看待遊戲化關鍵要素。希望可提供教學者，未來進行遊戲化教育訓練時一些重要的實務經驗參考。

1. 簡介

1.1 遊戲化的概念

　　遊戲化，被定義為「把遊戲的元素應用在非遊戲的現場」（Deterding, Sicart, et al., 2011），在 2010 年後逐漸成為市場的熱門話題（Deterding, Dixon, et al., 2011; Hamari & Lehdonvirta, 2010; Huotari & Hamari, 2012），使任務變得更像遊戲，誘發內在動力（Vesa & Harviainen, 2019），增加使用者投入及參與度（Huotari & Hamari, 2012），遊戲化已經應用於商業經營、行銷、教育等不同領域（Anderson et al., 2013; Landers, 2014; Stanculescu et al., 2016）。

　　教育訓練領域對遊戲化也產生極大的興趣（De Sousa Borges et al., 2014; Dicheva et al., 2015; Huotari & Hamari, 2012），應用遊戲化元素，修改訓練內容和方法的過程，稱為遊戲化教學（Landers et al., 2019），已成為重新設計傳統培訓的常見選擇（Denny, 2013）。在高等教育及企業員工訓練的應用，有增加普及的趨勢，預測未來遊戲

化市場將增長數十億美元,並且將改變工作職場(Hiltbrand & Burke, 2011; Smith-Robbins, 2011)。

關於遊戲化的學術研究仍沒有統一的理論框架,目前大部分研究是採取量化研究,使用調查數據推斷用戶行為,很少有質化研究(Hamari et al., 2014)。雖然在成人教育上的應用及文獻不斷成長,但仍然存在許多未解決的問題,對其效果尚不清楚(Landers et al., 2019),且其中的關鍵要素仍待釐清(Ribeiro et al., 2018)。從現有的文獻很難從中識別出最具影響力的遊戲化元素或組合(Armstrong & Landers, 2018)。因此,本研究將採用德爾菲法進行專家意見調查,以企業教育訓練專業講師為調查對象,研究目的將聚焦於以下 2 個核心:

(1)探討在企業訓練實務上,遊戲化教學的成功關鍵要素;

(2)這些關鍵要素的重要性程度以及企業講師的實務應用方式。

2. 遊戲化研究與實務

2.1 遊戲化

遊戲化(Gamification)仍在早期的發展階段,其定義經常被誤解(Armstrong & Landers, 2018)。相關的名詞:遊戲、嚴肅遊戲、遊戲教學以及遊戲化,雖然有許多相似性,但仍有許多不同的原則及概念(Armstrong & Landers, 2018; Landers et al., 2019)。遊戲(Game)是一種創造出來的想像世界,有特定的規則,並在特定的時間和地點進行(Michael & Chen, 2005),通常以娛樂為目的,有許多遊戲元素組成,包含遊戲功能或玩法(Deterding, Dixon, et al., 2011)。而嚴肅遊戲(Serious Games)又稱為教育遊戲或學習遊戲,是以教育而非娛樂為主要目的(Michael & Chen, 2005)。雖然與遊戲的關係最密切,但嚴肅遊戲經常被應用於不同的學習環境(Landers et al., 2019),

如軍事、政府、教育、商業和醫療保健（Garris et al., 2002），例如遊戲《美國陸軍》（America's Army）用以招募新人入伍（Nieborg, 2004）；或飛行模擬用於飛行員的訓練輔助（Perryer et al., 2012）。以遊戲為基礎的學習（Game-Base Learning）焦點是誘發學習；嚴肅遊戲則是聚焦在學習者的行為改變（Sawyer & Smith, 2008），常與嚴肅遊戲在文獻中互換使用（Connolly et al., 2012）。

　　遊戲化並不像遊戲一樣具有獨立的體驗，並沒有完整的故事或規劃（Furdu et al., 2017），也和嚴肅遊戲不同（Landers et al., 2019），遊戲化也與軟體或計算機無關（Papp & Theresa, 2017）。廣被接受的定義是「把遊戲的元素應用在非遊戲的現場」（Deterding, Sicart, et al., 2011），也被簡單地稱為「積分、徽章、排行榜」方法（Vesa & Harviainen, 2019），透過加入遊戲元素來增強參與者動機（Sørensen & Spoelstra, 2012），吸引用戶並鼓勵他們的特定行為，對使用者行為有強大的驅動力（Barata et al., 2017）。

2.2 遊戲化教學

　　遊戲化可以吸引學生的注意力（Ribeiro et al., 2018），吸引人們對其應用於教育上的關注（De Sousa Borges et al., 2014; Dicheva et al., 2015; Huotari & Hamari, 2012）。遊戲化教學是運用遊戲元素修改訓練內容和方法的過程（Landers et al., 2019），激發學習者的潛力，提供正向鼓勵進而強化表現（Hamari & Koivisto, 2015）。遊戲化教學並不是在課堂上玩遊戲，是在現有教學程序加入遊戲元素，是教學設計過程，而不是教學模式，使用者是從教學內容中學習，而不是從遊戲化中學習（Landers et al., 2019）。應用遊戲化元素於學習、教學與訓練過程之中，能提高學習者對學習內容的參與動機，增加專注度並享受學習（Furdu et al., 2017; Landers, Armstrong, et al., 2017），保

持學習者積極態度並進一步改善學習並克服心理障礙（Landers et al., 2015），對學習成效有正向的影響（Hamari et al., 2014）。

2.3 遊戲化成功關鍵要素

常見的遊戲化元素是點數、計分、排行榜（Armstrong & Landers, 2018; Landers et al., 2015; Seaborn & Fels, 2015），進度條、階級、獎品或獎勵也經常出現在遊戲化應用中（Nah et al., 2014），加入故事或軼事也是遊戲化的一部分（Armstrong & Landers, 2017）。常見的遊戲化設計原則包含目標與挑戰、個人化、即時回饋、狀態視覺化、自由選擇、無失敗風險以及社會參與（Dicheva et al., 2015）。Majuri等人（2018）對教育及學習遊戲化的回顧研究，發現遊戲化要素可區分為五種類別：包含成就進步、社交性、沉浸體驗、非數位元素以及其他，最常見的要素為點數、挑戰、徽章、以及排行榜（Majuri et al., 2018）。

這些遊戲化元素可分為外部激勵或內部激勵（Perryer et al., 2016），可以應用心理學理論加以解釋，包含操作制約理論（Operant Conditioning）、期望理論（Expectancy-based Theories）、自我調節理論（Self-Regulatory Theories）以及自我決定論（Self-Determination Theory）（Landers et al., 2019）。例如從操作制約理論的角度，積分及徽章可視為操作制約的增強物，驅使學習者做出教學預期的反應，完成特定任務或目標（Kapp, 2012）；自我調節理論以用來解釋如何應用排行榜激勵學習者去達成較困難的目標（Landers, Bauer, et al., 2017）；自我決定論則可說明徽章可以滿足學習者對能力正向回饋的需求（Ryan et al., 2006）。

2.4 遊戲化的可能問題

雖然過去的研究顯示遊戲化普遍帶來正面效益，但使用時應謹慎（Hamari et al., 2014），像是排行榜及徽章，可能會產生對內在動機干擾（Perryer et al., 2016），或是對滿意度及動力降低（Hanus & Fox, 2015），或是遊戲化公平性的不滿（Ribeiro et al., 2018）。如果學員將遊戲元素視為多餘，則應用遊戲化可能會適得其反（Armstrong & Landers, 2018）；聚焦在學習者錯誤的行為或態度，讓訓練變得有趣也不會改善學習效果（Landers et al., 2019），沒有抓出遊戲化的應用核心，學生終將會失去興趣（Furdu et al., 2017）。

3. 研究方法

德爾菲研究法源於 1950 年蘭德公司（Dalkey & Helmer, 1963; Okoli & Pawlowski, 2004），用交互迭代的方式來匯集專家共識（Skulmoski et al., 2007; Vernon, 2009），進行決策或判斷（Rowe & Wright, 1999），或進行預測研究（Okoli & Pawlowski, 2004）。經典的德爾菲法包含 4 個關鍵：匿名性、迭代、受控反饋以及統計匯總（Dalkey, 1972; Giannarou & Zervas, 2014; Landeta, 2006; Rowe & Wright, 1999; Shields et al., 1987; Skulmoski et al., 2007），當問題或現象了解不完整時，適合用德爾菲法進行研究（Adler & Ziglio, 1996; Kittell-Limerick, 2005）。德爾菲研究流程會先透過研究前階段（Pre-Round）發展關鍵要素問卷，以供隨後的回合進行討論（Greatorex & Dexter, 2000）。在評估專家意見的一致性時，可使用李克特五等量表（Giannarou & Zervas, 2014），在第一輪請專家填答問卷後收回進行統計分析，之後請專家第二輪評估時，可以參考第一輪的分析結果，更改或擴展他們第一輪的回答。接下來用類似的分析及評選流程進行第三輪（Skulmoski et al., 2007）。至少要進行兩輪才能獲得專家意見

迭代，對大多數研究，兩到三回合的德爾菲迭代討論就足以達成共識（Giannarou & Zervas, 2014）。

雖然共識的概念是許多德爾菲法研究的基礎，但共識的定義尚不清楚，最常見的定義是一致性百分比或範圍內的評分比例（Diamond et al., 2014）。IQR、標準差及頻率分佈，經常被用來做為共識的衡量基礎（Giannarou & Zervas, 2014）。當 IQR 小於 1，意味超過 50% 的專家意見集中在某個點上；當 IQR 等於 0，表示專家意見完全一致（Ramos et al., 2016）。而標準差顯示了意見分散的程度，若標準差低於 1.5 可視為專家有共識（Giannarou & Zervas, 2014）。另外，若五等量表平均分數大於 4，且有超過 51% 的專家評分介於 4～5 分，表示該項目專家視為關鍵要素，同時衡量多個指標可以更可靠地獲得專家共識（Giannarou & Zervas, 2014）。

因此本研究將共識的標準設為 IQR ≦ 1、SD ≦ 1.5，視為達成專家共識的要求。在達成共識後，選取專家評分平均分數大於 4 分，且評比 4 分以上比例超過 51%，為達成專家共識的遊戲化關鍵要素。

由於遊戲化教學相關研究仍在早期階段（Nacke & Deterding, 2017），因此本研究以經典德爾菲研究法探索遊戲化教學關鍵要素，邀請 14 位遊戲化教學有豐富經歷的企業訓練專家參與，進行德爾菲研究法之專家意見收集，評選遊戲化教學關鍵成功要素。為了得到專家共識並評選遊戲化關鍵要素，本研究至少進行兩輪的專家意見收集，在專家意見達到共識或三輪時停止，本研究資料收集於 2019 年 9 月至 2020 年 3 月之間。

3.1 參與專家群

合適的專家是德爾菲研究法的重要關鍵（Okoli & Pawlowski, 2004），專家必須具備知識經驗、參加意願、時間及溝通技巧（Adler

& Ziglio, 1996），有目的的選擇專家（Fink & Kosecoff, 2015）、採用專家推薦（Giannarou & Zervas, 2014）或滾雪球式方法（Skulmoski et al., 2007）。若專家為同質性，則 10 ～ 15 位組成有代表性的專家團體就已足夠（Delbecq et al., 1975; Skulmoski et al., 2007）。

本研究由兩位遊戲化教學專家擔任提名小組，其中一位為企業講師培訓教練，已出版多本教育訓練及遊戲化教學書籍，另一位為遊戲化研究者。

研究以下列三個標準提名遊戲化教學專家名單：1. 已應用遊戲化常見元素如點數、計分、排名榜於訓練課程中；2. 使用遊戲化教學經驗超過 3 年以上；3. 過去一年曾任教於台灣前 500 大上市企業。

為確保遊戲化專家提名之完整性，提名小組透過三個來源收集專家名單，包含上市公司人力資源主管、專門承辦企業教育訓練的管理顧問公司主管，以及企業講師相互推薦，最後共提名 27 位符合資格的遊戲化專家名單，經電話及 Email 邀請後，有 16 位專家參與研究，其中有 2 位在過程中退出，14 位完成三回合問卷調查。參與者包含男性 12 位（86%）與女性 2 位（14%），使用遊戲化教學經驗平均為 7 年，年資 9 年以上佔 47%（7 位）為最多。

參與研究的專家，其授課內容包含簡報技巧、創新與創意、專案管理、溝通技巧、問題分析與解決、銷售技巧、語文課程、網路行銷、財務與財報、講師培訓，每位專家在調查的最近一年內，均有多次在台灣前 500 大上市公司進行遊戲化教學的經驗，專家常用於實務教學之遊戲化手法共計 29 種，包含點數、排行榜、虛擬身分、待解謎題、故事、體驗式活動、軟體工具……等，參與本研究之受訪專家相關資料如表 1。

表1　受訪專家基本資料

編號	性別	教學年資	主要教學領域	專家所使用的遊戲化元素
A	男	9年以上	溝通技巧	點數　排行榜　任務挑戰目標　小組　時間壓力　故事情節　競賽　公平　虛擬角色　獎品　遊戲規則　體驗式活動　與教學主題結合
B	男	6年以上～9年內	問題分析與解決	與教學主題結合　小組　體驗式活動
C	女	3年以上～6年內	銷售技巧	點數　小組　競賽　獎品　公平　有逆轉機會
D	男	3年以上～6年內	簡報技巧	與教學主題結合　遊戲規則　公平　小組　點數　競賽　獎品　桌遊　虛擬角色
E	男	3年以上～6年內	創新與創意	點數　小組　競賽　獎品　遊戲規則　公平
F	女	9年以上	語言	點數　小組　競賽　時間壓力　籌碼　結合App與教學主題結合　簡單易懂
G	男	3年以上～6年內	簡報技巧	與教學主題結合　即時回饋　任務挑戰目標　小組　點數　時間壓力　競賽　獎品　故事情節社交網路　桌遊　虛擬角色
H	男	3年以上～6年內	網路行銷	與教學主題結合　獎品　故事情節　虛擬角色
I	男	9年以上	財務與財報	與教學主題結合　點數　小組　競賽　獎品　公平　排行榜　籌碼
J	男	3年以上～6年內	簡報技巧	點數　小組　遊戲規則　虛擬角色　線索提示　競賽　與教學主題結合　簡單易懂
K	男	9年以上	專案管理	點數　任務挑戰目標　小組、謎題、時間壓力　虛擬角色　遊戲規則　與教學主題結合
L	男	9年以上	專案管理	排行榜　小組　競賽　任務挑戰目標　謎題　進度條　社交網路　即時回饋　表現狀態回饋
M	男	9年以上	講師培訓	與教學主題結合　即時回饋　遊戲規則　公平　任務挑戰目標　小組　點數　時間壓力　時間壓力　體驗式活動　故事情節　遊戲規則　難度漸增　自由選擇　與教學主題結合　難度漸增　競賽　獎品
N	男	9年以上	創新與創意	點數　小組　籌碼　謎題　時間壓力　桌遊　故事情節　競賽　遊戲規則　虛擬角色　虛擬助手　自由選擇　與教學主題結合

3.2. 德爾菲研究法前階段（Pre-Round of Delphi Method）

在德爾菲法研究前階段，本研究以 Email 及電話訪問專家關於遊戲化教學的實務經驗，包含 3 個問題：（1）遊戲化教學的應用實例；（2）遊戲化教學的關鍵元素；（3）遊戲化教學的挑戰及建議。在專家意見轉為文稿後，以 Majuri 等人於 2018 年所發表關於教育遊戲化整理之關鍵要素為基礎（Majuri et al., 2018），並回顧相關遊戲化研究（Antin & Churchill, 2011; Armstrong & Landers, 2017; Deterding, Dixon, et al., 2011; Dicheva et al., 2015; Nah et al., 2014; Seaborn & Fels, 2015; Zichermann & Cunningham, 2011），比對專家於訪談中提出之遊戲化教學實務經驗，匯整成 35 項遊戲化教學關鍵元素，其中 19 項（59％）為文獻與專家共同認可，11 項（31%）為文獻中提出，5 項（14%）為專家意見得出，以此做為後續遊戲化教學專家關鍵要素評選的基礎。

3.3 德爾菲法三回合研究

第一回合請專家針對 35 項遊戲化教學關鍵要素，調查以 Email 方式請專家以李克特五等量表進行評分，其中 1 到 5 分表示非常不重要、不重要、中立、重要、非常重要。每份專家問卷題項順序為隨機出現以避免排序偏差（Okoli & Pawlowski, 2004），問卷最後提供開放題項邀請專家補充未列入的關鍵要素。達成共識的條件為四分位距 IQR ≦ 1，標準差 SD ≦ 1.5 可視為達到共識（Giannarou & Zervas, 2014）。

在第一回合結束後，有 24 項在四分位距 IQR、標準差 SD 皆達到共識基礎。在第一回合並未有專家新增任何關鍵要素項目。由於德爾菲法至少要進行 2 輪才能獲得專家意見迭代（Skulmoski et al., 2007），因此保留所有評選之遊戲化關鍵要素，進行德爾菲調查第二回合。

　　允許參與者在匿名狀態參考他人的意見，迭代完善觀點或修正意見，是德爾菲研究法的特點（Giannarou & Zervas, 2014; Skulmoski et al., 2007）。第二回合則請專家再次針對 35 項遊戲化要素進行評選，並提供每題項前回合專家意見的描述性統計資料，包含平均值、標準差以及平均值上下四分位距。若專家意見超過平均值的上下四分位距，則請專家提出解釋說明；在第二回合合計有 33 項專家意見達成共識，與第一回合相比新增 9 項。第三回合則僅挑選尚未達成共識基礎的 2 個項目，請專家進行評選，最終 35 個項目專家評選達成共識要求，結束德爾菲研究法的調查。符合大多數德爾菲研究法需要 2 ～ 3 回合實施的狀況（Giannarou & Zervas, 2014）。3 階段迭代過程如表 2 及表 3。

表2　專家意見共識結果

要素	第一回合（15位專家）					第二回合（14位專家）				
	平均值	標準差	四分位數間距	≧4比例	排名	平均值	標準差	四分位數間距	≧4比例	排名
與教學目標結合	5.0	0.00	0.0	100%	1	5.0	0.00	0.0	100%	1
即時回饋	4.8	0.40	0.0	100%	4	5.0	0.00	0.0	100%	2
遊戲規則	4.8	0.40	0.0	100%	3	4.9	0.26	0.0	100%	3
公平	4.8	0.34	0.0	100%	2	4.7	0.59	0.0	93%	4
任務挑戰目標	4.6	0.49	1.0	100%	6	4.5	0.49	1.0	100%	5
小組	4.5	0.73	1.0	86%	9	4.4	0.63	1.0	93%	6
點數或計分	4.1	0.98	1.5*	73%	16	4.4	0.62	1.0	93%	7
時間壓力	4.8	0.44	0.5	100%	5	4.3	0.45	0.75	100%	8
難度漸增	4.5	0.63	1.0	93%	8	4.3	0.48	1.0	100%	9
體驗式活動	4.4	0.73	1.0	86%	11	4.3	0.48	1.0	100%	10
競爭	4.6	0.60	0.5	93%	7	4.3	0.62	1.0	93%	11
無失敗風險	4.5	0.62	1.0	93%	10	4.1	0.77	1.0	79%	12

表2　專家意見共識結果（續）

要素	第一回合（15位專家）					第二回合（14位專家）				
	平均值	標準差	四分位數間距	≧4比例	排名	平均值	標準差	四分位數間距	≧4比例	排名
教具或輔具	4.4	0.47	1.0	100%	12	3.8	0.59	0.0	79%	13
排行榜	4.2	0.91	2.0*	67%	13	3.8	0.67	0.0	79%	14
獎品或獎金	3.9	1.15	1.0	80%	14	3.8	0.88	1.0	57%	15
難度適應	4.0	0.85	1.0	73%	15	3.7	0.86	1.0	64%	16
表現狀態回饋	3.7	1.05	2.0*	60%	21	3.6	0.73	1.0	64%	17
虛擬貨幣或籌碼	3.7	1.25	2.0*	40%	17	3.5	0.97	1.0	43%	18
故事情節	3.5	1.25	2.0*	60%	23	3.4	0.62	1.0	50%	19
同儕評分	3.7	0.70	1.0	67%	18	3.3	0.59	1.0	36%	20
線索提示	3.5	0.71	1.0	60%	22	3.3	0.72	1.0	36%	21
社交網路	3.7	1.05	1.5*	67%	20	3.3	0.91	1.75*	36%	22
客製化或個人化	3.3	0.77	1.0	47%	24	3.2	0.70	0.75	29%	23
謎題	3.6	0.71	1.0	47%	19	3.1	0.70	0.75	29%	24
徽章	3.0	0.97	1.0	27%	27	3.0	0.64	0.75	14%	25
桌遊	2.7	0.83	1.0	20%	31	2.9	0.67	0.0	7%	26
進度條	3.2	1.00	1.0	33%	25	2.9	0.74	0.0	14%	27
結合App或軟體	2.5	0.71	0.5	0%	32	2.8	0.72	1.0	7%	28
虛擬身分	3.0	1.10	1.5*	33%	29	2.7	0.82	1.0	14%	29
虛擬助手	2.9	1.06	0.0	13%	28	2.7	0.91	1.0	14%	30
虛擬寶物	3.0	0.82	0.5	20%	26	2.4	0.72	1.0	0%	31
等級機制	2.8	1.00	1.5*	27%	30	2.3	0.73	1.0	7%	32
虛擬情境	2.5	1.15	1.5*	13%	33	2.3	0.94	1.75*	7%	33
健康值	1.8	0.93	1.5*	7%	34	1.8	0.77	1.0	7%	34
打卡	1.8	0.91	2.0*	0%	35	1.6	0.62	1.0	0%	35

表3　專家第三回合意見結果（14位）

要素	平均值	標準差	下四分位數	上四分位數	四分位數間距	≧4人數	≧4比例
社交網路	3.10	0.86	3.00	4.00	1.00	5	36%
虛擬情境	2.20	0.69	2.00	3.00	1.00	0	0%

4. 研究結果與討論

　　本研究透過三回合專家填答問卷獲得共識後，以專家評選重要性的平均值，對 35 項遊戲化要素進行排序。其中專家評選重要性平均分數超過 4 分以上共有 12 項（34%），平均分數介於 3.0~3.9 有 13 項（37%），平均分數小於 3.0 的有 10 項（29%）。進一步檢視平均分數超過 4 分的項目，專家評選 4 分以上的比率都超過 51% 以上（範圍介於 79%~100%），共計 12 項為獲得專家共識的遊戲化教學關鍵要素。

　　遊戲化關鍵要素目前沒有公認的分類方法，例如：徽章（Badges）可被視為遊戲界面設計模式（Deterding, Dixon, et al., 2011）或遊戲機制（Dicheva et al., 2015; Zichermann & Cunningham, 2011）。Dicheva 等人（2015）對教育遊戲化進行統合分析研究，融和 Deterding 等人（2011）對遊戲化元素的定義，對遊戲化元素提出兩大分類：遊戲化設計原則及遊戲機制。本研究將採用這兩大分類，對調查得出的遊戲化要素，以匯總整理的方式，進行研究發現的探討。

4.1 分類一：遊戲化設計原則

　　依專家評選分數超過 4 分（表示重要或非常重要），如表 2，本研究匯集專家意見，整理六大遊戲化設計原則。

（1）與教學目標結合

　　這是所有專家都一致認為最重要的遊戲化教學成功關鍵要素，專

家評分平均值 5，標準差 0，IQR 為 0，評選重要性分數超過 4 分以上的比例為 100%（如表 2）。專家的看法是：

N 專家：「遊戲必須為課程服務，遊戲是手段，不是目的。遊戲與課程的連結要非常強，不要為了遊戲而遊戲。」

I 專家：「一定要和教學的主題有相關性，不能為了遊戲而遊戲。」

G 專家：「沒有目標，可能會造成兩種情形：（1）學員不知道自己要做什麼；（2）大家嗨完後空虛。讓學員明確知道做這個活動是為了什麼、做得好可以得到什麼。」

建議培訓者先確定培訓的知識、技能或表現目標，並謹慎選擇遊戲化元素（Armstrong & Landers, 2018），如同本研究的專家們最常提到的一句話「不要為了遊戲化而遊戲化」，在應用遊戲化前先仔細思考課程目標。在進行遊戲化教學前，專家建議可透過教學設計或 ADDIE 模型（Analysis, Design, Development, Implementation, Evaluation）重新評估及設計課程，才能真正讓遊戲化與教學目標結合，達成提升學習成效的目的（Armstrong & Landers, 2018）。

（2）即時回饋

即時回饋是專家高度重視的成功關鍵（平均 5.0 分，標準差 0，IQR 為 0，100% 專家覺得重要或非常重要，如表 2），專家的看法是：

G 專家：「無論是搶答、發表、演練，當下立即回饋很重要。」

D 專家：「有回答就有加分，強化學員對於計分規則的熟悉與認同，而更願意回答問題！」

即時反饋是遊戲化的常見設計元素（Dicheva et al., 2015; Nah et al., 2014），積分、徽章及排行榜，都是反饋的要素，可以激勵使用者的參與動力（Nacke & Deterding, 2017）。本次參與調查的專家大多使用積分及排行榜進行反饋，這在後面遊戲化元素類別我們會進一步討論。

（3）團隊競爭

競爭是遊戲化重要關鍵要素（平均4.3分，標準差0.62，IQR為1，有93% 專家覺得重要或非常重要，如表2），而比賽的基礎是小組團隊（平均4.4分，IQR為1，標準差0.63，有87% 專家覺得重要或非常重要，如表2）。透過小組間的競爭比賽，可以讓學習者在競爭中投入，維持課程的參與及投入度。專家的看法是：

J專家：「建立分組競賽，讓學員彼此搶答，……帶來彼此的良性競爭，因此就構成了一個正向、自主循環的團隊動力。」

G專家：「競賽能激起學員的參與度與專心度，尤其是團隊競賽。因為個人競賽可能會演變成某些人特別活躍，其他人會慢慢地退回到『參觀』的層級。」

這種社會導向的能力也是遊戲化常見的類別（Majuri et al., 2018），從專家意見中可以發現，塑造團隊競爭為基礎的遊戲化機制，為遊戲化教學之重要關鍵。

（4）清楚公平的遊戲規則

專家認為遊戲化教學必須有簡單清楚的「遊戲規則」（平均4.9分，標準差0.26，IQR為0，100% 專家覺得重要或非常重要，如表2），兼顧遊戲的「公平性」（平均4.7分，標準差0.59，IQR為0，93% 專家覺得重要或非常重要，如表2），這是應用遊戲化的關鍵之一。專家看法是：

J專家：「秒懂的遊戲規則：要花太多時間說明的遊戲都不適合。」

J專家：「當遊戲公平性被破壞，容易產生部分學員於過程當中選擇『放棄參與』。」

如果沒有規則限制，遊戲就只是單純的玩樂（Fullerton, 2014）。在遊戲化教學時，必須把規則視為關鍵要素（Helms et al., 2015），而公平性也是遊戲規則重要的一環，不公平的遊戲會造成參與者不滿

（Ribeiro et al., 2018）。因此，如何透過好的規則，激勵學員參與，並兼顧公平性，推動學員達成預期的行為，是本研究專家認為遊戲化的關鍵要素之一。

（5）挑戰目標難度漸增

「任務挑戰目標」（平均 4.5 分，標準差 0.49，IQR 為 1，100% 專家覺得重要或非常重要，如表 2），是在進行遊戲化教學設計的重要關鍵。在遊戲化教學的過程中，應該在課程中設計不同的任務，讓學習者參與解決。

專家意見也認為，「難度漸增」（平均 4.3 分，標準差 0.48，IQR 為 1，100% 專家覺得重要或非常重要，如表 2）以及「時間壓力」（平均 4.3 分，IQR 為 0.75，標準差 0.45，100% 專家覺得重要或非常重要，如表 2）是重要關鍵。表示隨著課程進行，任務難度應該逐漸提升，並且在時限內完成。專家的看法是：

K 專家：「給予學員挑戰，必須在時限內盡量找出解方，並且鼓勵小組競爭。」

I 專家：「遊戲化要有層次，由淺至深……。」

G 專家：「從課程設計、難易度調整、規則說明等面向來有效控制時間。」

困難而具體的目標，可以促使人們採取行動、激發努力並追求改進的策略，這可以由自我調節理論加以解釋（Garris et al., 2002; Landers et al., 2019）。受訪專家建議，隨著參與者技巧的提升，逐漸增加挑戰難度，讓技巧與挑戰平衡，才能觸發心流狀態，讓體驗最佳化。

（6）無失敗風險的體驗式活動

在進行遊戲化教學時，專家們也會透過一些「體驗式活動」，用來取代傳統的講述教學（平均 4.3 分，標準差 0.48，IQR 為 1，100% 專家覺得重要或非常重要，如表 2）。另外，「無失敗風險」也是重

要的成功關鍵（平均 4.1 分，標準差 0.77，IQR 為 1，79% 專家覺得重要或非常重要，如表 2）。專家的看法是：

M 專家：「從遊戲中去體驗不合作到合作的歷程。」

G 專家：「讓學員在相對安全的環境中盡情嘗試，因此低失敗風險非常重要！……設計沒有標準答案的問題，讓每個人都可以暢所欲言；或是老師的控場、心態要好，讓學員答錯也不覺得丟臉。」

透過學習遊戲化的設計，學員可將失敗視為機會，當不成功時可以多次嘗試，重覆練習（Kiryakova et al., 2014），讓學生擁有「失敗的自由」。透過體驗活動的方式與課程目標連結，讓學員在無失敗風險的環境下學習，並且提供學員即時而豐富的回饋，可能是未來在進行遊戲化教學設計時的重要關鍵。

4.2 分類二：遊戲元素

關於遊戲化元素，許多先前的研究認為，點數、徽章、排行榜是最常見的遊戲化元素（Armstrong & Landers, 2018; Dicheva et al., 2015; Majuri et al., 2018; Seaborn & Fels, 2015），在本研究邀集的企業教育訓練專家訪談之中，透過專家實務的視角，有些元素與過往的研究結果相呼應，但有些元素有了不同的觀點。

（1）點數（Points）

首先是點數，本研究的專家們對於在課程中運用點數或計分這樣的遊戲化元素，有高度認同（平均 4.4 分，標準差 0.62，IQR 為 1，93% 專家覺得重要或非常重要，如表 2）。專家的看法是：

M 專家：「每一個單元都有分數，有可能是單元互動的分數，也有可能是討論或是案例演練，這些任務都會有不同的分數。」

E 專家：「我鼓勵的是參與，我鼓勵的不是正確，答錯的也有 100 分，但答對的會有 300 分。我的作法是獎勵有參與而非獎勵答對。」

這與過去研究結論相呼應，點數可以在努力、績效與成果之間建立連結，從而增強相關行為（Von Ahn & Dabbish, 2008），學員透過出席和參與任務後獲得點數，會影響學生投入的程度（Papp & Theresa, 2017; Ribeiro et al., 2018）並影響學習成果（Armstrong & Landers, 2018）。應該注意的是，點數本身不應做為獎勵，而是做為目標達成的指示提醒（Perryer et al., 2016），學員必須認為點數或其他遊戲化元素是有心理意義或有價值的，否則不會增加學員的參與度（Armstrong & Landers, 2018）。透過計分機制強化學習效果，引導學員的期望反應，是本研究許多專家認為遊戲化教學的重要關鍵。

（2）徽章（Badges）

雖然先前研究認為徽章是遊戲化機制的一部分，但是徽章的重要性並沒有得到企業教育訓練專家的支持。經過兩輪專家評分後，僅14%專家認為重要（平均3.0分，標準差0.64，IQR為0.75，14%專家覺得重要或非常重要，如表2），本研究大部分的專家認為：徽章並不是遊戲化教學重要關鍵。在完成三回合德爾菲調查後，進一步請專家補充對徽章的應用意見，專家的看法是：

N專家：「許多遊戲使用徽章，我認為那是比較大、時間比較長的遊戲，為了讓玩家持續收集，類似『集郵』的驅動力。在教學過程中，少有這樣大型、持續性的遊戲。」

D專家：「徽章通常會比較像遊戲需要升等，短期課程中要將徽章的升等說明清楚，有時候可能反而容易讓學員一頭霧水。」

F專家：「徽章的本質與加分無異，等於就是一個被包裝過／看起來比較精美的加分機制，青少年以下年紀的學生，或許會比較被吸引。」

由於徽章的實現成本低，因此對培訓人員具備很高的吸引力（Armstrong & Landers, 2018）。本次的企業訓練專家認為短期訓練

課程（例如 1～3 天）並不適合應用徽章，且對成人學習者的意義不大。此外，由於徽章較常應用於使用軟體或 App 輔助的遊戲化系統，在大部分企業訓練的實體教學環境可能不易導入，這將是未來研究可以進一步深入的地方。

（3）排行榜（Leaderboards）

排行榜的重要性在本研究過程中產生有趣的變化。在第一回合專家評選時，雖然其平均得分為 4.2，有 67% 的專家覺得重要或非常重要，但未符合共識標準（IQR 為 2，如表 1）。而在第二回合後達成共識（標準差 0.67，IQR 為 0.00，如表 2），但重要性平均降為 3.8 分，但覺得重要或非常重要的專家比例成長至接近 8 成（如表 2）。調查過程發現，雖然有許多的專家支持排行榜，認為可以強化競爭性並促進學員參與。但也有專家認為過度強調競爭會影響學習。專家對排行榜的重要性表示出截然不同的看法：

A 專家：「計分表就放在前面，用小組計分的方式，在每一個中場休息公佈與更新。」

L 專家：「我個人不覺得競爭性很重要，甚至在某些課程中還會降低競爭性；我們完全不排名了，也沒有獎勵機制，甚至沒有口頭獎勵。」

E 專家：「操作競爭，到底是好還是不好？……為了得分，會有一點失去了學習的本質，我們當然還是希望以學習為主要任務，而不是以得分為主要任務。」

過去研究也指出，雖然在遊戲化教學過程中，利用積分及排行榜機制，可以操作適度的競爭性，但排行榜的效果好壞參半（Papp & Theresa, 2017），若過度強調競爭可能會降低參與動機（Furdu et al., 2017），或讓學員不舒服（Ribeiro et al., 2018），學員在獲得高排名後也有可能會減少參與（Perryer et al., 2016）。因此受訪專家認為，

如何適度加入競爭要素，卻又不過度競爭而喪失學習本質，是遊戲化教學的重要關鍵。

（4）其他發現

在企業教育訓練的過程中，故事或情節會穿插出現，但故事的重要性依不同的專家經驗而有所不同。部分專家把故事做為教學引導，或是做為個案討論之用。但也有專家認為，故事仍佔有重要地位，可以吸引學員投入。專家對故事重要性的意見分歧，也許反應出專家各自的應用經驗及對課程規劃的焦點不同。因為德爾菲法是採用較小樣本的專家抽樣，若抽樣的專家群體與經驗不同，故事的重要性是否會因而改變？這個值得後續進一步研究。此外，參與本研究的專家們，在教學過程中很少有軟體或 App 的輔助需求，專家認為使用軟體或 App 可能會造成授課變數增加，學員可能會因使用軟體或 App 而造成分心，或是增加學員的學習難度。從本研究專家經驗可以反應出，並不需要依賴軟體或 App，也可以在教學時應用遊戲化，相信可以提供給其他教學者應用時之參考。

5. 結論

雖然有許多研究指出，遊戲化教學是吸引學習者投入的有效方法，但是若投入的方向不明，有可能會獲得錯誤的成果。本研究透過德爾菲法，整合 14 位企業教育訓練專家的遊戲化教學共識經驗，並訪談專家應用遊戲化原則及機制之實務經驗，希望提供給未來遊戲化進一步研究及應用的方向。

本研究專家表示，在企業教育訓練過程中，合宜的遊戲化設計原則，可以有效促進學習者的參與以及學習成效。這些原則包含：遊戲化教學必須與課程目標結合，在學習者展現出正確行為後給予即時回饋，過程中設計以小組為單位的競爭機制，並讓團隊在時限內完成難度逐漸增加的挑戰，這樣可以激發學習者的參與，間接達到更好的學

習效果；另外透過清楚公平的遊戲規則，讓學習者在遊戲化教學過程中可以遵循，而無風險的體驗活動，可以創造一個容忍錯誤與不斷嘗試的環境，讓學習者在參與中學習。

其次，在遊戲化教學元素上，專家經常使用積分及排行榜機制。課程中會規劃不同的計分環節，當學習者符合預期表現，例如回答問題、參與討論或解決挑戰難題，都有機會拿到不同的計分點數，鼓勵的不僅是正確，更是參與；另外利用排行榜機制，將學習小組積分展示在排行榜上，讓學習者看到自己與同伴的狀況，激勵其參與動機並更加努力。

另外，遊戲化教學不是在課堂玩遊戲，不需要軟體或 App 的功能才能達成，也無需桌遊等遊戲道具，多位專家提及「不能為了遊戲而遊戲」。因此，掌握遊戲化設計核心關鍵要素，才能增進學習成效，有助於未來遊戲化研究與相關應用。

5.1 研究限制與建議

首先專家的人數有限，因此這些意見是否足以代表廣泛的遊戲化教學，還需要進一步研究。本研究專家的遊戲化教學對象，大多是針對企業員工，當對象轉換為學校或不同學習者時，也許有可能會有不同之效果。此外，企業訓練大多採取專案或短時數的上課，與學校長達一學期或學年的課程，在授課時間上的不同，是否有可能也會影響遊戲化教學的操作？而教育訓練專家雖然在實務上應用遊戲化教學，但不一定全然了解遊戲化相關學術理論與研究，這也會造成專家在應用或設計遊戲化元素上的侷限。專家各自的教學主題和教學經驗，也可能反應了專家們對不同遊戲化教學方法的偏好，例如有些專家偏好應用獎勵或故事，有些專家則覺得應減少其重要性，這些都可能因為專家甄選及招募的過程而造成意見回饋的偏差。但無論如何，應用專家實務觀點與學術研究結合，希望未來能給遊戲化教學研究及應用極有價值的參考方向。

參考文獻

Adler, M., & Ziglio, E. (1996). *Gazing into the oracle: The Delphi method and its application to social policy and public health.* London: Jessica Kingsley Publishers.

Anderson, A., Huttenlocher, D., Kleinberg, J., & Leskovec, J. (2013). *Steering user behavior with badges.* [Conference presentation]. 22nd International Conference on World Wide Web, Rio de Janeiro, Brazil.
https://doi.org/10.1145/2488388.2488398

Antin, J., & Churchill, E. F. (2011). *Badges in social media: A social psychological perspective.* [Conference presentation]. 2011 CHI Conference on Human Factors in Computing Systems, Vancouver, BC, Canada.
http://gamification-research.org/wp-content/uploads/2011/04/03-Antin-Churchill.pdf

Armstrong, M. B., & Landers, R. N. (2017). An evaluation of gamified training: Using narrative to improve reactions and learning. *Simulation & gaming, 48*(4), 513-538.
https://doi.org/10.1177/1046878117703749

Armstrong, M. B., & Landers, R. N. (2018). Gamification of employee training and development. *International Journal of Training and Development, 22*(2), 162-169.
https://doi.org/10.1111/ijtd.12124

Barata, G., Gama, S., Jorge, J., & Gonçalves, D. (2017). Studying student differentiation in gamified education: A long-term study. *Computers in Human Behavior, 71*, 550-585.
https://doi.org/10.1016/j.chb.2016.08.049

Burke, M., & Hiltbrand, T. (2011). How gamification will change business intelligence. *Business Intelligence Journal, 16*(2), 8-16.

Connolly, T. M., Boyle, E. A., MacArthur, E., Hainey, T., & Boyle, J. M. (2012). A systematic literature review of empirical evidence on computer games and serious games. *Computers & education, 59*(2), 661-686.
https://doi:10.1016/j.compedu.2012.03.004

Dalkey, N., & Helmer, O. (1963). An experimental application of the Delphi method to the use of experts. *Management science, 9*(3), 458-467.
https://doi.org/10.1287/mnsc.9.3.458

Dalkey, N. C. (1972). The Delphi method: An experimental study of group opinion. In Dalkey, R. Lewis, & D. Snyder (Ed.), *Studies in the quality of life: Delphi and decision-making* (pp. 13-54). Lexington, MA: Lexington Books.

De Sousa Borges, S., Durelli, V. H., Reis, H. M., & Isotani, S. (2014). *A systematic mapping on gamification applied to education.* [Conference presentation]. 29th Annual ACM symposium on Applied Computing, pp. 216-222. https://doi.org/10.1145/2554850.2554956

Delbecq, A. L., Van de Ven, A. H., & Gustafson, D. H. (1975). *Group techniques for program planning: A guide to nominal group and Delphi processes.* Glenview, IL: Scott Foresman & Co.

Denny, P. (2013). *The effect of virtual achievements on student engagement.* [Conference presentation]. 2013 Association for Computing Machinery's Special Interest Group on Computer Human Interaction Conference, pp.763-772. https://doi.org/10.1145/2470654.2470763

Deterding, S., Dixon, D., Khaled, R., & Nacke, L. (2011). *From game design elements to gamefulness: defining gamification.* [Conference presentation]. 15th International Academic MindTrek Conference: Envisioning Future Media Environments, pp 9-15. https://doi.org/10.1145/2181037.2181040

Deterding, S., Sicart, M., Nacke, L., O'Hara, K., & Dixon, D. (2011). *Gamification. using game-design elements in non-gaming contexts.* [Conference presentation] 2011 CHI Conference on Human Factors in Computing systems, pp 2425-2428. https://doi.org/10.1145/1979742.1979575

Diamond, I. R., Grant, R. C., Feldman, B. M., Pencharz, P. B., Ling, S. C., Moore, A. M., & Wales, P. W. (2014). Defining consensus: a systematic review recommends methodologic criteria for reporting of Delphi studies. *Journal of clinical epidemiology, 67*(4), 401-409. https://doi.org/10.1016/j.jclinepi.2013.12.002

Dicheva, D., Dichev, C., Agre, G., & Angelova, G. (2015). Gamification in education: A systematic mapping study. *Educational Technology & Society, 18*(3), 75-88. https://www.jstor.org/stable/10.2307/jeductechsoci

Fink, A., & Kosecoff, J. (2015). *How to Conduct Surveys: A Step by Step Guide.* Newbury Park, CA: Sage Publications Inc.

Fullerton, T. (2014). *Game design workshop: a playcentric approach to creating innovative games*: Boca Raton: CRC Press.

Furdu, I., Tomozei, C., & Kose, U. (2017). Pros and cons gamification and gaming in classroom. *Broad Research in Artifical Intelligence and Neuroscience, 8*, 56-62. https://doi.org/10.48550/arXiv.1708.09337

Garris, R., Ahlers, R., & Driskell, J. E. (2002). Games, motivation, and learning: A research and practice model. *Simulation & gaming, 33*(4), 441-467. https://doi.org/10.1177/1046878102238607

Giannarou, L., & Zervas, E. (2014). Using Delphi technique to build consensus in practice. *International Journal of Business Science & Applied Management, 9*(2), 65-82.
https://doi.org/10.5430/jha.v3n4p1

Greatorex, J., & Dexter, T. (2000). An accessible analytical approach for investigating what happens between the rounds of a Delphi study. *Journal of advanced nursing, 32*(4), 1016-1024.
https://doi.org/10.1046/j.1365-2648.2000.t01-1-01569.x

Hamari, J., & Koivisto, J. (2015). Why do people use gamification services? International Journal of Information Management, 35(4), 419-431.
https://doi.org/10.1016/j.ijinfomgt.2015.04.006

Hamari, J., Koivisto, J., & Sarsa, H. (2014). *Does Gamification Work?-A Literature Review of Empirical Studies on Gamification*. [Conference presentation] 47th Hawaii International Conference on System Sciences, Waikoloa, HI, USA.
https://doi.org/10.1109/HICSS.2014.377

Hamari, J., & Lehdonvirta, V. (2010). Game design as marketing: How game mechanics create demand for virtual goods. *International Journal of Business Science & Applied Management, 5*(1), 14-29.

Hanus, M. D., & Fox, J. (2015). Assessing the effects of gamification in the classroom: A longitudinal study on intrinsic motivation, social comparison, satisfaction, effort, and academic performance. *Computers & education, 80*, 152-161.
https://doi.org/10.1016/j.compedu.2014.08.019

Helms, R. W., Barneveld, R., & Dalpiaz, F. (2015). *A Method for the Design of Gamified Trainings*. [Conference presentation] Pacific Asia Conference on Information Systems, Singapore.
https://aisel.aisnet.org/pacis2015/59

Huotari, K., & Hamari, J. (2012). *Defining gamification: a service marketing perspective*. [Conference presentation] 16th International Academic MindTrek Conference, pp17-22.
https://doi.org/10.1145/2393132.2393137

Juul, J. (2010). *A casual revolution: Reinventing video games and their players*: Cambridge, MA: MIT press.

Kapp, K. M. (2012). *The gamification of learning and instruction*: San Francisco,CA: John Wiley & Sons Inc.

Kittell-Limerick, P. (2005). *Perceived barriers to completion of the academic doctorate: A Delphi study*. Bryan, TX: Texas A&M University-Commerce.

Kiryakova, G., Angelova, N., & Yordanova, L. (2014). *Gamification in education*. [Conference presentation] 9th International Balkan Education and Science

Conference, Turkey.
https://www.sun.ac.za/english/learning-teaching/ctl/Documents/Gamification%20in%20education.pdf

Landers, R. N. (2014). Developing a theory of gamified learning: Linking serious games and gamification of learning. *Simulation & gaming, 45*(6), 752-768. https://doi.org/10.1177/1046878114563660

Landers, R. N., Armstrong, M. B., & Collmus, A. B. (2017). How to use game elements to enhance learning: Applications of the theory of gamified learning. In M. Ma, A. Oikonomou, L.C. Jain (Eds.), *Serious games and edutainment applications* (pp. 457-483). New York, NY: Springer.

Landers, R. N., Auer, E. M., Helms, A., Marin, S., & Armstrong, M. B. (2019). Gamification of Adult Learning: Gamifying Employee Training and Development. In R.N. Lamders (Ed.), *Cambridge Handbook of Technology and Employee Behavior* (pp. 271-295). Cambridge, MA: Cambridge University Press.

Landers, R. N., Bauer, K. N., & Callan, R. C. (2017). Gamification of task performance with leaderboards: A goal setting experiment. *Computers in Human Behavior, 71*, 508-515.
https://doi.org/10.1016/j.chb.2015.08.008

Landers, R. N., Bauer, K. N., Callan, R. C., & Armstrong, M. B. (2015). Psychological theory and the gamification of learning. In Reiners T. & Wood L. (Eds), *Gamification in education and business* (pp. 165-186). New York, NY: Springer, Cham.

Landeta, J. (2006). Current validity of the Delphi method in social sciences. *Technological forecasting and social change, 73*(5), 467-482.
https://doi.org/10.1016/j.techfore.2005.09.002

Majuri, J., Koivisto, J., & Hamari, J. (2018). *Gamification of education and learning: A review of empirical literature*. [Conference presentation] 2nd International GamiFIN Conference, Pori, Finland.
https://ceur-ws.org/Vol-2186/paper2.pdf

Michael, D. R., & Chen, S. L. (2005). *Serious games: Games that educate, train, and inform*: New York, NY: Muska & Lipman/Premier-Trade.

Nacke, L. E., & Deterding, C. S. (2017). The maturing of gamification research. *Computers in Human Behaviour*, 450-454.
https://doi.org/10.1016/j.chb.2016.11.062

Nah, F. F.-H., Zeng, Q., Telaprolu, V. R., Ayyappa, A. P., & Eschenbrenner, B. (2014). *Gamification of education: a review of literature*. [Conference presentation] International Conference on Human–Computer Interaction in Business, pp 401-409.
https://doi.org/10.1007/978-3-319-07293-7_39

Nieborg, D. (2004). *America's Army: More than a game*. [Conference presentation] 35th Conference of the International Simulation and Gaming Association., Munich. http://www.gamespace.nl/content/ISAGA_Nieborg.PDF

Okoli, C., & Pawlowski, S. D. (2004). The Delphi method as a research tool: an example, design considerations and applications. *Information & management, 42*(1), 15-29. https://doi.org/10.1016/j.im.2003.11.002

Papp, T. A., & Theresa, A. (2017). Gamification effects on motivation and learning: Application to primary and college students. *International Journal for Cross-Disciplinary Subjects in Education, 8*(3), 3193-3201. http://doi.org/10.20533/ijcdse.2042.6364.2017.0428

Perryer, C., Celestine, N. A., Scott-Ladd, B., & Leighton, C. (2016). Enhancing workplace motivation through gamification: Transferrable lessons from pedagogy. *The International Journal of Management Education, 14*(3), 327-335. https://doi.org/10.1016/j.ijme.2016.07.001

Perryer, C., Scott-Ladd, B., & Leighton, C. (2012). Gamification: implications for workplace intrinsic motivation in the 21st century. *Asian Forum on Business Education Journal, 5*(3), 371-381. https://doi.org/10.14456/afbe.2012.13

Ramos, D., Arezes, P., & Afonso, P. (2016). Application of the Delphi Method for the inclusion of externalities in occupational safety and health analysis. *DYNA, 83(196),* 14-20. https://dx.doi.org/10.15446/dyna.v83n196.56603

Ribeiro, L. A., da Silva, T. L., & Mussi, A. Q. (2018). Gamification: a methodology to motivate engagement and participation in a higher education environment. *International Journal of Education and Research, 6*(4), 249-264.

Rowe, G., & Wright, G. (1999). The Delphi technique as a forecasting tool: issues and analysis. *International journal of forecasting, 15*(4), 353-375. https://doi.org/10.1016/S0169-2070(99)00018-7

Ryan, R. M., Rigby, C. S., & Przybylski, A. (2006). The motivational pull of video games: A self-determination theory approach. *Motivation and emotion, 30*(4), 344-360. https://doi.org/10.1007/s11031-006-9051-8

Sørensen, B. M., & Spoelstra, S. (2012). Play at work: Continuation, intervention and usurpation. *Organization, 19*(1), 81-97. https://doi.org/10.1177/1350508411407369

Sawyer, B., & Smith, P. (2008). *Serious games taxonomy*. [Conference presentation] Serious Games Summit at the Game Developers Conference, San Francisco.

https://thedigitalentertainmentalliance.files.wordpress.com/2011/08/serious-games-taxonomy.pdf

Seaborn, K., & Fels, D. I. (2015). Gamification in theory and action: A survey. *International Journal of human-computer studies, 74*, 14-31. https://doi.org/10.1016/j.ijhcs.2014.09.006

Shields, T., Silcock, G., Donegan, H., & Bell, Y. (1987). Methodological problems associated with the use of the Delphi technique. *Fire Technology, 23*(3), 175-185. https://doi.org/10.1007/BF01036934

Skulmoski, G. J., Hartman, F. T., & Krahn, J. (2007). The Delphi method for graduate research. *Journal of Information Technology Education: Research, 6*(1), 1-21. https://doi.org/10.28945/199

Smith-Robbins, S. (2011). This game sucks: How to improve the gamification of education. *EDUCAUSE review, 46*(1), 58-59.

Stanculescu, L. C., Bozzon, A., Sips, R.-J., & Houben, G.-J. (2016). *Work and play: An experiment in enterprise gamification.* [Conference presentation]. 19ᵗʰ ACM Conference on Computer-Supported Cooperative Work & Social Computing, pp 346-358. https://doi.org/10.1145/2818048.2820061

Vernon, W. (2009). The Delphi method: A review. *International Journal of Therapy and Rehabilitation, 16*(2), 69-76. https://doi.org/10.12968/ijtr.2009.16.2.38892

Vesa, M., & Harviainen, J. T. (2019). Gamification: Concepts, Consequences, and Critiques. *Journal of Management Inquiry, 28*(2), 128-130. https://doi.org/10.1177/1056492618790911

Von Ahn, L., & Dabbish, L. (2008). Designing games with a purpose. *Communications of the ACM, 51*(8), 58-67. https://doi.org/10.1145/1378704.1378719.

Zichermann, G., & Cunningham, C. (2011). *Gamification by design: Implementing game mechanics in web and mobile apps.* Sebastopol, Canada: O'Reilly Media, Inc.

國家圖書館出版品預行編目(CIP)資料

遊戲化教學的技術/王永福作. -- 臺北市：商周出版，城邦文化事
業股份有限公司出版：英屬蓋曼群島商家庭傳媒股份有限公司
城邦分公司發行, 2022.11
　　面；　　公分

ISBN　978-626-318-467-1（平裝）

1.CST: 教學遊戲　2.CST: 教學法

521.4　　　　　　　　　　　　　　　　111016384

遊戲化教學的技術

作　　　　者／王永福
編　　　　輯／程鳳儀
版　　　　權／吳亭儀
行 銷 業 務／林秀津、周佑潔、黃崇華
總　編　輯／程鳳儀
總　經　理／彭之琬
事業群總經理／黃淑貞
發　行　人／何飛鵬
法 律 顧 問／元禾法律事務所　王子文律師
出　　　　版／商周出版
　　　　　　　城邦文化事業股份有限公司
　　　　　　　台北市中山區民生東路二段141號9樓
　　　　　　　電話：(02) 2500-7008　傳真：(02) 2500-7759
　　　　　　　E-mail：bwp.service@cite.com.tw
發　　　　行／英屬蓋曼群島商家庭傳媒股份有限公司　城邦分公司
聯 絡 地 址／台北市中山區民生東路二段141號2樓
　　　　　　　書虫客服服務專線：(02) 25007718・(02) 25007719
　　　　　　　24小時傳真服務：(02) 25001990・(02) 25001991
　　　　　　　服務時間：週一至週五09:30-12:00・13:30-17:00
　　　　　　　郵撥帳號：19863813　戶名：書虫股份有限公司
　　　　　　　讀者服務信箱E-mail：service@readingclub.com.tw
　　　　　　　城邦讀書花園www.cite.com.tw
香港發行所／城邦（香港）出版集團
　　　　　　　香港灣仔駱克道193號東超商業中心1樓
　　　　　　　電話：(852) 25086231　傳真：(852) 25789337
　　　　　　　E-mail：hkcite@biznetvigator.com
馬新發行所／城邦（馬新）出版集團【Cite (M) Sdn. Bhd】
　　　　　　　41, Jalan Radin Anum, Bandar Baru Sri Petaling,
　　　　　　　57000 Kuala Lumpur, Malaysia.
　　　　　　　電話：(603) 90563833　傳真：(603) 90576622
　　　　　　　E-mail：services@cite.my

封 面 設 計／徐璽
電 腦 排 版／唯翔工作室
印　　　　刷／韋懋實業有限公司
總　經　銷／聯合發行股份有限公司　　電話：(02)2917-8022　　傳真：(02)2911-0053
　　　　　　　地址：新北市新店區寶橋路235巷6弄6號2樓

■ 2022年11月24日
■ 2024年01月09日初版7刷

Printed in Taiwan

城邦讀書花園
www.cite.com.tw

定價／500元

ISBN　978-626-318-467-1